NAS MÃOS DE DEUS

editora esperança

Juvenal Dias da Rocha

NAS MÃOS DE DEUS

Um ensaio acerca da providência divina

1ª edição

Curitiba/PR
Outubro/2025

editora esperança

Juvenal Dias da Rocha

Nas mãos de Deus

Um ensaio acerca da providência divina

Direção executiva:	Claudio Beckert Jr.
Coordenação editorial:	Guilherme Kacham
Revisão:	Josiane Zanon Moreschi
Capa:	Equipe Editora Esperança
Diagramação:	Josiane Zanon Moreschi

Dados Internacionais de Catalogação na Publicação (CIP)
Sueli Costa - Bibliotecária - CRB-8/5213
(SC Assessoria Editorial, SP, Brasil)

Rocha, Juvenal Dias da
Nas mãos de Deus: um ensaio acerca da providência divina / Juvenal Dias da Rocha.
— 1. ed. — Curitiba, PR : Editora Evangélica Esperança, 2025.
212 p.

ISBN 978-85-7839-464-6

1. Deus - Providência divina. 2. Providência divina – Cristianismo. I. Título.
CDD- 231.5

Índices para catálogo sistemático:

1. Providência divina 231.5

Salvo indicação, as citações bíblicas foram extraídas da Bíblia Almeida Revista e Atualizada © Sociedade Bíblica do Brasil, 1988,1993.

As opiniões expressas nos textos são de responsabilidade exclusiva do autor desta obra e não refletem necessariamente a opinião da Editora Esperança.

Editora Evangélica Esperança
Rua Aviador Vicente Wolski, 353
CEP 82510-420 - Curitiba - PR
Fone: (41) 3022-3390
comercial@editoraesperanca.com.br
www.editoraesperanca.com.br

editora esperança

ASEC
Associação de Editores Cristãos

Sumário

Prefácio do autor

Desde quando ministrei uma série de pregações, em 1998, sobre a doutrina da providência divina, nasceu em mim o desejo de colocar no papel esses pensamentos acerca do governo de Deus sobre sua criação; mas o tempo foi passando e, sempre ocupado com as tarefas do ministério e acadêmicas, o desejo esfriou. Então, a ideia de escrever este livro surgiu novamente por meio de um forte desejo de relatar as bênçãos de Deus experimentadas a partir de um grave acidente que sofri em 4 de junho de 2013.

A providência de Deus foi tão evidente que me senti um pequeno Jó, cercado de todas as provisões necessárias a uma sobrevivência e suave recuperação da saúde. Recuperação que ocorreu vagarosamente, de modo que, quando me perguntavam pela minha saúde eu respondia: "Um centímetro por dia!" E esta notícia deixava as pessoas muito radiantes e eu, cada vez mais esperançoso! Deus estava operando em mim muito mais do que eu pedia ou pensava, através de seu grandioso poder.

A história dessa sebe[1] do Senhor ao meu redor eu registrei em um pequeno diário, constante aqui, no último capítulo, para testemunhar passo a passo o que Deus fez em minha vida: literalmente, ele fez, na prática o que muitas vezes orei, isto é, cantei; e a maioria dos crentes gostam de cantar: "Quebra minha vida e faze-a de novo. Eu quero ser, um vaso novo!"

Vi com meus próprios olhos a doutrina da providência saltando das páginas da Escritura para dentro do meu coração, assim como se um rio de águas cristalinas corressem para dentro de mim e me fizessem ver como as coisas de Deus em minha vida e na vida de todos os seus filhos são tão claras que, como em um rio de águas cristalinas pode-se ver as pedras, os peixes e as algas a flutuar leves, soltas e radiantes de uma alegria perene. Do mesmo modo os propósitos de Deus iam ficando mais claros, à medida que o Espírito Santo me ajudava a focar nas pedras, nos peixes e nas algas que ornamentarão a minha vida de agora em diante. Por isso, minha oração é que Deus nunca me deixe perder o foco dos propósitos que ele tem para mim, ao

---

1 Sebe é uma espécie de cerca. Satanás se queixou da sebe com que Deus havia cercado Jó. Ou seja, Deus havia abençoado a Jó em todas as áreas de sua vida.

orquestrar tudo o que envolveu o acidente, desde o grande livramento até às milagrosas provisões — pois nada faltou de tudo que precisei durante o tratamento rumo à recuperação.

Hoje louvo ao Senhor porque ele é bom e a sua misericórdia dura para sempre; porque ele fez e faz maravilhas em nossas vidas para que sejamos para sua glória, hoje e sempre. Amém.

Este pequeno relato é uma tentativa de dizer de uma forma mais clara, a história da providência de Deus ao longo das páginas da Escritura e em todas os eventos da atualidade, incluindo as pequenas ocorrências de nosso dia a dia, que nos perturbam e nos afligem, exatamente porque muitas vezes ignoramos o fundamento dessas ocorrências.

Portanto, desejo que esta seja uma leitura agradável para cada leitor que compartilha do conteúdo desta obra, por juntar-se a mim em um mavioso coro sacro, a fim de que de nossos peitos ressoe bem forte e retumbante o louvor e adoração ao nosso soberano e Todo-Poderoso Deus, Criador dos céus, da terra e do mar e, também de tudo o que neles há. Aquele que fez todas as coisas para sua própria glória!

Aos que, porventura, ainda não compartilham desse entendimento, ofereço-lhes a minha destra de encorajamento carinhoso para que aceitem o desafio de ler até ao final da obra, procurando sorver ao máximo, não o conteúdo da obra, pois esta é carregada de imperfeições, mas a mensagem do plano de fundo deste testemunho, ou seja, a voz de Deus, chamando-os a participar, conscientemente, da providência divina em suas vidas diárias e sentir a segurança pela qual, tanto clama a sua alma e, assim juntarem-se ao grande e eterno coral formado de pessoas que, como eu, em meio ao inexplicável, desfrutam da clareza dos propósitos divinos durante todo o percurso de sua vida terrena, cujo louvor e gratidão perdurarão para sempre! E de fato e de direito se sentirem ***Nas Mãos de Deus.***

Prefácio

Nas Mãos de Deus é um livro que trata da providência de Deus, mas também é resultado da ação providencial de Deus. A mesma providência que guiou o autor a pregar sobre o assunto, que plantou em seu coração o desejo de escrever sobre ele, e que, tendo o desejo esfriado, o reacendeu pelo provisionamento de um acidente e de um carinhoso cuidado preservador que resultou em recuperação. Assim, o autor experimentou a verdade de que

Deus não vive lá no céu
sem se importar comigo.
Mas agora ao meu lado está,
cada dia sinto o seu cuidar,
ajudando-me a caminhar![2]

Portanto, temos um livro que nasce tanto do estudo quanto da experiência. O autor conheceu e experimentou de modo bem sensível a providência divina. Ele sabe que os sofrimentos da vida se tornam mais aflitivos se não compreendermos e aceitarmos a doutrina da providência de Deus. Também conhece que, as inexplicáveis angústias da vida podem ser suavizadas e que a segurança pode domar o medo, quando se tem a consciência de se estar nas sábias, soberanas e amorosas mãos de Deus!

A doutrina da providência destaca que o Deus Criador de todas as coisas não abandonou sua criação, mas continuamente, supervisiona a execução de seu plano eterno, conduzindo com sua graça tudo que foi criado, para resultar em sua glória. A onipotente, toda sábia e completamente amorosa mão que criou é a mesma mão que cuida!

Estar nas mãos de Deus é estar sob os cuidados daquele que foi Todo-Poderoso e Sábio para criar, daquele que ama sua criação e está atuando para resgatá-la. Ter a consciência de estar nas mãos de Deus é ter a certeza de que a vida não está à mercê de acasos ou ocorrências fortuitas, nem da vontade de pessoas poderosas e influentes, e muito menos de um destino cego, fatalista e impessoal. Mas que a vida segue um plano inteligente e benigno, que não pode ser frustrado!

2 Refrão do hino "Nas Estrelas" do compositor Ralph Carmichael.

Ter este livro nas mãos é uma manifestação da providência de Deus, que deseja conceder a você a certeza de que a história não está sem direção, que o futuro não está desgovernado, que a vida não é sem sentido, e acima de tudo, que sua vida, caro leitor, está em boas mãos, se estiver nas mãos de Deus!

Somos gratos a Deus por providenciar este livro!

Almir Marcolino Tavares

Introdução

No céu está o nosso Deus e tudo faz como lhe agrada. (Sl 115.3)

Esse texto visa dar aos leitores cristãos uma visão clara acerca da doutrina da providência divina, considerando primeiramente as limitações humanas, as quais precisam humildemente serem reconhecidas, independentemente do preparo intelectual de qualquer ser humano que se proponha a escrever sobre um assunto de tamanha importância, como dizia Kierkegaard: "no que toca a minha humilde pessoa, confesso com toda a sinceridade que como autor sou um rei sem terra, mas também, em temor e muito tremor,[3] um autor sem qualquer pretensão"[4], pois trata-se de um assunto tomado de grande complexidade, uma vez que se trata de um tema muito pouco proclamado nos púlpitos modernos. Em minha experiência, apenas uma vez tive a oportunidade de ouvir uma pregação especificamente acerca da providência divina. Mas foi uma pregação acerca da história da Providência; não se elaborou o conceito bíblico, o que a meu ver, é o tema mais importante desse assunto tão urgentemente necessário ao descanso de tantas almas inquietas com o que ocorre diariamente na política, na economia, na educação e no cotidiano de suas vidas. Somente encontramos desenvolvido o tema em compêndios refinados de Teologia Sistemática; mas a estes tem acesso apenas (com raras exceções) os estudantes de Teologia. Foi exatamente essa escassez de informação que me levou, há alguns anos, a realizar uma conferência interna, no intuito de torná-la conhecida do pequeno povo sob minha responsabilidade. Agora, pois, me ocorreu o desejo de materializar esses pensamentos, na expectativa de contribuir, mesmo que seja um pouquinho na edificação do

---

3 Essa é uma terminologia constante nas Escrituras que expressa a reverência do crente diante da onipotência e santidade de Deus, na angústia do desejar agradá-lo, reconhecendo sua impotência, mas ao mesmo tempo confiando na graça, pela qual de modo muito positivo ele espera alcançar o alvo e conseguir, finalmente, realizar a vontade de Deus durante o tempo que lhe resta na Terra. Conceito verificado nas obras de Santo Agostinho, não nas mesmas palavras utilizadas por Paulo (Filipenses 2.12) e em Kierkegaard, mas em palavras com sentido semelhante como as da primeira página de sua obra, *Confissões*, ao citar o Salmo 95: *Sois grande, Senhor, e infinitamente digno de ser louvado* e suas últimas palavras no Livro I (1999).

4 KIERKEGAARD, Søren. *O desespero humano*. (São Paulo/SP: UNESP, 2010): 10.

povo de Deus, a fim de apropriarem-se da segurança que a Escritura provê, pela compreensão da doutrina da providência divina.

Há muitas dúvidas e questionamentos sobre as coisas que ocorrem no cotidiano da história humana desde Adão. Mas a Escritura declara peremptoriamente que Deus criou todas as coisas, no Céu, na Terra e no Mar para sua própria glória e, como Criador Soberano e Todo-Poderoso governa tudo no Universo, preservando todas as coisas, de acordo com seu propósito eterno. A doutrina da providência nos ensina acerca da contínua relação de Deus com sua criação. Relação essa que abrange toda a história humana, sua atualidade e seu futuro. Tudo foi detalhadamente traçado por Deus, como ele mesmo queria, do jeito que ele queria, para a consecução de sua glória. Até o erro e o pecado foram contemplados no plano de Deus, nada, nenhum detalhe da história e da escatologia foi deixado de fora.

Muitos acreditam que Deus não se importa com as coisas desta terra. Outros acreditam que não se deve atribuir a Deus a responsabilidade de fazer o que os homens deveriam fazer. Nesse sentido se esquecem de que Deus atribui responsabilidades aos homens apenas no que diz respeito às coisas possíveis, àquelas que ele já concedeu capacidade e matéria-prima para tudo quanto importa a essa realização, ou seja, já lhes concedeu inteligência, materiais e saúde suficientes. Note a providencial diferença entre a ressurreição de Lázaro e a ressurreição do Senhor: no caso de Lázaro, havia algo ao alcance do homem — então Jesus, após ordenar: *Lázaro, sai para fora!* (João 11.43), ordenou também: *Desatai-o e deixai-o ir* (João 11.44). Veja que Deus realizou o que era impossível ao homem — ressuscitar Lázaro; mas não realizou o que era possível — remover as ataduras que prendiam seu corpo. Acerca da ressurreição de Jesus, não havia nada que fosse possível ao homem, por isso, tudo foi realizado por efeito de um milagre. Daí ser necessário uma distinção entre providência e milagres. Portanto, a providência divina considera a relação entre o possível e o impossível — quando as coisas são possíveis, Deus concede inteligência, materiais e ferramentas necessárias à sua realização; mas quando impossíveis, Deus, somente Deus pode realizar — isso é milagre. É assim que trabalha a providência divina. Para ficar bem claro este ponto, as coisas impossíveis aos homens, Deus se incumbe pessoalmente, de acordo com o seu plano eterno, em realizá-las. Mas, até mesmo as coisas possíveis ocorrem somente segundo a soberania de Deus, ou seja, de acordo com o plano eterno de executá-las, como popularmente referido — no "o tempo de Deus"! Esse fenômeno é conhecido no jargão teológico como providência *divina.*

Mas, para realmente entender a doutrina da Providência, você terá que entender e poder diferenciar entre duas correntes teológicas simultaneamente prevalentes desde muito tempo na história da Teologia, a saber, o *deísmo*[5] e o *teísmo*. A diferença entre estas duas correntes é gritante, embora haja uma falsa semelhança.

O *deísmo* aceita a existência de Deus; mas afirma que, ainda que tenha criado todas as coisas, ele não se interessa por aquilo que criou; e deixou tudo aos cuidados dos seres humanos para agirem de acordo com a razão, estando autorizados a governar sobre todas as coisas, segundo a capacidade do que eles chamam de *livre-arbítrio*. Para o *deísta* Deus criou o mundo e depois, essencialmente, o abandonou, deixando-o sob a responsabilidade humana. Desse modo a história é construída pela humanidade à parte de Deus. Deus não tem, de acordo com essa teoria, qualquer participação nos eventos históricos da terra, nem se envolve diretamente com os "negócios dos homens". Enfim, segundo esse pensamento, Deus criou todas as coisas, criou o homem e, o abandou à sua própria sorte.

O *theísmo* [6], por outro lado, tem sua fé alicerçada na totalidade da revelação de Deus, especialmente a Bíblia.[7] Para a grande maioria dos *theístas,* a Bíblia deve ser interpretada literalmente, ou seja, considerando o contexto histórico e gramatical, admitindo em certas passagens a "literalidade" da linguagem figurativa. Por exemplo, a menção de estrelas caindo do céu, em Apocalipse 8.10- 11 e 9.1-2. Veja que as duas passagens falam de uma estrela específica, assim como no capítulo 6.12. A primeira referência diz:

> *O terceiro anjo tocou a trombeta, e caiu do céu sobre a terça parte dos rios, e sobre as fontes das águas uma grande estrela, ardendo como tocha. O nome da estrela é Absinto; e a terça parte das águas se tornou em absinto, e muitos dos homens morreram por causa dessas águas, porque se tornaram amargosas.* (Apocalipse 8.10-11)

---

5 O **deísmo** é uma posição filosófica naturalista que aceita a existência e a natureza de Deus (Criador ou não) através da razão, do livre pensamento e da experiência pessoal, em vez dos elementos comuns das religiões **teístas** como a revelação direta, ou tradição.

6 O teísmo aberto é uma Teologia que defende que Deus é onisciente, ou seja, conhece tudo, incluindo o passado, o presente e o futuro. No entanto, o futuro é composto por possibilidades, pois as decisões humanas são autodeterminadas. O teísmo é a crença na existência de um ou mais deuses, e não é uma religião, pois não tem sacerdotes, rituais ou uma instituição.

7 Pois Deus se revelou de três maneiras: pela criação, por seu Filho e pela Bíblia, que a tem na categoria de única verdade em se tratando da economia divina.

A palavra "estrela" nesse caso é literal, onde estrela quer dizer estrela. Como cada estrela no céu tem nome, essa também o tem — absinto, que significa amargo. Por isso as águas, literalmente ficarão amargas, para castigo aos homens incrédulos, ímpios e rebeldes contra Deus.

Por outro lado, a próxima passagem diz:

> *O quinto anjo tocou a trombeta, e vi uma estrela caída do céu na terra. E foi-lhe dada a chave do poço do abismo. Ela abriu o poço do abismo, e subiu fumaça do poço como fumaça de grande fornalha, e, com a fumaceira saída do poço, escureceu-se o sol e o ar.* (Apocalipse 9.1-2)

Como facilmente se percebe a menção da palavra "estrela", nesse caso não se trata de uma estrela, mas de uma figura de linguagem, onde a palavra estrela é tomada como significando um anjo, a quem fora dada a chave do poço do abismo e, seguindo a narrativa, lemos que ela, referindo-se à estrela, abriu o poço do abismo. Ora, isso é, apenas a personificação da palavra "estrela", porque não se entrega chave a uma estrela, se entrega chave a uma pessoa, nesse caso, a pessoa de um anjo, encarregado de abrir o poço do abismo. E ele o abriu e as coisas começaram a acontecer, pois saíram do poço toda sorte de seres perniciosos e destruidores da humanidade, ou seja, pela descrição destes seres, trata-se de demônios que estavam presos no Hades.[8]

É assim, que a maioria dos *theístas* cristãos entende a Bíblia, de Gênesis a Apocalipse. É assim que se interpreta a Bíblia. Ou seja, ela mesma é quem indica que a linguagem é literal ou figurada. É claro que sempre houve quem interpretasse figurativa e literalmente. São duas escolas de interpretação teológica em voga ainda nos dias de hoje. Essas duas escolas sempre andaram paralelamente. A primeira se chama escola de Alexandria, que ostenta a famosa interpretação alegórica. Desta participou Orígenes (185-250 d.C.), e muitos outros. A segunda é Escola de Antioquia, cujo representante mais conhecido é João Crisóstomo (c.407 d.C.), que defendia a interpretação literal, praticada por inúmeros teólogos, incluindo a maioria dos reformadores. A influência dessas escolas sempre esteve presente, sobretudo, na área da Escatologia.

A doutrina da providência está no campo do *theísmo*, pois, como não pode deixar de ser, o próprio conceito de providência requer a presença completa e absoluta do Criador, Todo-Poderoso, soberano, que é e age como o Senhor de toda a sua criação; tendo criado todas as coisas a propósito de sua glória.

8 Veja Judas e o conceito de tártaro — lugar da prisão dos anjos caído (demônios, ou espíritos maus).

E, como revelado a Jó, *nenhum dos teus planos pode ser frustrado* (Jó 42.2) porquanto Deus trabalha para que o propósito alcance a sua plena eficácia e, ele o faz por meio de sua Providência, como veremos mais adiante.[9]

Mas precisamos ter cautela, pois o *theísmo* tem dado origem a outras correntes teológicas, todas elas inimigas viscerais da doutrina da providência. Essas doutrinas referem-se à concepção do relacionamento de Deus com a criação: Teísmo Aberto, ou *Open Theism*, que significa nada menos do que "o homem sobre o controle da história" — corrente doutrinária, que por sua vez deu origem a outras correntes subalternas, a saber:

a) *Panteísmo* — que prega que a criação não tem uma existência real e distinta em si mesma; meramente faz parte de Deus. Nesse sentido, creem os postulantes dessa teoria que tudo é Deus; e a historicidade não precisa de qualquer intervenção[10] divina, pois há um deus intrínseco em todas as coisas;

b) *Casualidade* — ensina que os acontecimentos da criação são determinados pelo acaso. Assim, de acordo com esse pensamento, tudo ocorre porque tem que ocorrer sem que haja qualquer projeto, venha de onde vier, muito menos de um Deus ordenador de todas as coisas;

c) *Determinismo* — ensina que os acontecimentos da criação são determinados por um destino impessoal. Todas as coisas existem para determinado fim, e não há como uma intervenção qualquer alterar os eventos que terão que ocorrer, inevitavelmente;

d) *Teologia do processo*[11] — Doutrina, segundo a qual o Universo é caracterizado por um processo de mudança, orientado pelo livre-arbítrio ou autodeterminação, englobando tudo, e não apenas seres humanos. De acordo com essa teoria, Deus não pode forçar nada a acontecer, apenas exercer seu livre-arbítrio, possibilitando novas possibilidades;

9 No capítulo sobre a relação da providência com a Predestinação.

10 Na verdade, não existe intervenção de Deus na história, pois como se intervém naquilo em que já se está dentro. Deus não precisa intervir, é ele mesmo quem faz a história. Ele decretou a história humana; por isso ele mesmo a controla segundo a sua vontade.

11 As ideias originais da Teologia do processo foram desenvolvidas por Charles Hartshorne e foram expandidas por John Cobb e David Ray Griffin. Posteriormente, influenciou o teísmo aberto, adotado por teólogos como Gregory Boyd, Clark Pinnock e Ricardo Gondim. Devido ao fato de ter mais seguidores entres os arminianos, críticos calvinistas acusam-no de ser "descendente" do arminianismo, mas a Teologia do processo foi rejeitada pela maioria dos evangélicos e protestantes por impor limitações a Deus. Posteriormente, a Teologia do processo influenciou teólogos judeus como Samuel Alexander, e rabinos como Max Kaddushin, Milton Steinberg, Levi A. Olan, Harry Slominsky e, num grau menor, Abraham Joshua Heschel. Alguns rabinos que advogam de alguma forma esta Teologia são William E. Kaufman, Harold Kushner, Anton Laytner, Gilbert S. Rosenthal, Lawrence Troster e Nahum Ward. (Wikipedia — 04/04/2014).

e) *Teologia relacional*[12] — o modelo teológico, segundo o qual Deus concedeu livre-arbítrio à humanidade de tal forma que ele não conhece suas escolhas futuras. Esta Teologia encontra suas raízes nos conceitos dos antigos filósofos gregos, no socinianismo[13] e na Teologia do processo.

O objetivo desta obra não é refutar direta e exaustivamente esses ensinamentos (o deísmo e o teísmo), mas expor sua falsidade à medida em que a mensagem bíblica acerca providência divina for ganhando curso nessas próximas linhas. Se o leitor se interessar pelo tema da providência divina, observará as falácias desses pensamentos e quão estranhos eles

---

12 Teísmo Aberto (*Open Theism*) ou Teologia Relacional. Atualmente, escritores e teólogos tidos como cristãos aderiram a este modelo teológico. Greggory Boyd, John Sanders e Clark Pinnock são seus maiores defensores americanos. A Teologia do Processo é um modelo teológico que foi influenciado pela Filosofia do Processo de Alfred North Whitehead. Seus principais ensinamentos são:
• Deus não é onipotente no sentido de ser coercivo.
• O Universo é caracterizado pelo processo e mudança, carregado pelos agentes do livre-arbítrio. Autodeterminação caracteriza tudo, e não apenas seres humanos. Deus não pode forçar nada a acontecer, apenas exercer seu livre-arbítrio, possibilitando novas possibilidades.
• Deus contém o Universo, mas não é idêntico a ele (panteísmo).
• Por Deus conter o Universo, este está em mudança, Deus muda, é afetado por aquilo que acontece no Universo.
• Um Deus perfeito não pode ser limitado por certas características.
Seus principais expoentes foram Charles Hartshorne, John Cobb e David Ray Griffin. Diante deste pensamento teológico, para que uma escolha seja verdadeiramente livre, Deus não pode conhecê-la de antemão. Ele seria "onisciente", mas esta onisciência estaria condicionada ao tempo. Deus conheceria todas as coisas sobre o tempo presente, mas como o futuro ainda não aconteceu, Deus não o conheceria. Alguns "teístas abertos" afirmam que Deus pode conhecer o futuro, mas apenas de uma maneira limitada, onde ele mesmo se autoimpõe este limite para que suas criaturas verdadeiramente sejam livres. Deus conhece tudo, mas apenas o que é "conhecível".
Como ficariam então as profecias do Antigo Testamento? Estes teólogos afirmam que Deus inspirou os profetas do Antigo Testamento para ordenar eventos futuros, mas não que Deus os visse de antemão, antes, Deus, sendo capaz de operar no mundo, poderia trazer os eventos que desejasse à existência no seu cronos.
Os "arrependimentos de Deus" seriam um embasamento para a crença de que Deus pode cometer enganos e não conhece todas as coisas futuramente. Deus se arriscaria e se adaptaria às escolhas futuras. Deus "muda de opinião" de acordo com a sucessão de acontecimentos. Em sua essência, Deus é imutável, mas muda de planos e se arrepende de decisões tomadas. Os textos bíblicos que falam do arrependimento de Deus não são figurados, mas literais.
Deus não seria tão inflexível e intransigente como o "Deus da ortodoxia", mas estaria tão interessado em suas criaturas que se envolve e se importa, se adaptando e se relacionando com a humanidade à medida que a humanidade se desenvolve. O amor é seu atributo mais importante. Todos os demais atributos estão subordinados ao amor e dele advêm.
Sintetizando seus principais ensinamentos:
1. Deus não é realmente Onisciente;
2. Deus não é Soberano; (não é Onipotente)
3. O amor é o principal atributo de Deus;
4. Deus comete enganos e é volúvel;
5. Deus está limitado ao tempo (não é Onipresente);
6. Deus muda;
7. Antropocentrismo exacerbado.
A Teologia Aberta é um ensinamento falso, que fere frontalmente a Palavra de Deus em alguns de seus pontos principais e com seus ensinamentos filosóficos deve ser rechaçada como distorção das Escrituras Sagradas. (http://www.projetodevilar.com.br/ - em 04/04/2014)

13 O socinianismo é uma doutrina cristã não trinitária, desenvolvida por Fausto Sozzini e outros, que rejeita a Trindade e a divindade de Jesus Cristo, considerando-o um mero ser humano, mas que foi um homem extraordinário e o Messias.

se mostrarão diante da beleza das ações divinas em prol da preservação de sua criação, de acordo com os propósitos e finalidades determinados por ele para cada objeto criado, porquanto a tese deste trabalho é que Deus está governando sua criação.

Confie sempre na providência divina

1

O que é providência divina

O que a mim me concerne o Senhor levará a bom termo; a tua misericórdia, ó Senhor, dura para sempre; não desampares as obras das tuas mãos. (Sl 138.8)

Deus governa o Universo, toda a face da terra e toda a sua criação: o céu, a terra e o mar, com tudo o que neles há. A providência divina é o controle e cuidado divinos sobre o Universo, principalmente em relação ao ser humano e sua participação na história, governando cada evento, suas finalidades e propósitos. Todos os detalhes da história humana, desde os primórdios, para o bem ou para o mau, são estabelecidos e controlados por Deus. Desse modo é que o rei Davi se expressou no Salmo 115, ao ser perguntado: Onde está o vosso Deus? Sua resposta reflete muito claramente o conceito de Providência. Ele respondeu: *No céu está o nosso Deus e tudo faz como lhe agrada* (Sl 115.3). Ou seja, todos os eventos históricos ocorrem exatamente como ele planejou. Ele jamais pode ser frustrado. Ele não pode ser dissuadido de sua vontade, dizia Jó, tampouco decepcionado. Ou pego de surpresa.

> *Mas, se ele resolveu alguma coisa, quem o pode dissuadir? O que ele deseja, isso fará. Pois ele cumprirá o que está ordenado a meu respeito e muitas coisas como estas ainda tem consigo. Por isso, me perturbo perante ele; e, quando o considero, temo-o. Deus é quem me fez desmaiar o coração, e o Todo-Poderoso, quem me perturbou, porque não estou desfalecido por causa das trevas, nem porque a escuridão cobre o meu rosto* (Jó 23.13-17).

Para que tudo ocorra dentro do esperado, sem qualquer intercorrência, Deus governa, principalmente, por meio de dois de seus atributos naturais

— onipotência e soberania. Digamos que *soberania*[14] é seu poder político, pelo qual seus planos, previamente traçados (pré-ordenação) e decretados na eternidade, são colocados em execução; e onipotência, a força, segundo a qual ele põe em funcionamento todo o seu plano, independentemente da insatisfação de seus oponentes representados por Satanás e seus ministros, muitas vezes, na figura dos incrédulos rebelados e impenitentes. Sem ser afetado por esses inimigos, Deus segue na fiel e eficaz execução de seu plano eterno, que abrange tanto a história, quanto a profecia e a atualidade.

O objetivo de Deus em sua providência é executar seu Plano Eterno, em seu governo de todas as coisas criadas, bem como todos os eventos históricos e proféticos, garantindo o controle do Universo, de modo que tudo o que tenha de ser feito, se faça e, o que não tenha de ser feito, não se faca. Pela Providência, *No céu está o nosso Deus e tudo faz como lhe agrada* (Salmos 115.3). A providência divina é a ação contínua de Deus, pela qual ele governa todas as coisas, preservando a existência da criação, dirigindo-a com vistas ao cumprimento dos propósitos que designou para ela.

A palavra "providência" deriva do latim *providere* que literalmente significa *prever*, e remete, por incrível que pareça, não à onisciência de Deus, mas à sua presciência, que é a sua estratégia de governo do Universo[15], referida pelo apóstolo Pedro como *presciência*[16], segundo a qual Deus elege os participantes de seu Reino. Ou seja, a providência divina significa que Deus está presente e ativo em nossa vida como um todo e em tudo o que as suas onipotentes mãos criou. Estamos sob seus cuidados, estamos *nas m*ãos de Deus, portanto, podemos encarar o futuro confiantemente, sabendo que as coisas não acontecem por mero acaso. Deus está trabalhando em sua criação, operando a sua continuidade. Deus preserva a criação como um todo.[17] Deus está trabalhando em sua criação de forma a conservá-la com o propósito de continuar sempre

14 Por soberania de Deus entendemos ser o atributo segundo o qual ele é Senhor de toda a sua criação, dirigindo, executando e controlando tudo na criação e na história humana, de acordo com seu plano eterno, também chamado de predestinação. Desse modo, tudo o que ocorre durante todo o percurso da história humana não o surpreende, porque tudo foi contemplado em seu plano, incluindo os atos da maldade humana e dos anjos caídos e, bem assim os atos santos de seu povo e de seus santos anjos bem como a rebeldia e/ou obediência destes. Por isso, seu plano é, por assim dizer, assessorado pela sua onipotência, que é a garantia de tudo acontecerá de acordo com o que ele planejou.

15 Porque a esfera de ação da providência divina não se limita à terra e seus habitantes; mas também às esferas galaxiais, cobrindo céu e infernos; anjos e demônios; tudo o que existe está sob o governo do Criador.

16 Presciência não deve ser confundida com onisciência — onisciência refere-se ao conhecimento ilimitado de Deus sobre todas as coisas na eternidade; enquanto presciência, refere ao conhecimento que Deus tem de seu plano eterno — ele escreveu, decretou e determinou a estratégia de execução no tempo e no espaço; portanto, ele conhece o que escreveu, o que decretou e quais as suas estratégias de execução.

17 Veja Neemias 9.6; Colossenses 1.17; Salmos 104.5,10,13,20,21,24-30.

habitável o mundo, como lemos em Isaías capítulo 45: *Porque assim diz o Senhor, que criou os céus, o Deus que formou a terra, que a fez e a estabeleceu; que não a criou para ser um caos, mas para ser habitada: Eu sou o Senhor, e não há outro* (Isaías 45.18). De modo que, se engana quem crer que a terra será extinta, por conta de uma má interpretação de 2 Pedro capítulo 3: *Virá, entretanto, como ladrão, o Dia do Senhor, no qual os céus passarão com estrepitoso estrondo, e os elementos se desfarão abrasados; também a terra e as obras que nela existem serão atingidas* (2 Pedro 3.10). Essa passagem não afirma que a Terra deixará de existir; mas, assim como os céus, será purificada com fogo e, desse modo se tornar "novo céu e nova terra". A razão da necessidade dessa purificação é porque foi no céu, onde começou o pecado por meio de Lúcifer e se estendeu à terra por meio de Adão e Eva.

Hebreus 1.3 diz que Cristo está sustentando todas as coisas pela palavra do seu poder. A palavra grega utilizada neste texto para *sustentar* é *phero*, que significa "carregar, suportar", como em Lucas 5.18: *Vieram, então, uns homens trazendo em um leito um paralítico; e procuravam introduzi-lo e pô-lo diante de Jesus.* Em João 2.8, em referência ao primeiro milagre de Jesus: *Então, lhes determinou: Tirai agora e levai ao mestre-sala. Eles o fizeram*; e em 2 Timóteo 4.13: *Quando vieres, traze a capa que deixei em Trôade, em casa de Carpo, bem como os livros, especialmente os pergaminhos.* Todas essas passagens utilizam a mesma palavra *trazer, levar* — todas com o sentido de carregar, e isso explica como o Senhor Jesus está carregando continuamente o Universo pela palavra do seu poder. Cristo está ativamente envolvido na obra da Providência.[18] *Nele tudo subsiste* (Colossenses 1.17) — tudo, nesse caso, refere-se a cada coisa criada do Universo (Colossenses 1.16). Esse versículo afirma que Cristo mantém a existência de todas as coisas — nele, elas continuam a existir e a permanecer exatamente como foram criadas, como declarou Paulo aos filósofos de Atenas em Atos 17.28: *pois nele vivemos, e nos movemos, e existimos, como alguns dos vossos poetas têm dito: Porque dele também somos geração.* Assim como falaram os líderes de Israel, nos dias de Neemias: *Só tu és Senhor, tu fizeste o céu, o céu dos céus e todo o seu exército, a terra e tudo quanto nela há, os mares e tudo quanto há neles; e tu os preservas a todos com vida, e o exército dos céus te adora*" (Neemias 9.6). Assim como a profecia aguarda o dia do juízo: *Ora, os céus que agora existem e a terra, pela mesma palavra, têm sido entesourados para fogo, estando reservados para o Dia do Juízo e destruição dos homens ímpios* (2 Pedro 3.7).

18 GRUDEM, Wayne A. *Teologia Sistemática.* (São Paulo/SP: Vida Nova, 1999.)

De acordo com as Escritura existe sempre uma relação da providência divina e a cooperação, sob o governo de Deus, com a própria criação, de tal maneira que a preservação, ainda que não seja perceptiva pelos sentidos, porque não é possível — simplesmente enxergarmos pela observação do mundo natural. As coisas estão acontecendo por meio do governo de Deus. Isso é claramente ensinado e proposto pela Escritura, visto que a providência divina consiste no seu governo da criação em geral. Por exemplo, coisas que ocorrem na criação que pensamos ser meramente "naturais" como *Louvai ao SENHOR da terra, monstros marinhos e abismos todos; fogo e saraiva, neve e vapor e ventos procelosos que lhe executam a palavra; montes e todos os outeiros, árvores frutíferas e todos os cedros* (Salmos 148.7-9).

> *Porque ele diz à neve: Cai sobre a terra; e à chuva e ao aguaceiro: Sede fortes. Assim torna ele, inativas as mãos de todos os homens, para que reconheçam as obras dele. E as alimárias entram nos seus esconderijos e ficam nas suas cavernas. De suas recamaras sai o pé de vento, e, dos ventos do norte, o frio. Pelo sopro de Deus se dá a geada, e as largas águas se congelam. Também de umidade carrega as densas nuvens, nuvens que espargem os relâmpagos. Então, elas, segundo o rumo que ele dá, se espalham para uma e outra direção, para fazerem tudo o que lhes ordena sobre a redondeza da terra. E tudo isso faz ele vir para disciplina, se convém à terra, ou para exercer a sua misericórdia.* (Jó 37.6-13)

E ainda Jó 38.22-30. Em tudo sabemos, embora não percebamos, que a mão de Deus estar por trás de todos esses movimentos da criação. Em outro exemplo, verificamos que Deus alimenta os animais do campo, administrando a sua provisão, como em Salmos 104.27-29; Jó 38.39-41 e Mateus 6.26; 10.29. Também acontecimentos aparentemente "aleatórios" ou "casuais" como lançar sorte, lançar dados ou fazer cara ou coroa, a Bíblia afirma que o resultado desses eventos provém de Deus. Deus também permite aos homens elaborarem planos, mas sempre sob sua supervisão, para que, no final ... *a resposta certa dos lábios vem do SENHOR* (Provérbios 16.1). E no mesmo capítulo lemos: *A sorte se lança no regaço, mas do SENHOR procede toda decisão* (Provérbios 16.33). Há muitos outros exemplos, pelos quais podemos verificar, como no caso de Acã (Josué 7.14), de Jonas (Jonas 1.7); e até um caso em que talvez tenha sido precipitação dos discípulos — a escolha do substituto de Judas (Atos 1.26). Como afirma Wayne Grudem:

Para todos os casos pode ser dada uma explicação natural satisfatória: Um botânico pode detalhar os fatores que fazem a relva crescer, com o sol, a umidade, a temperatura os nutrientes do solo, etc. — Mas as Escrituras afirmam que Deus fez isso. Um meteorologista pode dar uma explicação completa dos fatores que provocaram a chuva: umidade, temperatura, pressão atmosférica, etc. e, pode até produzir chuva num laboratório de meteorologia. Mas as Escrituras afirmam que Deus provoca a chuva. Um físico, munido de informações precisas de força e direção com que um dado foi jogado poderia explicar plenamente o que fez os dados darem o resultado que deram – Mas as Escrituras afirmam que a Deus pertence a decisão da sorte lançada.[19]

Desta forma, se chove devemos agradecer a Deus; se a plantação cresce, devemos dar graças a ele; se a indústria e o comércio vão bem, agradecemos a Deus. Em sua Providência, Deus dirige as propriedades distintivas de cada coisa criada e age por intermédio delas, de modo que essas coisas mesmas gerem resultados satisfatórios.[20] Tudo isso pode ser compreendido sob dois termos filosóficos:

1. "Causa primária" — causa invisível, subjacente e diretiva, que planeja e inicia tudo o que acontece.
2. "Causa secundária" — as coisas criadas geram os atos de modo compatíveis com as suas propriedades — são as causas que podem ser observáveis, são claras aos nossos sentidos. Isto é, podemos olhar, podemos sentir, podemos perceber — e depois atribuir todos os resultados a providência divina, ainda que haja cooperação humana em todos esses eventos.

A doutrina da providência indica que Deus é tudo em todos. Sem ele nada existiria, nada aconteceria. Nesse sentido, a providência é a relação direta e pessoal de Deus com sua criação; porquanto a providência interage com todas as doutrinas bíblicas; e em certos casos de clara Providência, a interação é mais diretamente. Nesse sentido, o argumento de Eliu, ao interpelar Jó acerca do que achou que Jó tinha dito, está correto, apesar de não ser verdade acerca de Jó. Ele disse que Jó disse: *Sou justo, e Deus tirou o meu direito* (Jó 34.5). Em cima disso Eliu ainda argumenta (contra Jó) dizendo: *Se Deus pensasse apenas em si mesmo e para si recolhesse o seu espírito e o seu sopro, toda a carne juntamente expiraria, e o homem voltaria para o pó* (Jó 34.14-15), Deus exerce o seu governo — embora o argumento de Eliu seja um equívoco acerca de Jó, o que ele afirma, é real, e diz respeito às suas (de Eliu) experiências relacionadas

19 Ibid.
20 Ibid.

com a providência divina, que declara que Deus está governando sua criação, com vistas à sua preservação — assim torna-se claro que, pela sua divina providência Deus governa para preservar a vida em todas as direções, e sem a sua ação tudo, a criação se desvaneceria irremediavelmente. Portanto, "Pelo governo de Deus a água continua sendo água; a grama continua sendo grama, pedra continua sendo pedra"; e, desse modo, todas as coisas continuam com suas propriedades até que sofra a ação de outra parte da criação, alterando, assim as suas propriedades, mas sob a supervisão, sob o governo de Deus (Providência). Por exemplo, quando algo, é queimado ao fogo, logo é transformado em cinzas. Entretanto, certas coisas podem sofrer alterações em suas propriedades por ação de outros elementos criados, mas ainda assim, preserva as características originais, com as quais foram criadas, como no caso da vertente - ela pode evaporar até secar, porém, enquanto tiver água naquela panela, água será sempre água, sem qualquer alteração.

Responsabilidade humana

A pergunta que nunca vai calar, principalmente, por parte dos oponentes da doutrina da providência divina é: Onde e como se encaixa a doutrina da Responsabilidade Humana? Vou procurar ser bem sucinto na resposta. Para isso cito os argumentos de três teólogos em diferentes momentos da história da Teologia.

Para Calvino, a responsabilidade humana trata do uso constante da *prudência*, como ele afirma: "Assim, se o Senhor nos confiou o proteger a nossa vida, que a cerquemos de cuidados; se ele oferece recursos, que os usemos; se nos previne dos perigos, não nos arrojemos temerariamente; se fornece remédios, não os negligenciamos" (Inst. I. XVII).[21] A providência divina não opera de modo a negar ou tornar desnecessário o esforço humano, no entanto, Deus cuida de sua criatura através da graça comum, mas também exerce cuidado especial para com seus filhos, em Cristo Jesus.

Para J. A. Packer, a responsabilidade humana trata de um antinomismo, isto é, duas verdades que correm paralelamente no curso das doutrinas bíblicas igualmente verdadeiras, em sua relação com a soberania de Deus.

À parte do significado literal do termo, (*contrário à lei; oposição aos preceitos, normas, regras)*, antinomismo significa, de acordo com o dicionário DICIO Google, um "sistema filosófico baseado em duas proposições contrárias, ambas coerentes

21 GEORGE, Timothy. *Teologia dos Reformadores*. (São Paulo/SP: Vida Nova, 2017.)

e válidas, mas de conclusões e significados opostos". Tratando-se da relação entre a soberania de Deus e a responsabilidade humana, antinomismo fala da existência de duas verdades correndo paralelamente. Por isso, Packer explica que

> Um antinômio existe quando dois princípios, postos lado a lado, aparentemente são irreconciliáveis, ainda que ambos sejam inegáveis. Há razões irrefutáveis para se crer tanto numa quanto na outra; ambas repousam sobre claras e sólidas evidências, mas você considera totalmente misterioso como é que elas podem ser conciliadas uma com a outra. Você consegue até reconhecer que cada uma deve ser verdadeira se tomada isoladamente, mas não consegue ver como é que as duas podem ser verdadeiras ao mesmo tempo.[22]

De acordo com Packer, o antinomismo é diferente de paradoxo. Um paradoxo é uma figura de linguagem, um jogo de palavras utilizado, no caso de Paulo, para expressar muitas verdades a respeito da vida cristã. Paulo declara vários paradoxos sobre sua própria experiência cristã: *entristecidos, mas sempre alegres ... nada tendo, mas possuindo tudo...* Porque, *quando sou fraco, então, é que sou forte* (2 Coríntios 6.10; 12.10). A característica de um paradoxo, pois, é que não são os fatos que dão essa ideia de contradição, mas as palavras. A contradição é verbal, mas nunca é real.

A verdade é que um paradoxo é dispensável e compreensível; enquanto um antinômio, ao contrário, não é, nem dispensável, nem compreensível. O paradoxo é dispensável, porque é determinado por palavras, e não por um fato, por isso, pode ser transformado em uma expressão não paradoxal. Por exemplo, explica Packer, os paradoxos paulinos, facilmente podem ser ditos de forma não paradoxal. Onde ele diz: *... entristecidos, mas sempre alegres ... nada tendo, mas possuindo tudo*, porque *quando sou fraco, então, é que sou forte* (2 Coríntios 6.10; 12.10), ele poderia ter dito:

> Em determinadas ocasiões, o sofrimento e a alegria em Deus são coisas que muitas vezes andam de mãos dadas, na sua experiência pelo menos, e que, mesmo não sendo proprietário de nenhum bem e sendo desprovido de qualquer saldo no banco, em certo sentido, tudo lhe pertence, porque ele pertence a Cristo e Cristo é o Senhor de tudo. E como se não bastasse, em 2 Coríntios 12.10, ele ousa afirmar que, é precisamente quando ele está mais consciente da sua fraqueza natural, que o Senhor mais o fortalece.[23]

Portanto, Deus faz todas as coisas que acontecem, mas o faz de maneira tal que de algum modo garante nossa capacidade de tomar decisões voluntárias, responsáveis, decisões que tragam resultados reais, pelas quais somos

22 PACKER, J. I. *A Evangelização e a Soberania de Deus.* (São Paulo/SP: Cultura Cristã, 2002.)
23 Ibid., p. 17.

responsáveis (veja livre agência). Podemos entender em certo sentido que Deus é plenamente responsável pela realização das coisas, e que noutro sentido o ser humano também é plenamente responsável pela realização das coisas (como criatura).

Veja o que Arthur W. Pink, diz acerca da responsabilidade humana frente à soberania de Deus:

> Tem-se ressaltado com frequência que o requisito fundamental na exposição da Palavra de Deus é a necessidade de preservar o equilíbrio da Verdade. Com isto concordamos de coração. Duas coisas são indisputáveis: Deus é soberano, o homem é responsável. Neste livro procuramos demonstrar a primeira dessas verdades; em outras obras temos insistido na segunda. Que existe o perigo de salientar indevidamente uma delas, e de negligenciar a outra, reconhecemos sem hesitação; e a História nos oferece numerosos exemplos de ambos os casos. Ressaltar a soberania de Deus, sem acentuar, ao mesmo tempo, que a criatura é responsável, tende ao fatalismo; preocupar-se tanto em manter a responsabilidade do homem, ao ponto de perder de vista a soberania de Deus, é exaltar a criatura e rebaixar o Criador.[24]

A responsabilidade humana existe por causa da soberania de Deus. A soberania de Deus exige a existência da responsabilidade humana. Mas, para uma melhor compreensão, além da clara explanação de Packer, de Calvino e A. W. Pink, discutiremos rapidamente sobre a distinção entre livre-arbítrio e livre agência, que apesar da aparente semelhança, guarda uma diferenciação crucial no entendimento da doutrina da providência divina. Porque existem certos conceitos que devem ser revistos neste ponto para aclarar mais as definições do conceito de livre-arbítrio e *livre agência* — na livre agência, o indivíduo age voluntariamente, reconhecendo a diferença entre o certo e o errado, estando sujeito ao governo moral de Deus e, portanto, ele é responsável. Reconhece-se o indivíduo dotado de volição, capacidade e autodeterminação, que é a capacidade de agir em direção às suas escolhas. Por "voluntário" quero dizer: sem compulsão e sem coerção. Sendo assim, lhe é atribuída inteira responsabilidade por suas ações.[25] Na livre agência, as escolhas são dirigidas por Deus. *É ele quem efetua em nós tanto o querer como o realizar, segundo a sua boa vontade* (Filipenses 2.13). Ainda assim, cada um é responsável por suas escolhas: se levar em conta a direção de Deus, será abençoado; porém, se não levou em conta a direção de Deus em suas escolhas, sofrerá o dano. Por isso, a Palavra de Deus afirma que *todos os que são*

24 PINK, A. W. *Deus é Soberano.* (São José dos Campos/SP: Fiel, 1990): 5.
25 DAGG, John L. Manual de Teologia. (São José dos Campos/SP: Fiel, 1989.)

guiados pelo Espírito de Deus são filhos de Deus (Romanos 8.14). Mas, ainda são responsáveis pelas suas escolhas, pelos seus atos, pelas suas ações.

No livre-arbítrio, entretanto, as escolhas são da alçada do indivíduo, sem qualquer interferência ou intervenção, venha de onde vier. A isso se chama soberania. No livre-arbítrio, o ser humano, ainda que inconsciente, pretende ser soberano; mas, essa já era a proposta de Satanás a Eva, quando no Jardim do Éden, lhe propôs a possibilidade de se tornar como Deus:

> *Mas a serpente, mais sagaz que todos os animais selváticos que o Senhor Deus tinha feito, disse à mulher: É assim que Deus disse: Não comereis de toda árvore do jardim? Respondeu-lhe a mulher: Do fruto das árvores do jardim podemos comer, mas do fruto da árvore que está no meio do jardim, disse Deus: Dele não comereis, nem tocareis nele, para que não morrais. Então, a serpente disse à mulher: É certo que não morrereis. Porque Deus sabe que no dia em que dele comerdes se vos abrirão os olhos e, como Deus, sereis conhecedores do bem e do mal.* (Gênesis 3.1-5)

Além disso, livre-arbítrio significa o homem no controle de sua vida — fazendo as suas escolhas e tomando suas próprias decisões, sem qualquer intervenção, de quem quer que seja. Nesse sentido, ele pode escolher livremente entre Deus e o Diabo; entre o céu e o inferno; entre aceitar ou rejeitar a salvação oferecida por Cristo. Só que isso é falso. Não existe essa possibilidade de escolha por parte de um ser de quem se diz estar morto:

> *Ele vos deu vida, estando vós mortos nos vossos delitos e pecados, nos quais andastes outrora, segundo o curso deste mundo, segundo o príncipe da potestade do ar, do espírito que agora atua nos filhos da desobediência; entre os quais também todos nós andamos outrora, segundo as inclinações da nossa carne, fazendo a vontade da carne e dos pensamentos; e éramos, por natureza, filhos da ira, como também os demais.* (Efésios 2.1-3)

Na livre agência, se tratando do homem nascido de novo, da mesma forma faz suas escolhas, porém, sempre conta com a aprovação ou desaprovação de Deus. Suas ações são dirigidas por Deus, por isso, ele sofre as consequências, todas as vezes que toma o caminho contrário à vontade de Deus. Sendo assim, sejam quais forem suas escolhas, ele é responsável, certamente colherá o que plantou. Na livre agência existe sempre dois caminhos: a vontade de Deus e a vontade do indivíduo — todo homem, em toda a sua existência sempre se defronta com esses dois caminhos, ou seja, ele se depara com a necessidade de fazer uma escolha. Se ele for um descrente, porém, porque está morto espiritualmente, ele deveria escolher a vontade de Deus, mas não reúne condições e forças para fazer a escolha certa, por isso ele faz sempre a escolha de acordo com a sua natureza humana caída — sempre escolhe sua própria vontade, em detrimento da vontade de Deus!

Em outras palavras, na livre agência, o homem tem liberdade para escolher a sua vontade ou a vontade de Deus. Se ele escolhe a vontade Deus, conta com a aprovação de Deus e se torna bem-aventurado, e Deus o cobre de bênçãos. Mas, se ele escolhe fazer a sua própria vontade, então colherá os frutos amargos de sua escolha. Foi assim com Adão — ele poderia ter escolhido não comer da árvore do conhecimento do bem e do mal, de acordo com o esclarecido mandamento de Deus: *E o Senhor Deus lhe deu esta ordem: De toda árvore do jardim comerás livremente, mas da árvore do conhecimento do bem e do mal não comerás; porque, no dia em que dela comeres, certamente morrerás* (Gênesis 2.16-17). Mas, com sua mulher, preferiu (como prova de que não existe livre-arbítrio) seguir a escolha de Satanás para eles (Gênesis 2 e 3). Note que a mulher não tinha sido ainda criada, de acordo com a cronologia da criação quando Deus chamou Adão e lhe deu esta ordem. Portanto, a responsabilidade era totalmente de Adão. Ele tinha "liberdade" de não comer do fruto da árvore do conhecimento do bem e do mal, mas escolheu, livremente, comer. Adão, portanto, seguiu sua livre agência.

Também, foi assim com o povo de Israel. Deus o colocou em posição de livre agência:

> *Eis que, hoje, eu ponho diante de vós a bênção e a maldição: a bênção, quando cumprirdes os mandamentos do Senhor, vosso Deus, que hoje vos ordeno; a maldição, se não cumprirdes os mandamentos do Senhor, vosso Deus, mas vos desviardes do caminho que hoje vos ordeno, para seguirdes outros deuses que não conhecestes.* (Deuteronômio 11.26-28)

Outra clara manifestação de livre agência é esta, na qual Deus propõe uma escolha:

> *Vê que proponho, hoje, a vida e o bem, a morte e o mal; se guardares o mandamento que hoje te ordeno, que ames o Senhor, teu Deus, andes nos seus caminhos, e guardes os seus mandamentos, e os seus estatutos, e os seus juízos, então, viverás e te multiplicarás, e o Senhor, teu Deus, te abençoará na terra à qual passas para possuí-la. Porém, se o teu coração se desviar, e não quiseres dar ouvidos, e fores seduzido, e te inclinares a outros deuses, e os servires, então, hoje, te declaro que, certamente, perecerás; não permanecerás longo tempo na terra à qual vais passando o Jordão, para a possuíres. Os céus e a terra tomo, hoje, por testemunhas contra ti, que te propus a vida e a morte, a bênção e a maldição; escolhe, pois, a vida, para que vivas, tu e a tua descendência, amando o Senhor, teu Deus, dando ouvidos à sua voz e apegando-te a ele; pois disto depende a tua*

vida e a tua longevidade; para que habites na terra que o Senhor, sob juramento, prometeu dar a teus pais, Abraão, Isaque e Jacó. (Deuteronômio 30.15-20)

Portanto, a diferença entre livre-arbítrio e livre agência é esta. É claro, que os defensores da doutrina do livre-arbítrio não vão concordar com este entendimento. Mas, para quem, humildemente, se debruça sobre a Escritura para discernir sobre o significado de ser soberano, aceitará que há apenas um Soberano, o Todo-Poderoso, o Criador do céu, da terra, do mar e de tudo o que neles há.

Esse erro é devido ao fato de que o conceito de soberania de Deus é distorcido entre aqueles que defendem a existência do livre-arbítrio. Pois, ao atribuir ao homem o poder de decisão e ter o destino de sua vida sob seu próprio controle, negam textos bíblicos como o que encontramos em Jeremias: *Eu sei, ó Senhor, que não cabe ao homem determinar o seu caminho, nem ao que caminha o dirigir os seus passos* (Jeremias 10.23). Além disso, há centenas de passagens bíblicas que falam a mesma coisa. Tudo conspira contra o livre-arbítrio! Por exemplo, na vida em sociedade ninguém toma decisões com base em sua liberdade, pois de uma maneira ou de outra as nossas decisões são sempre dependentes de decisões anteriores, tomadas por outras pessoas no âmbito em que se está inserido, como um indivíduo social que somos enquanto seres humanos. Outro exemplo, não somos livres para avançar o sinal vermelho no trânsito, porque outros já decidiram por nós que não podemos avançar o sinal vermelho. Se não somos capazes de decidir o curso de nossas ações diante do nosso semelhante, como o podemos diante de Deus? Como podemos fazer sozinhos a escolha entre o bem e o mal? Entre Deus e o Diabo? Entre aceitar ou rejeitar a salvação? E, por aí vai.

A experiência do mal

Outra coisa intrigante para a maioria das pessoas é a questão do mal. "Qual a relação entre Deus e o mal que existe no mundo?" Será que Deus realmente causa os atos maus das pessoas? Se o faz, então não seria Deus o responsável pelo pecado? Para entender essa questão é preciso analisar as passagens que afirmam que Deus, de fato, provocou acontecimentos maus e fez que se cometessem atos maus (Jó 2.10; Lamentações 3.38). Mas, é importante lembrar que em todas essas passagens a Escritura em momento algum retrata Deus fazendo diretamente algo mau; retrata, sim, Deus causando atos maus por meio das ações voluntárias das criaturas morais. Além disso, a Escritura jamais culpa Deus pelo mal, nem dá a entender que Deus tem prazer no mal; tampouco desculpa os homens pelo mal que cometem. Por exemplo, a maldade dos irmãos de José, foi de plena responsabilidade deles, porém, Deus a utilizou para preservação da vida e garantir o cumprimento da profecia de Gênesis 3.15, segundo a qual o descendente da mulher triunfaria sobre a descendência da serpente (Gênesis 37.4,5,8,11,20,24,28; 45.5; 50.20). Também de Faraó é dito que, tanto ele próprio endureceu seu coração, quanto foi endurecido por Deus (Êxodo 4.21; 7.3; 9.12; 10.20,27; 11.10; 14.8; Êxodo 8.15,32; 9.34). Além disso, Deus sempre tem um propósito ao permitir o mal, claramente exemplificado nos casos dos irmãos de José e de Faraó (Romanos 9.17, 18; Êxodo 14.17; Sl 105.25). Outros casos são relatados em que a maldade humana ou de Satanás foi utilizada por Deus para cumprir seus propósitos, como no caso dos cananeus (Josué 11.20; Juízes 3.12; 9.23; 14.4; 1 Samuel 2.25); do espírito que atormentava Saul (1 Samuel 16.14). Deus promete suscitar o mal da própria casa de Davi, depois que ele pecou (2 Samuel 12.11,12; 16.22; 12.15-18). Outro caso emblemático foi o caso do Censo do povo de Israel, levantado por Davi. Nesse caso, Deus agiu por intermédio de Satanás para incitar Davi ao pecado; mas o reprovou e o castigou severamente, pelo seu pecado (2 Samuel 24.1,12-17; 2 Crônicas 21.1). O Senhor pôs o espírito mentiroso na boca dos profetas de Acabe (1 Reis 22.23).

Esses episódios relatados na Escritura devem esclarecer o fato de onde começa e onde termina as responsabilidades de Deus e das criaturas. Tudo, porém, deve cumprir os desígnios de Deus para sua glória e para nosso bem (Romanos 8.28; Gênesis 50.20). Deus jamais faz o mal e jamais deve ser culpado pelo mal, como lemos em Tiago: *Ninguém, ao ser tentado, diga: Sou tentado por Deus; porque Deus não pode ser tentado pelo mal e ele mesmo a ninguém tenta* (Tiago 1.13; Lucas 22.22; Mateus 26.24; Marcos 14.21); pelo contrário, Deus é quem culpa e julga justamente as criaturas pelo mal que fazem (Isaías 66.3,4; Esdras 7.29). A culpa pelo mal é sempre da criatura responsável pelo que comete, seja homem, seja demônio — a criatura que comete o mal sempre merece castigo.

Como Deus pode ordenar que executemos atos maus e depois nos responsabilizar por eles, sem que o próprio Deus tenha culpa? Como bem afirma Calvino: "Então devemos considerar o fato de que o homem tem essa espécie de livre decisão, não porque tenha livre escolha igualmente do bem e do mal, mas porque age impiamente segundo a sua vontade, não por compulsão". Portanto, o caminho é aceitar, com toda fé e humildade, que todo o bem procede de Deus, que devemos louvá-lo por isso, e que todo o nosso mal procede de nós mesmos, assumindo por isso toda a merecida culpa. Por semelhante modo, sabemos que Deus controla tudo para o bem. Quando contemplamos o pecado em outras pessoas podemos considerá-las culpadas do mal, enquanto louvamos ao Senhor pelo bem que ele extrai desse mal.[26]

A doutrina da providência não implica em desculpas para as nossas falhas, negligências e pecados. Às vezes um esquecimento pode ser providencial, mas somente as circunstâncias, o tempo e os resultados pode dizê-lo. Ainda assim, fica circunscrito aos mistérios de Deus dentro de seu governo providencial, porque *as coisas encobertas pertencem ao Senhor, nosso Deus, porém as reveladas nos pertencem, a nós e a nossos filhos, para sempre, para que cumpramos todas as palavras desta lei* (Deuteronômio 29.29). Deus nos fez responsáveis pelos nossos atos, que tem resultados reais, eternos e significativos. Este fato significa que jamais devemos pensar: "Deus me fez praticar o mal e, portanto, não sou responsável por isso". Adão foi o primeiro a culpar Deus pelas circunstâncias *Então, disse o homem: A mulher que me deste por esposa, ela me deu da árvore, e eu comi* (Gênesis 3.12). Mas como criaturas, o nosso dever é considerar o que Paulo nos ensina em Romanos 9.19-20: *Quem és tu ó homem...* Portanto, o que se deve fazer é perceber e arraigar no coração que é justo que Deus repreenda, discipline e castigue o mal; sendo nossa responsabilidade repreender e disciplinar o mal na família, na igreja e reprová-lo na sociedade em que vivemos.

Além disso, nossas ações são, não somente reais, mas também exercem influência no curso dos acontecimentos, realçando a responsabilidade humana na providência divina. Por isso, precisamos entender a distinção entre possível e impossível. *Possível* é tudo quanto é realizado em cooperação com providência divina, utilizando as propriedades com as quais fomos dotados na criação, ou seja, utilizando os recursos naturais, recebidos da graça comum. *Impossível* é aquilo que, mesmo em face das propriedades ou capacitações com as quais fomos dotados desde a criação e após a nossa reconciliação com Deus, não podemos realizar. Nesse sentido, devem ser levados em contas vários fatores que regem as atividades humanas: as advertências, as provisões e os meios que Deus emprega para exercer sua providência.

26 Ibid.

O futuro

O futuro, para nós é incerto. Não sabemos o que Deus planejou nem mesmo para o restante do dia, nem para a próxima semana, nem para o próximo ano. Mas se confiarmos em Deus e a ele obedecermos, saberemos que ele planejou boas coisas que nos virão por meio da providência (Jeremias 29.11),[27] sempre considerando a prudência e a sensatez de modo que a vontade de Deus seja levada a efeito. Portanto, devemos agir com fé, obediência e humildade diante dos acontecimentos inevitáveis acerca das ações humanas em combinação com a providência divina, embora sempre inconscientes, pois a providência divina age de acordo com o que nos ensina Deuteronômio 29.29. Mas, é imprescindível saber que a doutrina da providência não é incentivo à ociosidade — não é aguardar ocioso os resultados dos acontecimentos. Todos têm participação ativa, enquanto Deus age providencialmente em suas vidas, em sua história, em seus momentos. É claro que em determinadas ocasiões Deus nos manda esperar nele antes de agir e, em todas as coisas ele nos manda confiar nele e não nas nossas próprias capacidades. Por exemplo, se um aluno precisa ser aprovado, ele deve se esmerar em sua preparação para a prova, e não ficar esperando na oração, pela qual ele se sustenta na Providência. Ele deve orar, confiar que a providência divina irá, de alguma maneira colocá-lo em contato com o que realmente vai cair na prova. Deus honrará sua confiança e, ao mesmo tempo, o seu desempenho no preparo para aquela prova. Seu zelo será contado quanto ao resultado, isto é, sua nota será diretamente proporcional à sua fé e ao seu preparo, e suficiente para aprová-lo. Assim como, se o Senhor confiou a nós a proteção da nossa vida, nosso dever é protegê-la; se nos oferece auxílios, usá-los; se nos prediz perigos, não sermos afoitos; se nos fornece remédios, não os negligenciar. E por aí vai.

Desse modo, diante da doutrina da providência divina, nossa atitude é buscar fazer sempre a vontade de Deus — é Deus quem, pela sua providência opera em nós *tanto o querer como o realizar* (Filipenses 2.13); desenvolver sempre um espírito de gratidão, tanto em tempos de aflições, quanto em tempos de satisfação. Isso produz a tão mencionada resignação de Jó — ele resignou-se durante seu período de aflições, porquanto considerava seus sofrimentos como enviados por Deus. Por isso, ele dizia: *...temos recebido o bem de Deus e não receberíamos também o mal?* (Jó 2.10).

27 GRUDEM, *Teologia Sistemática*.

Não era uma resignação diante de um plano cego — precisamos não apenas sentir a presença da mão de Deus em nossas aflições e entender que tudo é planejado para o nosso bem, como nos garante o apóstolo Paulo em Romanos: *Sabemos que todas as coisas cooperam para o bem daqueles que amam a Deus, daqueles que são chamados segundo o seu propósito* (Romanos 8.28). Entretanto, não é exigido de nós que compreendamos ou que expliquemos todos os mistérios; cumpre-nos apenas confiar nos desígnios de Deus, e aceitá-los com resignação, pois Deus se manifesta em tempos de necessidades e aperfeiçoa sua força em nossas fraquezas (2 Coríntios 12.9), e não nos deixará desprovidos daquilo que poderosamente glorificará o seu nome, da mesma forma que Paulo aceitou o espinho em sua carne (seja lá o que tenha sido o tal espinho). Além disso, somos constantemente pastoreados por nosso grande Pastor, pois *não temos sumo sacerdote que não possa compadecer-se das nossas fraquezas; antes, foi ele tentado em todas as coisas, à nossa semelhança, mas sem pecado* (Hebreus 4.15).

Ainda sobre as provações, pelas quais todos nós devemos passar neste mundo, Paulo adverte: *Não vos sobreveio tentação que não fosse humana; mas Deus é fiel e não permitirá que sejais tentados além das vossas forças; pelo contrário, juntamente com a tentação, vos proverá livramento, de sorte que a possais suportar* (1 Coríntios 10.13). Essas advertências de Paulo aos crentes de Corinto são baseadas nos sofrimentos do povo de Israel, quando peregrinavam no deserto, e foram aplicadas também às experiências dos crentes lá em Corinto, e agora é legitimamente aplicada a nós. Portanto, se nós, como os coríntios, atentarmos para essa advertência, estamos seguros de que Deus, na sua Providência, agirá de modo a nos assessorar quando, no futuro tivermos que passar por algumas provações.

Efésios 1.11 diz que Deus *...faz todas as coisas conforme o conselho de sua vontade.* Por isso, acontecimento nenhum na criação fica fora da providência divina, pelo contrário, é a providência divina que promove todo e qualquer acontecimento na história da humanidade. Isso inclui a providência em sua relação com as nações gentílicos, onde Deus exerce sua Providência, pela qual Deus governa por meio das nações (Jó 12.23; Salmos 22.28), como é dito sobre Nabucodonosor: Deus já determinou o tempo de existência e o lugar de cada nação na terra (Atos 17.26; 14.16). Por exemplo, o que Nabucodonosor declara no dia do seu arrependimento (Daniel 4.35): *Todos os moradores da terra são por ele reputados em nada; e, segundo a sua vontade, ele opera com o exército do céu e os moradores da terra; não há quem lhe possa deter a mão, nem lhe dizer: Que fazes?*

Todos os aspectos da nossa vida — nossa dependência de Deus para o alimento de cada dia é afirmada cada vez que oramos: *o pão nosso de cada dia dá-nos hoje* (Mateus 6.11), mesmo que trabalhemos e utilizemos meios naturais e comuns, a Escritura afirma o tempo todo que é Deus quem supre as nossas necessidades (Filipenses 4.19). E, de acordo com o Salmo 139.16, Deus planejou os nossos dias antes mesmo de nascermos. Jó diz que os dias do homem estão contados (Jó 14.5); Paulo foi separado para o apostolado antes de nascer (Gálatas 1.15); Jeremias foi consagrado antes do seu nascimento (Jeremias 1.5); todas as nossas ações dependem do cuidado providencial de Deus (Atos 17.28); cada passo que damos é dirigido pelo Senhor (Jeremias 10.23; Provérbios 20.24; 16.1,9); o sucesso e o fracasso provêm de Deus (Salmos 75.6,7; Lucas 1.52; Salmos 127.3); todos os nossos talentos e capacidades provêm do Senhor, diz a Palavra de Deus (1 Coríntios 4.7; Salmos 118.34); Deus influencia os governantes em suas decisões (Esdras 6.22; 1.1; Salmos 33.14,15); *Como ribeiros de águas assim é o coração do rei na mão do Senhor; este, segundo o seu querer, o inclina* (Provérbios 21.1). Se considerarmos o fato de que nas Escrituras o coração é a sede dos nossos pensamentos e desejos mais íntimos, a doutrina da providência divina cresce em importância, pois lemos em Filipenses 2.13, que é Deus quem dirige os nossos desejos; portanto, as nossas escolhas[28] e realizações. A obra providencial divina inclui todos os aspectos da nossa vida — nossas palavras, nossos passos, nossos movimentos, nosso coração, nossa capacidade — tudo provém do Senhor. É importante lembrarmos que, aqui como na criação inferior se aplica o conceito de "causa primária", invisível, e "causa secundária", visível. As Escrituras repetidamente afirmam que realmente fazemos acontecer os eventos, são reais; que somos, ao mesmo tempo, importantes e responsáveis na história da providência divina.

O governo de Deus sobre todas as coisas

A doutrina da providência é o governo de Deus sobre toda sua criação. "Deus tem um propósito em tudo o que faz no mundo, e providencialmente governa e dirige todas as coisas a fim de que se cumpram os propósitos divinos."[29] Todas as coisas estão sob o governo de Deus, de modo que toda as coisas criadas interagem entre si, produzindo alterações umas nas outras, mediante a vontade

28 Livre Agência.
29 GRUDEM, *Teologia Sistemática*.

de Deus. Deus controla o vento (Jeremias 4.8); a chuva (Mateus 5.45); a pestilência (Levíticos 26.25); a fartura (Gênesis 27.28); a relva (Mateus 6.30); os cabelos de nossas cabeças (Mateus 10.30), as aves do céu (Mateus 6.26).

A Escritura não somente atribui os acontecimentos à mão controladora de Deus, mas também refere-se a ele como quem determina os acontecimentos para a realização de algum propósito em vista. As plantas crescem a fim de prover alimentos (Salmos 104.14). A pestilência é enviada a fim de que os homens sejam castigados por causa de seus pecados (2 Samuel 24.15). José foi enviado ao Egito com o intuito de preservar a vida de muita gente (Gênesis 45.7). Deus faz todas as coisas conforme o conselho da sua vontade. Por isso é que *todas as coisas cooperam para bem daqueles que amam a Deus* (Romanos 8.28). Ou melhor, para cumprimento do propósito divino.

A Escritura demonstra que o governo de Deus é abrangente; diz respeito tanto aos acontecimentos de "grande importância" como o caso das jumentas perdidas do pai de Saul — providência divina, a fim de que Saul se encontrasse com Samuel, o qual o ungiria como rei de Israel; quanto às coisas mais triviais como a morte de um pardal (Mateus 10.29); ou a flecha atirada ao acaso, atingindo o rei de Israel (1 Reis 22.34). O governo de Deus compreende o *Governo Natural*, em que Deus governa por meio das leis da natureza; e o *Governo Moral*, em que Deus governa por meio das leis morais — através da mente, pela atuação do Espírito Santo. Abrange todo o Universo, ou seja, todos seres criados, animados e inanimados, racionais e irracionais de modo que todos os acontecimentos cumpram os planos de Deus elaborados na eternidade. Deus assume a direção de todos os acontecimentos no curso da história, rumo ao fim que ele tem em mente. Não apenas os grandes eventos da história, mas até as menores ocorrências dentro da criação, estão sujeitas à direção de Deus — "é certo que não cai uma gota de chuva a não ser pela explícita determinação de Deus" (*Inst.* I.XVI, 5). Também estão sobre o governo de Deus todos os fenômenos naturais, como trovões e relâmpagos, chuvas, tempestades, todos obedecem à sua voz. Deus exerce estas atividades de maneira direta, contínua e imediata sobre toda a sua criação.

O governo de Deus sobre todas as coisas criadas evita alguns conceitos errôneos sobre a continuidade da criação:

1. *Abandono* — Este equívoco diz que Deus, tendo criado o Universo no princípio, deixara-o, então continuar o seu curso mais ou menos sozinho;

2. *Observação* — Esse conceito imagina Deus ociosamente observando do céu o que acontece na terra, distante e afastado das atividades diárias da vida cotidiana.
3. *Previsão* — Afirma também, que Deus previu o que aconteceria, mas não interveio nos desdobramentos concretos dos eventos em si.
4. *Permissão* — Certos eventos acontecem pela permissão de Deus, mas não eram sustentados por sua ação direta.

Todas essas teorias negam a Deus, a quem as Escrituras continuamente atribuem — o compromisso vigilante, eficaz, ativo, incessante, com o governo do mundo que ele criou. Além disso, são conceitos que tentam eliminar a onipotência de Deus.

Os desígnios da providência (decreto)

Em seu governo providencial, Deus, determina os eventos que se sucedem de maneira que seus propósitos se cumpram de acordo com os meios que ele usa para sua concretização. Tem a ver com predestinação, no sentido de que nenhum acontecimento se torne realidade se não estiver debaixo da mão controladora de Deus. Os acontecimentos são dirigidos por Deus, de maneira que tudo contribui para o cumprimento do seu propósito. Se um evento vier a ameaçar o propósito divino, tal acontecimento será impedido de ocorrer; ou se puder contribuir somente em parte, só terá permissão de prosseguir até um determinado ponto. Novamente, esse controle divino envolve todos os agentes, animados e inanimados, racionais e irracionais, em perfeita consonância com a natureza bem como em harmonia com as leis naturais, segundo foram originalmente estabelecidas. Os agentes físicos são controlados como agentes físicos; os morais, como agentes morais. Estes últimos atuam livremente como se nenhuma *providência divina* pesasse sobre eles. Escolhem os seus fins e adotam os seus próprios meios; por isso são considerados responsáveis pelos seus atos, tal como se não houvesse nenhuma predestinação divina em operação. Entretanto, Deus está em pleno controle de cada detalhe, de acordo com o seu beneplácito.

Várias passagens bíblicas demonstram que a mão de Deus estava sobre tudo o que os santos homens da antiguidade faziam (Provérbios 16.9; 21.1; Gênesis 50.20; Romanos 8.28). Mesmo que as volições humanas sejam absolutamente contingentes, o controle de Deus sobre os atos externos é perfeito; mas, toda ação deve ser constituída de volição e poder — nunca chega a agir quem tenha apenas vontade sem poder, ou vice-versa. Ora, esse poder (caso das volições humanas) depende de Deus e está sob seu mais perfeito controle. Portanto, sem importar o que a vontade humana possa determinar, nada poderá ser realizado, senão pela permissão de Deus. Mesmo movido por grande cólera, um homem não pode mover um dedo sem a permissão de Deus (2 Reis 19.28). Se Deus assim desejasse, poderia ter derramado sua magnífica influência positiva e divina de modo que a humanidade teria sido inteiramente preservada de qualquer contaminação do pecado. Mas ele não o fez, e é isso mesmo que se denomina permissão divina ao pecado.

Portanto, a Escritura afirma categoricamente, que todo o bem procede de Deus, que devemos louvá-lo por isso, e que todo o nosso mal procede de nós mesmos, assumindo por isso toda a merecida culpa. Da mesma forma sabemos que Deus controla tudo para o bem. Deus governa o mundo tendo por meio da providência em vista a felicidade da criatura, muito embora, Satanás tentou e continua tentando convencer o homem do contrário (Gênesis 3.4,5). Mas a Escritura sempre afirma a bondade do governo de Deus (Atos 14.17); até sobre os maus ele envia o seu sol e a sua chuva (Mateus 5.45). Ainda assim os ímpios desprezam a bondade de Deus (Romanos 2.4). E Deus insiste em beneficiar a sua criação obediente (Salmos 84.11); e faz tudo concorrer para o bem dos que lhe amam (Romanos 8.28).

Deus governa o mundo tendo em vista o desenvolvimento mental e moral do ser humano. Deus governa o mundo tendo em vista a salvação e a preparação de um povo para si; começando por Israel (Êxodo 19.5); também chamou a igreja (Tito 2.14; 1 Pedro 2.9). A providência divina é especialmente voltada para produção e preparação de santos Efésios 3.9,10; 5.25-27). Finalmente, Deus concede muitas bênçãos aos perdidos por causa da presença de santos entre eles (Gênesis 18.22-33; 2 Reis 3.13; Mateus 5.13-16). Portanto, Deus quem governa o mundo tendo em vista a sua própria glória — a providência de Deus é voltada para manifestar as suas perfeições: santidade, retidão, poder, sabedoria, amor, verdade. Uma das frases mais encontradas com relação às obras de Deus — a providência é: *por amor de seu nome, por amor de mim* (Isaías 48.11). Na providência, Deus se revela como Soberano que, na revelação dos seus eternos propósitos, molda tanto os eventos morais, como os físicos. A providência de Deus é preventiva (Gênesis 20.6; Salmos 19.13); é permissiva (2 Crônicas 32.31; Romanos 1.24,28); é diretiva (Gênesis 50.20; Salmos 76.10; Isaías 10.5; João 13.27; Atos 4.28) e determinativa (Efésios 1.11).

Implicações práticas

Nisso consiste a diferença entre o estilo de vida dos crentes e o estilo de vida dos incrédulos. Estes, mesmo em face da graça comum, tendem ao desespero e confusão relacionados com as intemperes da vida, quando as coisas não vão bem, como humanamente esperado, pois, embora tenham vaga noção da existência de um Ser Supremo, não o conhece, nem desfruta de sua comunhão e, desse modo, não conseguem confiar e descansar nele, para ficarem certos de que no final tudo lhes irá bem (Romanos 8.28). Aqueles, porém, tendo sido colocados na relação direta com o Criador e sustentador de tudo por meio de um chamamento especial[30], recebem assistência pastoral direta de Jesus, o Grande Pastor que, por meio do Espirito Santo e da Palavra de Deus, não somente lhe supre com o conhecimento de Deus como o Divino Providente, como também lhe supre capacidade de visualização espiritual suficiente para que ele creia que em cada acontecimento, por mais trágico que pareça (veja o relato na página 202), tem a mão invisível, mas onipotente e soberana de um Deus amoroso sobre o controle, de modo que esses crentes conseguem descansar na fé, confiando que no final tudo lhes irá bem. É essa a promessa que temos da parte dele em Romanos 8: *Sabemos que todas as coisas cooperam para o bem daqueles que amam a Deus, daqueles que são chamados segundo o seu propósito* (Romanos 8.28). Refere-se aos cuidados de Deus para com aqueles que se acham no gozo da salvação, os filhos de Deus — combinações de ordem dos eventos, como as respostas às orações, assistência nas tribulações e graças e socorros em meio às circunstâncias críticas. São importantes ações pastorais, pelas quais os salvos desfrutam dos cuidados vigilantes de Deus. Tudo isso é alicerçado em bela e grandíssima promessa: *Acheguemo-nos, portanto, confiadamente, junto ao trono da graça, a fim de recebermos misericórdia e acharmos graça para socorro em ocasião oportuna* (Hebreus 4.16).

Considere o seguinte

José era um jovem semelhante ao jovem de Provérbios 4, que dá, ele mesmo, testemunho de como ele foi criado e educado na casa de seu pai e de sua mãe.

> *Quando eu era filho em companhia de meu pai, tenro e único diante de minha mãe, então, ele me ensinava e me dizia: Retenha o teu coração as minhas palavras; guarda os meus mandamentos e vive; adquire a sabedoria, adquire o entendimento e não te esqueças das palavras da minha boca, nem delas te apartes* (Provérbios 4.3-5).

30 Refere-se aos conceitos de chamada geral e chamada eficaz, que poderá ser desenvolvido mais adiante.

Por que as coisas acontecem?

Um jovem foi vendido por seus próprios irmãos a uns ismaelitas, mercadores de escravos. Este o repassou a um alto oficial do Egito e ele passou a servi-lo como mordomo-mor. Porém, caiu na admiração da mulher de seu senhor, que passou a assediá-lo, exigindo a todo custo que se deitasse com ela. Um dia em que seu marido não estava em casa e, estando o rapaz a executar suas tarefas, ela tentou seduzi-lo, mas ele, muito temente a Deus, não se deixou envolver, e fugiu de suas garras. Ela, vendo que foi rejeitada pelo jovem, simulou um ataque e o acusou... Seu patrão mandou prendê-lo, lançando-o em uma masmorra, aos cuidados de um carcereiro até perecer, finalmente.

Triste história, não é? Principalmente, por se tratar de uma pessoa íntegra e muito temente a Deus. Aí nós perguntamos: Por que o justo sofre muito, muito mais do que o ímpio? Esse era o questionamento de Asafe, no Salmo 73: no começo de suas meditações ele observava e pensava assim, mas ao final, sem compartilhar com ninguém, ele muda suas conclusões, se arrepende dos primeiros pensamentos e se volta à sensatez, recordando que há muito mais vantagens para aqueles que confiam em Deus e o tem como sua principal herança: *Quem mais tenho eu no céu? Não há outro em quem eu me compraza na terra* (Salmos 73.25). O resumo deste Salmo, ou seja, a conclusão a que chegou Asafe, é a de que Deus está sobre o controle de todos os acontecimentos e, como afirma Davi, sempre leva a bom termo o caminho do justo (Salmos 138.8).

Isso foi com José. A providência de Deus estava presente em todos os momentos da vida dele e em tudo o que lhe acontecia, desde os primeiros sonhos até ser preso injustamente. Simultaneamente, estava acontecendo a providência divina.

providência divina, para que a descendência de Abraão não perecesse, porque com ela pereceria também a promessa: .... *em ti serão benditas todas as famílias da terra* (Gênesis 12.3). Repetida em *A tua descendência será como o pó da terra; estender-te-ás para o Ocidente e para o Oriente, para o Norte e para o Sul. Em ti e na tua descendência serão abençoadas todas as famílias da terra* (Gênesis 28.14). O próprio José teve o privilégio de reconhecer, identificar e declarar a seus irmãos que tudo o que tinha acontecido era obra da providência divina para conservar viva a descendência de Abraão e a promessa evolvida, isto é, a vinda daquele que havia de redimir a Israel, bem como a todos os demais inscritos no Livro da Vida do Cordeiro (Apocalipse 17.8; 13.8; 20.12,15; 21.27).

Como Deus governa

Portanto, a providência de Deus significa que — Deus está continuamente envolvido com todas as coisas criadas, governando-as de forma tal que as preserva, assim como os elementos essenciais e as propriedades com que ele as criou; coordena as coisas criadas em cada ato, conservando as suas características a fim de fazê-las agir e cumprir suas funções, exatamente como e para as quais foram criadas e, dessa forma, alcançar os seus propósitos. A isto chamo de campo de ação da providência de Deus quais sejam: Criação, Preservação, Cooperação e Governo.[31] É nesse sentido que se define a providência divina, ainda que, do ponto de vista dos ímpios e, até mesmo do crente quando ele anda afastado da comunhão, Deus pareça estar distante e alheio à história, ao presente e ao futuro da humanidade. Mas isso é consequência do pecado, que parece ter tomado conta do governo, de acordo com Dagg:

> Os cuidados que Deus exerce em favor do mundo inteiro. Embora esses cuidados sejam vigilantes e bondosos, o pecado penetrou no mundo, arrastando inúmeros males em sua esteira. Assim, o mal, mesclado com a corrente inteira das atividades humanas, propaga o caos e a morte onde deveriam estar reinando imperturbados a paz, a boa ordem, a vida e a felicidade. Como é que tudo isso pode ter acontecido, sob o governo de um Deus infinitamente sábio, poderoso e bom, é questão que reveste de enormes dificuldades.[32]

Na sua Providência, Deus governa sua criação visando a preservação da vida, e cumprimento dos propósitos que ele tem de, *... segundo o seu beneplácito que propusera em Cristo, fazer convergir nele, na dispensação da plenitude dos tempos, todas as coisas, tanto as do céu como as da terra* (Efésios 1.9-10). Ou seja, a providência está agindo todos os dias no sentido de preservar todas as coisas rumo àquele dia glorioso em que o Senhor concluirá seu plano eterno, elaborado antes da fundação do mundo. Naquele dia ocorrerá o que está previsto por Paulo:

> *E, então virá o fim, virá o fim, quando ele entregar o reino ao Deus e Pai, quando houver destruído todo principado, bem como toda potestade e poder. Porque convém que ele reine até que haja posto todos os inimigos debaixo dos pés. O último inimigo a ser destruído é a morte.* (1 Coríntios 15.24-26)

31 GRUDEM, *Teologia Sistemática*.
32 DAGG, *Manual de Teologia*.

Veja que uma parte da passagem bíblica acima trata claramente da Providência, quando diz: *convém que ele* (Cristo) *reine até...* Este é, exatamente, o sentido que a Escritura empresta ao conceito de providência — Cristo reina. Reinar, quer dizer, governar, fazer as coisas acontecerem, controlar. E, se tratando do governo de Deus, nada é semelhante ao governo humano. Pois os governos humanos são sempre plenos de falhas, imperfeições e marcados pelas limitações e pela corrupção do pecado. Além disso, a vontade humana é limitada por fatores incontroláveis, que impedem a eficácia dos planos de governo. Mesmo o mais poderoso plano-diretor não consegue pôr em funcionamento toda a vontade planejada e, muitos deles terminam por serem destruídos pelas adversidades e pelas circunstâncias desfavoráveis e, até por opositores. Até mesmo o famoso "planejamento estratégico" tão aclamado nos antros das organizações não logram ser tão eficiente e eficaz como pretendem. Mas, o governo providencial de Cristo é absolutamente eficiente e eficaz. Ele tem um plano e coloca esse plano em ação, invariavelmente. No Salmo no qual Davi menciona a pergunta afrontadora das nações pagãs acerca do governo eficaz de Deus, ele desafia: *Por que diriam as nações: Onde está o Deus deles?* A resposta enfática: *No céu está o nosso Deus e tudo faz como lhe agrada*, responde Davi (Salmos 115.1-3).

Insisto na pergunta: "Por que as coisas acontecem?" — um dia um dos patriarcas recebeu uma sequência de quatro péssimas notícias; na verdade as notícias mais horríveis que um ser humano podia receber: vieram quatro mensageiros trazendo-lhe as seguintes informações:

> [...] *veio um mensageiro a Jó e lhe disse: Os bois lavravam, e as jumentas pasciam junto a eles; de repente, deram sobre eles os sabeus, e os levaram, e mataram aos servos a fio de espada; só eu escapei, para trazer-te a nova. Falava este ainda quando veio outro e disse: Fogo de Deus caiu do céu, e queimou as ovelhas e os servos, e os consumiu; só eu escapei, para trazer-te a nova. Falava este ainda quando veio outro e disse: Dividiram-se os caldeus em três bandos, deram sobre os camelos, os levaram e mataram aos servos a fio de espada; só eu escapei, para trazer-te a nova. Também este falava ainda quando veio outro e disse: Estando teus filhos e tuas filhas comendo e bebendo vinho, em casa do irmão primogênito, eis que se levantou grande vento do lado do deserto e deu nos quatro cantos da casa, a qual caiu sobre eles, e morreram; só eu escapei, para trazer-te a nova.* (Jó 1.14-19)

Nessas horas se evidenciam dois fatores imprescindíveis: o novo nascimento e a ação do Espírito Santo. A presença destes, aliados ao conhecimento de

Deus, principalmente da possibilidade de sua Providência, faz que um ser humano comum (não tem que, necessariamente, ser um gigante na fé) haja varonilmente e com segurança em meio às provas e tentações. Foi assim que agiu Jó quando recebeu as quatro tristes notícias:

> *Então, Jó se levantou, rasgou o seu manto, rapou a cabeça e lançou-se em terra e adorou; e disse: Nu saí do ventre de minha mãe e nu voltarei; o Senhor o deu e o Senhor o tomou; bendito seja o nome do Senhor! Em tudo isto Jó não pecou, nem atribuiu a Deus falta alguma* (Jó 1.20-22).

Ao agir desta forma logo no início de suas provações, Jó desferiu um golpe de desapontamento em Satanás. Na verdade, ele o decepciona de tal forma que mesmo depois de três tentativas de desestruturá-lo ele parece ter desistido, como exorta o irmão do Senhor: *Sujeitai-vos, portanto, a Deus; mas resisti ao diabo, e ele fugirá de vós* (Tiago 4.7).

A Escritura declara que Deus, por meio de sua providência exerce controle sobre os eventos históricos de toda a humanidade e, isso é largamente demonstrado no relacionamento de Deus com seu povo, Israel. Ao ler no Antigo Testamento acerca das incursões dos inimigos sobre Israel, na superfície, podemos ver apenas uma guerra, uma invasão comum. Mas se aproximarmos o suficiente, veremos a mão providente de Deus operando e promovendo todos os acontecimentos. Por exemplo, em Habacuque 1.6 vemos Deus convocando os caldeus contra Jerusalém; em Isaías 13.17 e 5.11 Deus desperta os medos contra a Babilônia. Devido ao governo de Deus sobre todas as nações, até os homens ímpios são utilizados como seus instrumentos para fazerem a sua vontade, e são chamados de vara, bordão, machado e serra nas mãos do Senhor (Isaías 5–15).

Outros exemplos claros da providência divina são os casos em que a Escritura claramente declara a providência de Deus quando, por exemplo, Simei amaldiçoou Davi: Davi sabia que essas coisas vinham do Senhor, por isso não ouviu a sugestão de Absai de fazê-lo calar. Seguindo a clara a providência de Deus nesse episódio da fuga de Davi. Aitofel aconselhou a Absalão contaminar as concubinas de Davi (Samuel 16.10,21). Mas onde está implicada a providência de Deus, nesse caso? Na lei da colheita. Davi estava colhendo o que plantou, no caso de Bate-Seba e Urias. Porém, quando Aitofel aconselhou a Absalão, sugerindo uma estratégia para acabar com Davi, Deus, na sua Providência, levou Usai a dar outro conselho, um conselho oposto ao de Aitofel. E, providencialmente, como o conselho de Aitofel era contra Davi, um servo de Deus, a providência divina o levou ao suicídio, como castigo por ter tramado contra o rei que, segundo está dito, era *segundo o coração de Deus*. Além disso, lemos que Deus cega (Jó 12.40); e endurece o coração de homens pecaminosos (Hebreus 9.18); envia sobre eles ilusões, para darem ouvidos à mentira e serem condenados (2 Tessalonicenses 2.11). Veja também o caso dos espíritos mentirosos, no caso de Acabe e Micaias. Levantou Faraó como monarca do Egito (Êxodo 9.16) e, então endureceu o seu coração, a fim de demonstrar o seu poder, sua glória e sua majestade (Êxodo 7.13).

De acordo com o Ensino das Escrituras Deus governa sobre o Universo (Salmos 103.19; Daniel 5.35; Efésios 1.11); sobre o mundo físico (Jó 37.5,10; Salmos 104.14; 135.6; Mateus 5.45); sobre a criação inanimada (Salmos 104.21,28; Mateus 6.26; 10.29); sobre os negócios das nações (Jó 12.23; Salmos 22.28; 66.7; Atos 17.26); sobre o nascimento e vida humana (1 Samuel 16.1; Salmos 139.16; Isaías 45.5; Gálatas 1.15); sobre os sucessos e os fracassos dos homens (Salmos 75.6-7; Lucas 1.52); sobre as coisas que parecem acidentes insignificantes (Provérbios 16.33; Mateus 10.30); sobre a proteção dos justos (Salmos 4.8; 5.12; 63.8; 121.3; Romanos 8.28); sobre a satisfação do povo de Deus (Gênesis 22.8,14; Deuteronômio 8.3; Filipenses 4.19); sobre as respostas das orações (1 Samuel 1.19; 2 Crônicas 33.13; Salmos 65.2; Mateus 7.7; Lucas 18.7,8); denuncia e castiga os perversos (Salmos 7.12-13; 11.6).

***Deus reina sobre as nações...* (Salmos 47.8)**

2

A história da providência divina

Bem sei que tudo podes, e nenhum dos teus planos pode ser frustrado. (Jó 42.2)

Nesta seção, o propósito é elaborar e desenvolver uma lista das mais belas histórias da providência divina, descrevendo as maneiras maravilhosas como Deus agiu na história e nas vidas de alguns homens (crentes e incrédulos), para atingir seus propósitos de conservação de vidas e ser glorificado na história.

Sobre a história da providência de Deus

O homem pecou e deu o pontapé inicial para o seu afastamento gradativo de Deus. Mas, como já disse no capítulo sobre O que é Providência, Deus age providencialmente para preservar as coisas criadas, além da declaração de Jó, onde ele diz: "seus planos não podem ser frustrados"; então Deus em sua divina providência, fez provisão, ainda no Jardim do Éden, para preservar o homem. Quais foram essas provisões? A primeira medida foi proteger a Árvore da vida; segue-se a expulsão do Jardim, mas antes toma provisão de roupas (com seus significados tipológicos). O homem e a mulher foram condenados a comer do suor de seus rostos; a mulher deveria dar à luz filhos em meio a dores; mas, Deus, na sua Providência, promete a redenção por meio do descendente da mulher que em meio à luta com a serpente, se feriria no calcanhar, porém, no final, lhe esmagaria a cabeça. Ferir o calcanhar e esmagar a cabeça são símbolos providenciais, respectivamente, do esforço de Satanás em impedir a consumação da redenção por parte do Filho de Deus, por meio de sua concreta morte e ressurreição para redenção dos inscritos no livro da vida (os eleitos).

O mundo corria a passos largos para a perdição, cada vez mais se afastando de Deus, até chegar a um ponto intolerável de pecado e corrupção. Então, Deus resolveu destruir toda a humanidade e recomeçar tudo de novo, mas foi um recomeço a partir do remanescente de sua criação. Então, deparou Deus, providencialmente, uma família justa[33] dentre a humanidade, a família de Noé. A esta família fez Deus construir e entrar em uma Arca, tendo enviado um dilúvio sobre a terra, destruindo todos os seres viventes sobre a terra, exceto Noé, sua família; e um par de cada animal e ave que vivia sobre a terra.

A providência divina segue operando, enquanto, a partir de Noé, a humanidade continua se corrompendo, até ao desenvolvimento do paganismo. Ao afastar-se gradativamente de Deus, todo ser humano se volta para a idolatria, e em cada região, onde fixavam habitação, também estabeleciam, o seu panteão.[34] Para ficar apenas com um exemplo, vamos lembrar dos habitantes da Mesopotâmia, onde se estabeleceram os caldeus, que foram os que mais exerceram influência nas civilizações. Os caldeus se desenvolveram em todas as artes e indústria; cresceram e se expandiram na região, porém, sempre à parte do Deus criador do céu, da terra, do mar e, de tudo que neles há. Se corromperam com seus deuses. Um dos exemplos clássicos dessa corrupção foi a Babilônia, que é a origem de toda a idolatria, ainda prevalente nos dias hoje.

A providência divina na vida de Jó

Uma das mais antigas histórias da providência divina, é a história de Jó. Ele era um homem bem-sucedido economicamente, porque possuía muitos bens, também como pai e marido, pois sua família era muito unida. Seus filhos, em número de dez se davam muito bem entre si, pois os sete filhos realizavam festas em comum, e ainda convidavam suas três irmãs. Jó era um homem justo, pois está escrito que era reto, temente a Deus e se desviava do mal.

Um dia, desses bem tranquilo, em que só esperamos acontecerem coisas boas, chegaram os servos de Jó, um por um trazendo-lhe "más" notícias. Cada um deu seu relatório:

> *Sucedeu um dia, em que seus filhos e suas filhas comiam e bebiam vinho na casa do irmão primogênito, que veio um mensageiro a Jó e lhe disse: Os bois lavravam, e as*

33 Um homem justo, do ponto de vista da história da salvação, significa um homem escolhido por Deus para ser justo, no qual o Senhor infunde o desejo e a capacidade de buscar as coisas justas, como fruto de sua vida piedosa, como é o caso de Noé.

34 Panteão é o coletivo de deuses do sistema pagão do Oriente Médio Antigo.

jumentas pasciam junto a eles; de repente, deram sobre eles os sabeus, e os levaram, e mataram aos servos a fio de espada; só eu escapei, para trazer-te a nova. Falava este ainda quando veio outro e disse: Fogo de Deus caiu do céu, e queimou as ovelhas e os servos, e os consumiu; só eu escapei, para trazer-te a nova. Falava este ainda quando veio outro e disse: Dividiram-se os caldeus em três bandos, deram sobre os camelos, os levaram e mataram aos servos a fio de espada; só eu escapei, para trazer-te a nova. Também este falava ainda quando veio outro e disse: Estando teus filhos e tuas filhas comendo e bebendo vinho, em casa do irmão primogênito, eis que se levantou grande vento do lado do deserto e deu nos quatro cantos da casa, a qual caiu sobre eles, e morreram; só eu escapei, para trazer-te a nova. (Jó 1.13-19)

Jó tinha o costume de se levantar de madrugada, para oferecer sacrifícios pelos seus filhos, quando estes se reuniam para as festas,... *chamava Jó a seus filhos e os santificava; levantava-se de madrugada e oferecia holocaustos segundo o número de todos eles, pois dizia: Talvez tenham pecado os meus filhos e blasfemado contra Deus em seu coração...* (Jó 1.5).

Um dos pontos altos da vida de Jó é que ele decepcionou Satanás, frustrando suas expectativas. Satanás esperava que Jó se afastasse de Deus, caso Deus resolvesse tirar dele tudo quanto havia lhe dado, porque, de acordo com as experiências de Satanás, Jó desenvolvia essas qualidades (homem íntegro, reto, temente a Deus e que se desvia do mal), porque Deus o havia abençoado em tudo, a ele, a seus filhos e filhas.

Qual foi decepção causada por Jó a Satanás? Ele, após ficar sem nada, pois, perdera tudo o que possuía: todos os bens, todos os filhos, todas as filhas, e ter sido acometido por uma úlcera cancerígena, que cobria todo o seu corpo, exaltou Deus, dizendo: *...Nu saí do ventre de minha mãe e nu voltarei; o Senhor o deu e o Senhor o tomou; bendito seja o nome do Senhor! Em tudo isto Jó não pecou, nem atribuiu a Deus falta alguma* (Jó 1.20-22).

Além disso, a divina providência enviou uns "amigos" para o consolar, que mais o acusavam, do que consolavam. Suas palavras só aumentavam o sofrimento de Jó. Mas, tudo isso, a inveja de Satanás, a incompreensão de seus "amigos", era obra da providência de Deus, para firmar a fé e o caráter de Jó, pois Deus tencionava devolver tudo, em dobro a Jó, após ter sido duramente provado. Isso explica Romanos 8.28, onde o apóstolo Paulo nos diz que *todas as coisas cooperam para o bem daqueles que amam a Deus.*

Jó estava cercado pela providência divina. Tudo o que aconteceu com ele, foi obra da providência de Deus, e no fim ficou bem claro, pois Jó obteve uma melhor compreensão acerca do conhecimento de Deus: *Eu te conhecia só de ouvir, mas agora os meus olhos te veem. Por isso, me abomino e me arrependo no pó e na cinza* (Jó 42.5-6), e assim afirmou: *Bem sei que tudo podes, e nenhum dos teus planos pode ser frustrado* (Jó 42.2).

Jó aprendeu a lidar corretamente com o sofrimento. Ele sabia, pelo menos empiricamente, que Deus estava no controle, e que Deus, certamente, colocaria um limite nas provações, como bem mais tarde, o apóstolo Paulo colocou: *Não vos sobreveio tentação que não fosse humana; mas Deus é fiel e não permitirá que sejais tentados além das vossas forças; pelo contrário, juntamente com a tentação, vos proverá livramento, de sorte que a possais suportar* (1 Coríntios 10.13).

Como já disse acima, a providência divina, ela não é perceptível naturalmente. Nossos sentidos não a podem perceber. Inicialmente, só podemos, por obra da graça, confiar que Deus está guiando todas as coisas em nossas vidas. Era assim com Jó, ele não conhecia tanto a Deus, como ele mesmo testifica; mas ele tinha clara noção, devido o seu caráter forjado, certamente, por Deus, que o fazia ser ... *homem íntegro e reto, temente a Deus e que se desvia do mal* (Jó 1.8). Havia uma confiança intrínseca na alma de Jó (uma inteligência espiritual). Esse caráter refinado, ele não tinha por natureza, mas foi-lhe imputado por Deus, pois Deus sabe em quem permitir certos graus de provações. Não é em qualquer um que Deus permite ser tentando (provado) como Jó. A providência divina, mirava (depois de Jó, um dos patriarcas mais antigo) todos os outros crentes, de todos os tempos que haveria de glorificá-lo em meio aos sofrimentos.

Por isso irmãos, é a vontade de Deus, que todos os crentes aprendam e saibam que todo sofrimento cristão é providencial, ou seja, tem um propósito de glorificar a Deus. Portanto, ao lermos: *todas as coisas cooperam para o bem daqueles que amam a Deus*; deveríamos ler "todas as coisas", no final contribuem para que cada crente glorifique a Deus, desde que ele se encaixa no padrão de Tiago:

> *Meus irmãos, tende por motivo de toda alegria o passardes por várias provações, sabendo que a provação da vossa fé, uma vez confirmada, produz perseverança. Bem-aventurado o homem que suporta, com perseverança, a provação; porque, depois de ter sido aprovado, receberá a coroa da vida, a qual o Senhor prometeu aos que o amam.* (Tiago 1.2-3,12)

A providência divina conduziu Jó até o ponto que ele pode dizer: *Bem sei que tudo podes, e nenhum dos teus planos pode ser frustrado. Eu te conhecia só de ouvir, mas agora os meus olhos te veem. Por isso, me abomino e me arrependo no pó e na cinza* (Jó 42.2,5-6). Além de reconhecer que no passado, mesmo antes de ser provado que apenas vivia sem o verdadeiro conhecimento de Deus, obscurecendo, ou pelo menos tentando obscurecer o Conselho, ou seja, o plano eterno de Deus (diga-se, os Decretos de Deus), na reta final, aonde a providência divina quis chegar com ele, Jó exclama e pergunta diretamente a Deus (porque agora, ele conhecia a Deus, e conhecendo a Deus, ficou sabendo da existência de seus desígnios): *Quem é aquele, como disseste, que sem conhecimento encobre o conselho? Na verdade, falei do que não entendia; coisas maravilhosas demais para mim, coisas que eu não conhecia* (Jó 42.3).

Da mesma forma, todos nós estamos sendo guiados, conduzidos pela providência divina — e o destino? O destino é, também, chegarmos ao ponto de poder dizer, como Jó: agora eu sei; agora eu conheço o meu Deus; agora eu sei que tudo o que aconteceu e está acontecendo comigo é para Deus ser glorificado em minha vida. Glória seja dada a Deus!

Só mais uma coisa acerca da providência na vida de Jó. Diz respeito à razão de ainda estarmos aqui. No Catecismo, o orador pergunta ao interlocutor: quem fez todas as coisas (O céu, a terra, o mar e tudo o que neles há, incluindo a joia da criação, o ser humano)? E a resposta inevitável é: Deus. Então uma segunda pergunta é feita: Por que Deus criou todas as coisas? Novamente, a resposta inevitável é: Para sua glória! Mas ainda podemos acrescentar outra pergunta: Como podemos glorificar a Deus, enquanto estivermos aqui? A resposta é simples: Servindo-o, ao servir o nosso próximo. Pois bem, foi assim que Jó foi guiado pela Providência. Então, Jó precisava servir a seus amigos, então ele, na hora em que seus amigos estavam sob juízo divino, ali ele estava, no momento exato, para interceder por eles:

> *Tendo o Senhor falado estas palavras a Jó, o Senhor disse também a Elifaz, o temanita: A minha ira se acendeu contra ti e contra os teus dois amigos; porque não dissestes de mim o que era reto, como o meu servo Jó. Tomai, pois, sete novilhos e sete carneiros, e ide ao meu servo Jó, e oferecei holocaustos por vós. O meu servo Jó orará por vós; porque dele aceitarei a intercessão, para que eu não vos trate segundo a vossa loucura; porque vós não dissestes de mim o que era reto, como o meu servo Jó. Então, foram Elifaz, o temanita, e Bildade, o suíta, e Zofar, o naamatita, e fizeram como o Senhor lhes ordenara; e o Senhor aceitou a oração de Jó.* (Jó 42.7-9)

Então Deus lhe mostra aonde a providência o trouxe: *Mudou o Senhor a sorte de Jó, quando este orava pelos seus amigos; e o Senhor deu-lhe o dobro de tudo o que antes possuíra* (Jó 42.10). E todos festejaram a chegada de Jó ao centro da vontade de Deus. E o Senhor o abençoou. A providência venceu! *Assim, abençoou o Senhor o último estado de Jó mais do que o primeiro; porque veio a ter catorze mil ovelhas, seis mil camelos, mil juntas de bois e mil jumentas. Também teve outros sete filhos e três filhas* (Jó 42.12-13).

Há também muitas coisas a escrever aqui acerca da providência revelada pelos diálogos de Jó com os amigos e com Deus; mas isso pode ser facilmente compreendido pelo leitor, tendo já compreensão das descrições acima sobre a ação da providência divina na vida de Jó, de como, da mesma forma todos os crentes, de todos os tempos são guiados em sua vida, tendo vários propósitos, cujo principal é a glória de Deus!

A providência divina na vida de Noé

Eis a história de Noé. Noé era homem justo e íntegro entre os seus contemporâneos; Noé andava com Deus. Gerou três filhos: Sem, Cam e Jafé (Gênesis 6.9-10). Isso, (o fato de Noé ser um homem justo naquela época) por si só, já um ato da providência divina, pois *A terra estava corrompida à vista de Deus e cheia de violência. Viu Deus a terra, e eis que estava corrompida; porque todo ser vivente havia corrompido o seu caminho na terra* (Gênesis 6.11). Portanto, o dilúvio é o governo providencial de Deus, para conservar a terra habitável, porque do jeito que estava, o ser humano ia se autodestruir, em pouco tempo, porque também *viu o SENHOR que a maldade do homem se havia multiplicado na terra e que era continuamente mau todo desígnio do seu coração*" (Gênesis 6:5).

Então, como mais um ato da providência divina, Deus ordenou a Noé que construísse a Arca. A Arca é providencialmente importante, porque é uma figura, uma sombra, ou tipo da salvação em Cristo, pois a Arca, ... *figurando o batismo, agora também vos salva, não sendo a remoção da imundícia da carne, mas a indagação de uma boa consciência para com Deus, por meio da ressurreição de Jesus Cristo* (1 Pedro 3.21). A Arca, de acordo com a providência divina, apontava para o resgate, pelo sangue de Cristo, do povo de Deus, assim como ... *oito pessoas, foram salvos, através da água* (1 Pedro 3.20), do dilúvio.

Desta maneira, Deus em sua Providência, reservou, por meio da descendência de Noé: Sem, Cão e Jafé, criar, assim, as nações, e anunciar em Sem a vinda daquele que iria redimir seu povo. Nenhum dos planos de Deus, poderia ser frustrado por nada, nem pela corrupção do homem, criada à sua imagem.

A solução, planejada desde a eternidade, foi destruir totalmente toda as coisas criadas por Deus, deixando, providencialmente, oito pessoas, e alguns poucos de cada espécie de animais, para conservação da vida na terra.

A providência divina na vida de Abraão e Isaque

Retomando à questão da corrupção da humanidade — a humanidade estava corrompida pela idolatria. Toda a humanidade havia esquecido e abandonado, na verdade, tinha banido por completo o conhecimento de um único Deus. A terra toda estava dominada pelo politeísmo. As cidades e nações eram tidas por felizes e prósperas, tanto maior fosse o panteão[35] estabelecido por seus príncipes e governadores e consagrado pelo povo, que ansiava por objetos de cultos, viesse, de onde viesse. Eles queriam adorar e depender de muitos deuses. No Oriente Médio Antigo (OMA), em cada região era estabelecido um panteão — prosperava a região, cujo panteão era composto por maior número de deuses. Havia um deus para cada objeto de anseio da humanidade. Havia o deus da fertilidade, o deus da prosperidade, ligado à economia do país, o deus disso, o deus daquilo. Todos ligados às ansiedades do povo.

Foi em meio a toda essa confusão que Deus encontra-se com Abraão. Abraão não tinha noção alguma do que vinha a ser o monoteísmo. Não tinha qualquer conhecimento do único Deus, Criador. Mas, Deus o conhecia — na eternidade já o havia escolhido para ser o portador da revelação do conhecimento do único e verdadeiro Deus.

Deus chamou Abraão e lhe ordenou saísse de sua terra natal, deixando seus pais e parentes idólatras, rumo a uma terra desconhecida. Pela fé, Abraão obedeceu integralmente à ordem de Deus, ainda que nada soubesse sobre os atributos do Deus que lhe falara estas coisas, que lhe dera esta ordem. Tomou tudo o que era seu, esposa, servos, e todos os seus bens, e saiu para fazer a vontade de Deus. Peregrinou nas terras desconhecidas, até chegar à terra de Canaã. Ali, Deus lhe prometeu dar à sua descendência toda aquela terra. O povo daquela terra, porém, era extremamente belicoso, crescendo e tornando especialistas em guerras até ao tempo em que o povo de Israel, sob Josué entraram na posse da terra prometida. Por isso, Abraão, ora peregrinava lá, ora em outras regiões, como Egito, por exemplo.

35 Panteão é o coletivo de deuses.

Abraão logrou êxito ao contar com a bondade e misericórdia de Deus, que lhe concedeu muita prosperidade, onde quer que pisasse os seus pés. Sua esposa, Sara, lhe deu um filho na velhice, providencialmente, chamado o Filho da Promessa, pelo qual, sua descendência viria a ser uma grande nação.

A providência divina guiava Abraão por todo o tempo em que peregrinou por aquelas terras. Então chegou Isaque, que também peregrinou naquelas terras, mas Deus, providencialmente, manteve Isaque, assim, como a Abraão sempre afastados das terras de Canaã, por diversas razões, das quais, pelo menos três nós podemos inferir das circunstâncias e dos propósitos que percebemos da história final dos patriarcas. Uma delas é que os canaanitas eram, como já vimos, extremamente belicosos — amavam a guerra e eram poderosos em construir armas de guerras; e Deus, certamente quis poupar e preservar os patriarcas para o cumprimento do plano que tinha em suas vidas de torná-los instrumentos, pelos quais viria a redenção dos eleitos de todos os tempos — Jesus. Outra razão muito importante é que tudo, no plano eterno de Deus, tem seu tempo determinado, como diz Salomão: *Tudo fez Deus formoso no seu devido tempo...* (Eclesiastes 3.11).

Deus já tinha determinado o tempo de os descendentes de Abraão tomarem posse da terra prometida, e finalmente Deus tinha o propósito de ser glorificado em seu povo, ao libertá-lo da escravidão do Egito, fazendo-o passar a seco pelo Mar Vermelho e pelejar por ele, vitoriosamente contra os povos de Canaã. Tudo isso, gera perguntas sempre produzidas pela nossa incompreensão da providência divina, como: Por que isso? Por que aquilo? Por que Deus não tornou imediatamente as terras aos canaanitas, e as deu a Abraão? Abraão teria, mais facilmente, criado e educado a sua descendência já naquelas terras, rumo ao cumprimento dos planos Deus, até chegar na plenitude do tempo, com diz o apóstolo Paulo, aos gálatas: *vindo, porém, a plenitude do tempo, Deus enviou seu Filho, nascido de mulher, nascido sob a lei* (Gálatas 4.4). Mas, na doutrina da providência divina, o argumento da facilidade não funciona. A providência divina nos guiará, na maioria das vezes, por caminhos difíceis, como nos diz o Senhor: *Entrai pela porta estreita (larga é a porta, e espaçoso, o caminho que conduz para a perdição, e são muitos os que entram por ela), porque estreita é a porta, e apertado, o caminho que conduz para a vida, e são poucos os que acertam com ela* (Mateus 7.13-14).

A providência divina na vida de Jacó

A providência divina levou Isaque a habitar nas terras de Abimeleque, onde viveu muitos anos com sua esposa Rebeca e seus dois filhos Jacó e Esaú. Esaú era o primogênito, mas, como nos diz Paulo, citando Malaquias: *Como está escrito: Amei Jacó, porém me aborreci de Esaú* (Romanos 9.13; Malaquias 1.3); Jacó ficou no lugar de Esaú e tornou-se constante alvo da providência divina. Veja, não foi obra do acaso Esaú ter vendido o seu direito de primogenitura para Jacó, pelo contrário, ambos foram guiados pela providência divina: Jacó, ao ter a ideia de fazer um cozido saboroso, e Esaú, por ter chegado do campo com fome. Embora pese sobre Esaú severa responsabilidade, pela sua perdição:

> *... nem haja algum impuro ou profano, como foi Esaú, o qual, por um repasto, vendeu o seu direito de primogenitura. Pois sabeis também que, posteriormente, querendo herdar a bênção, foi rejeitado, pois não achou lugar de arrependimento, embora, com lágrimas, o tivesse buscado.* (Hebreus 12.16-17)

Quanto a Jacó, seguiu sendo guiado pela providência divina. Rebeca foi o instrumento do governo de Deus na vida Jacó. Por meio dela Jacó recebeu instrução divina para fugir para Padã Harã, para a casa de seu tio, Lobão, onde trabalhou por quatorze anos por suas duas filhas, Raquel e Lia, com quem teve doze filhos e uma filha. Todos os filhos (inclusive a filha, Diná, leia o capítulo 34 de Gênesis) foram alvos da providência divina. Deus governava por meio deles o tempo todo, a despeito de suas loucuras. Exemplo dessas loucuras foram a vingança sobre os siquemitas e a venda de José para os ismaelitas, mercadores de escravos. Mas, tanto em uma como na outra, a providência triunfou!

Desde seu nascimento, Jacó foi cercado pela providência divina. Nasceu segurando o calcanhar de Esaú, que seria de fato, mas não de direito, o primogênito de Isaque. Seguiu seu caminho guiado pela providência divina, quando chegou o tempo de se confirmar seu direito à primogenitura em que, de uma forma perspicaz, aproveitando da volta de Esaú com fome, "comprou-lhe" o direito à primogenitura. Continuando, as astucias de sua mãe, Rebeca o levou a se passar por Esaú diante de seu pai, quando este prometera abençoar o filho mais velho, se ele lhe trouxesse uma comida saborosa, proveniente de uma caça.

Depois, orientado, mais uma vez, por sua mãe, foge para a terra de seus ancestrais, onde ainda morava um tio, irmão de sua mãe. Lá, ele, tendo se afeiçoado a Raquel, propõe trabalhar sete anos para se casar com ela. Seu tio o engana, dando-lhe em casamento a irmã, Lia. Mas, ele insiste em Raquel, e propõe trabalhar outros sete anos para se casar com ela. Conseguido realizar-se no casamento com Raquel, ele propõe um contrato de trabalho com seu tio que, com astucia aceita, nestes termos: Jacó continuaria pastoreando suas ovelhas (do tio), e as ovelhas que fossem nascendo daí em diante, as que nascessem manchadas seriam de Jacó e as lisas seriam do tio.

A providência divina levou Jacó a ser mais astuto que seu tio, e ele conseguiu uma "técnica" que fez que todas as ovelhas nascessem manchadas e, dessa forma, Jacó ficava cada vez mais rico. Até que Jacó percebeu, também providencialmente, que era o momento propício para ir embora, e ele foi.

Partindo, para encurtar a história, era-lhe inevitável o encontro com Esaú, seu irmão. Aí, alguns episódios não menos providenciais aconteceram, mas o mais crucial foi o encontro e a luta com o Anjo do Senhor, no Vale de Jaboque, onde Deus começou a dar sinais de seu Plano para a humanidade, através de Jacó.

Dali, e após o providencial encontro com Esaú, ele partiu para encontrar-se com Isaque, seu pai, em Manre: *Veio Jacó a Isaque, seu pai, a Manre, a Quiriate-Arba (que é Hebrom), onde peregrinaram Abraão e Isaque. Velho e farto de dias, expirou Isaque e morreu, sendo recolhido ao seu povo; e Esaú e Jacó, seus filhos, o sepultaram* (Gênesis 35.27).

Antes disso, porém, passou por Siquém onde, providencialmente, aconteceu o incidente com Diná, sua única filha. Agora, por que providencialmente? Nesse ponto precisamos nos deter um pouco nesse assunto, para podermos entender o caráter providencial desse fato.

Quando Jacó, após o reencontro com Esaú, seguiu seu próprio caminho, enquanto Esaú, o seu irmão volta para Seir; ele ia para Betel, lugar onde sonhara com famosa escada de Jacó, para lá oferecer um sacrifício ao Senhor; mas pela providência divina, para em Siquém. Como já sabemos a história do capítulo 34 de Gênesis, vamos aos acontecimentos puramente providencial. Ao violar a filha de Jacó, Diná, o príncipe Siquém, filho de Harmor, enamorou-se por Diná, e quis se casar com ela. Na negociação, os filhos de Jacó exigiram que Siquém mandasse circuncidar todos os homens da Cidade, porque Siquém tinha proposto aparentar-se com Jacó, aí, providencialmente, Simeão e Judá, aproveitando da extrema fraqueza dos homens de Siquém, após e por causa da circuncisão, mataram todos os homens de Siquém, inclusive pai e o filho, o príncipe que queria casar-se com Diná. À primeira vista, achamos este ato dos dois filhos de Jacó, uma ato excessivamente macabro; mas, olhando bem de perto, verifica-se que se trata da providência divina, para preservar a família de Jacó, da qual viria a nascer, o Messias de Israel. Veja que, caso houvesse Jacó aparentado-se com Harmor, teria contaminado sua família com a família de um povo pagão, aí o plano de Deus de salvar os inscritos no Livro da vida, pelo nascimento, vida, morte e ressurreição de Cristo teria sido frustrado. Então, a providência divina fez Simeão e Judá fizessem o que fez aos homens Siquém.

A providência divina na vida de José do Egito

Bem, Jacó se safou de vários problemas, se saindo bem em todos os episódios porque passou durante a sua vida. Agora, na velhice, restava-lhe o carinho e a obediência de um dos seus últimos filhos (o mais novo era Benjamim). Não foi à toa que Jacó se afeiçoara a José, pois, desde a eternidade, Deus escolheu José para preservar as vidas dos ancestrais de Jesus. De acordo com doutrina da providência divina, quando Deus escolhe um homem para ser um instrumento de sua vontade, ele prepara esse homem e o equipa com sua graça, de modo que execute os propósitos dentro da divina providência. Assim foi com José do Egito. Deus estava com ele, por onde quer que andasse.

Inconscientemente, José, desde a infância começou a receber de Deus, sinais de que seria vaso de bênçãos nas vidas de toda a humanidade, tanto a curto, como a longo prazo. Pois por ele Deus alimentou todas as famílias da terra na época, e preservou a família de Jacó, para cumprir o propósito da redenção. José teve vários sonhos, que era Deus indicando que sua providência já estava operando. Por inveja, foi vendido para os mercadores ismaelitas; estes o venderam para Potifar, oficial do rei, comandante da guarda de Faraó. Como servo, José se sobressaiu, e o comandante o alçou a mordomo de tudo em sua casa. Nesse posto, foi assediado pela esposa de Potifar, que o denunciou com calúnia, e seu chefe o lançou na prisão. Veja como as coisas acontecem: pobre José, foi jogado em uma masmorra injustamente! José foi parar exatamente onde também ficavam os prisioneiros do rei. Lá na prisão, ele tornou a cair na simpatia do carcereiro, que o distinguiu dos outros prisioneiros, e o colocou para servir a dois dos prisioneiros do rei, que chegaram recentemente na prisão. Oh, divina providência! Chegaram, e tiveram cada um, um sonho. Foi o governo perfeito de Deus: José decifrou os sonhos e, por causa disso, foi levado à presença do rei, que também tivera um sonho estarrecedor (obra da providência divina). José decifrou o sonho do rei e foi alçado a Governador do Egito, abaixo na hierarquia, apenas do faraó.

Pela sabedoria lhe outorgada por Deus, administrou o Egito de tal maneira, que as dispensas, ou seja, os celeiros do Egito foram assustadoramente cheios de mantimentos, em cumprimento da interpretação dada por José aos sonhos de faraó. Então, novamente em cumprimento dos sonhos do faraó, chegaram os sete anos de fome no Egito e em todos os países, incluindo Canaã, onde à época, em uma parte, habitava a família de Jacó.

Os irmãos de José, dirigidos pela Providência, porém, sem o saber, tiveram, a pedido de Jacó, de descer ao Egito para comprar mantimento, pois a fome era por demais severa na terra de Canaã. Chegando lá, logo foram reconhecidos por José, mas eles mesmos não o reconheceram. José fingiu-se de bravo, e fingiu também maltratá-los, acusando-os de espiões. Deste modo mandou prendê-los. Mas, três dias depois, manda soltar todos, exceto Simeão, que ficou sob custódia, até que trouxessem o irmão mais novo.

Isso intrigou os irmãos de José, que seguiram viagem de volta, para levar mantimento a Jacó em Canaã. Levaram um susto, quando pararam para descansar, porque José mandou devolver o dinheiro na boca do saco transportado por um deles. Mas, seguiram viagem para casa. Chegando lá, foram logo abrindo, cada um o seu saco, quando levaram outro susto ainda maior, pois, viram que o dinheiro de cada um tinha sido devolvido, intacto, na mesma trouxinha que levaram. E Jacó, ainda mais assustado, diante da notícia de que o "senhor daquela terra" tratou os seus filhos, que tinham ido apenas comprar mantimento, como espiões e, tendo mantido Simeão detido, exigiu que só voltassem lá, se levassem com eles o irmão mais moço.

Acabando o mantimento, era tempo de voltarem ao Egito para comprar mais, porque a fome em Canaã continuava severa. Mas, Jacó não concordava em enviar Benjamin com eles, até que Judá se colocou como fiador, com a promessa de trazê-lo são e salvo a Jacó, sob juramento, segundo o qual, Jacó podia matar seus próprios filhos (de Rubens), caso ele não cumprisse a palavra.

Chegando ao Egito, como a Bíblia narra, com riqueza de detalhes, José se declara a seus irmãos e, em um banquete especialmente preparado para este dia, faz a famosa e providencial afirmação: *Vós, na verdade, intentastes o mal contra mim; porém Deus o tornou em bem, para fazer, como vedes agora, que se conserve muita gente em vida* (Gênesis 50.20). Na providência divina, as piores tragédias são transformadas em bênçãos, como afirma o apóstolo Paulo, em Romanos 8:

Sabemos que todas as coisas cooperam para o bem daqueles que amam a Deus, daqueles que são chamados segundo o seu propósito (Romanos 8.28).

No final, de um modo totalmente providencial, José sob pleno consentimento de faraó, manda buscar seu pai e, conforme relato do capítulo 45 de Gênesis, o faraó ordenou que levassem carruagens para trazer Jacó, com suas criancinhas, e as mulheres, proporcionando, assim, uma viagem confortável a todo povo de Israel, nesta ocasião, setenta pessoas.

Eles não tinham, repito, consciência de que, por trás de tudo o que aconteceu estava a mão invisível de Deus, guiando seu povo, rumo ao cumprimento de Gênesis 3.15, onde Deus avisa a Satanás que ele poderia até ferir o calcanhar do descendente da mulher, (que é, ninguém mais que o nosso bendito Salvador, o Senhor Jesus Cristo); mas, este iria lhe ferir a cabeça.

Guiado pela Providência, desta vez declarada, Jacó desce para o Egito a avistar-se com José, de quem não tinha sequer sombra de esperança de que voltaria a ver, nem mesmo se estava vivo.

> *Partiu, pois, Israel com tudo o que possuía, e veio a Berseba, e ofereceu sacrifícios ao Deus de Isaque, seu pai. Falou Deus a Israel em visões, de noite, e disse: Jacó! Jacó! Ele respondeu: Eis-me aqui! Então, disse: Eu sou Deus, o Deus de teu pai; não temas descer para o Egito, porque lá eu farei de ti uma grande nação. Eu descerei contigo para o Egito e te farei tornar a subir, certamente. A mão de José fechará os teus olhos. Então, se levantou Jacó de Berseba; e os filhos de Israel levaram Jacó, seu pai, e seus filhinhos, e as suas mulheres nos carros que Faraó enviara para o levar. Tomaram o seu gado e os bens que haviam adquirido na terra de Canaã e vieram para o Egito, Jacó e toda a sua descendência. Seus filhos e os filhos de seus filhos, suas filhas e as filhas de seus filhos e toda a sua descendência, levou-os consigo para o Egito. ...Todas as pessoas da casa de Jacó, que vieram para o Egito, foram setenta.* (Gênesis 46.1-7,27)

Quando os filhos, chegando de volta do Egito, deram a Jacó as boas novas de que seu filho José ainda vivia, Jacó emudece — ficou pasmo!

> *Então, subiram do Egito, e vieram à terra de Canaã, a Jacó, seu pai, e lhe disseram: José ainda vive e é governador de toda a terra do Egito. Com isto, o coração lhe ficou como sem palpitar, porque não lhes deu crédito. Porém, havendo-lhe-os contado todas as palavras que José lhes falara, e vendo Jacó, seu pai, os carros que José enviara para levá-lo, reviveu-se-lhe o espírito. E disse Israel: Basta; ainda vive meu filho José; irei e o verei antes que eu morra.* (Gênesis 45.25-28)

Não é assim que reagimos, quando, sem qualquer sombra de esperança, Deus derrama sobre nós, pela sua graça, tantas bênçãos que, como Jacó, ficamos pasmos? Isso é normal, visto que não sabemos que estamos sendo guiados pela mão soberana, poderosa e providencial de nosso Todo-Poderoso Deus. Por isso, eu gosto de pensar assim, quando tudo acontece muito mais do que eu esperava, então eu costumo dizer: Eu não estou surpreso, pois já sabia que meu Deus ... *é poderoso para fazer infinitamente mais do que tudo quanto pedimos ou pensamos, conforme o seu poder que opera em nós* (Efésios 3.20).

Providência divina na libertação de Israel e direção pelo deserto até o cumprimento das bênçãos da Nova Aliança

Nesse caso, a providência divina é muito mais clara (para aqueles que agora leem a história, para Jacó, porém, e para seus filhos a providência divina ainda era oculta) que as relatadas anteriormente, pois o povo que gemia e clamava por um libertador teve, no nascimento de Moisés, a concretização da providência divina quando, na ânsia de salvar o menino Moisés da mortandade encomendada por faraó, Moisés foi parar no palácio do rei, para ser criado pela filha do faraó, ser treinado na ciência do Egito, e ser preparado para liderar o povo. Além da experiência obtida no deserto, o trabalho para Jetro, que se tornou seu sogro. Tudo isso era a providência divina em direção à libertação do povo de Israel. Finalmente, a despeito do endurecido coração, Faraó dá permissão para a saída do povo de Israel. Pela providência divina, o povo não saiu de mãos vazias, pois Deus fez com que os egípcios lhe dessem presentes valiosos, na urgência de sua partida rumo ao deserto para, de lá, partir rumo à Terra de Canaã.

Se arrependendo Faraó de ter deixado ir o povo de Israel, foi, mais uma vez oportuna a ação da providência divina, pela qual Deus, definitivamente, foi glorificado pelo endurecimento de Faraó, pois, tendo passado a seco, o povo de Israel, pelo meio do Mar Vermelho, os seus soldados de Faraó, tentando fazer o mesmo, pereceram todos pela fúria das águas, que voltaram ao curso normal — Deus foi, de uma vez por todas, glorificado na sua Providência, libertando seu povo da escravidão do Egito.

O povo de Israel, agora livres da escravidão do Egito, partem rumo ao monte Sinai, de onde recebem as Tabuas da Lei, escritas pelos próprios dedos de Deus, e entregue a Moisés, após quarenta dias na presença de Deus.

Mas, Deus apressou Moisés em descer do monte, pois viu que o povo tinha se corrompido. E ao descer do monte, Moisés percebeu o que Deus já havia lhe falado — o povo, realmente, se corrompeu! Irado com tamanha deslealdade ao Senhor, que os tirara do Egito com mão forte e braço estendido, Moisés, *Logo que se aproximou do arraial, viu ele o bezerro e as danças; então, acendendo-se-lhe a ira, arrojou das mãos as tábuas e quebrou-as ao pé do monte* (Êxodo 32.19). Após ter destruído completamente, o bezerro de ouro, e lançado o pó nas águas, Moisés subiu novamente no monte, e Deus, Deus misericordioso lhe deu outras duas Tábuas, com as mesmas palavras.

O povo de Israel seguiu, sendo guiado pela providência divina pelo deserto. Fora castigado por causa de seus pecados durante toda a jornada de quarenta anos mas, por fim chegaram providencialmente à Terra de Canaã. E seguem (para encurtar a história) até os dias de hoje, guiados pela providência divina. Deus continua governando seu povo, o povo de Israel, ora abençoado, ora disciplinando. A providência divina nunca abandonou o povo de Israel, e nunca jamais o abandonará, até que cumpra tudo o que está escrito a seu respeito, como diz Jeremias: *Eu é que sei que pensamentos tenho a vosso respeito, diz o Senhor; pensamentos de paz e não de mal, para vos dar o fim que desejais* (Jeremias 29.11). Ao contrário do que alguns pensam ao interpretar alegoricamente a Escritura, ainda há muitas coisas acerca do povo de Israel que estão por acontecer, que é escatológico, e Israel continua a ser guiado pela providência divina rumo ao cumprimento das promessas, pois Deus é fiel ao seu povo, como afirma Isaías: *Inclinai os ouvidos e vinde a mim; ouvi, e a vossa alma viverá; porque convosco farei uma aliança perpétua, que consiste nas fiéis misericórdias prometidas a Davi* (Isaías 55.3). Isaías está falando da Nova Aliança, da qual faz parte o povo de Israel, ainda que ele não desfrute por enquanto de seus benefícios, porque as bênçãos da Nova estão atreladas à fé em Jesus Cristo, o mediador da Nova Aliança. Mas o dia está chegando, quando Deus cumprirá todas as *fiéis misericórdias prometidas a Davi*, porque *E, assim, todo o Israel será salvo, como está escrito: Virá de Sião o Libertador e ele apartará de Jacó as impiedades* (Romanos 11.26).

Porque Deus não abanou o seu povo, muito pelo contrário, afirma Paulo:

> *Porque não quero, irmãos, que ignoreis este mistério (para que não sejais presumidos em vós mesmos): que veio endurecimento em parte a Israel, até que*

> *haja entrado a plenitude dos gentios. E, assim, todo o Israel será salvo, como está escrito: Virá de Sião o Libertador e ele apartará de Jacó as impiedades. Esta é a minha aliança com eles, quando eu tirar os seus pecados. [28] Quanto ao evangelho, são eles inimigos por vossa causa; quanto, porém, à eleição, amados por causa dos patriarcas; porque os dons e a vocação de Deus são irrevogáveis.* (Romanos 11.25-29)

Com toda certeza, Israel alcançará, providencialmente, sua parte escrita na Nova Aliança. Esta é a grande esperança de Israel.

***... se creres, verás a glória de Deus?* (João 11.40)**

3

Providência divina e a predestinação

Os teus olhos me viram a substância ainda informe, e no teu livro foram escritos todos os meus dias, cada um deles escrito e determinado, quando nem um deles havia ainda. (Salmos 139.16)

Não se pode falar de providência divina, sem mencionar a Predestinação, pois, o que é Providência, senão, o governo de Deus sobre todas as coisas criadas, mas que foram preordenadas na eternidade, para a preservação do Universo? Portanto, nesse ponto, se faz necessário um mínimo entendimento desta doutrina que abrange toda a Estrutura, tanto do Antigo, quanto do Novo Testamento, embora, muitos se negam o santo privilégio de esquadrinhá-la para compreender os desígnios de Deus desde a eternidade. Entretanto, a compreensão dessa maravilhosa doutrina é essencial para a compreensão da doutrina da providência divina. Por isso, vamos devotar um capítulo especial para estudar e entender, pela graça de Deus, claramente, o que vem a ser a doutrina da predestinação, e como a Escritura trata de sua realidade.

Um conselho importante: Por favor, não a rejeite antes de ler este capítulo. Ou então, siga a sugestão do filósofo Agostinho de Hipona: "crer para compreender" é melhor que compreender para crê". Ou ainda: como está escrito em Hebreus 11.6, *sem fé é impossível agradar a Deus*; então, mesmo não entendo de imediato, creia porque a Bíblia diz e, porque sua fé agradou a Deus, ele também se agradará de iluminar sua mente (digo, seu coração) para que aos poucos você vá entendendo. Muitos que chegaram ao conhecimento e aceitação dessa verdade da Escritura, o fizeram desse jeito — creram e aceitaram a doutrina, só pelo fato de estar na Bíblia e, com o tempo Deus foi esclarecendo, até que ele passou a dominar totalmente o assunto; porque ... *a vereda dos justos é como a luz da aurora, que vai brilhando mais e mais até ser dia perfeito* (Provérbios 4.18).

A doutrina da predestinação é definida na Escritura como os propósitos do Deus soberano estabelecido na eternidade passada para todas as épocas, tanto no governo do Universo, como naqueles que hão de ser usados na execução do seu plano eterno e irresistível.

Esse plano de Deus é baseado na sua infinita sabedoria. A sabedoria, de acordo com J. I. Packer, "é o poder de ter e a capacidade de escolher o alvo melhor e mais elevado, juntamente com os meios corretos para atingi-los. É o lado prático da bondade moral, que só pode ser encontrada em Deus".[36]

Uma das melhores maneiras de explicar a doutrina da predestinação é entender a ordem das ações de Deus na eternidade, e revelada na Escritura por meio de cinco palavras, a saber: Preordenação, Decreto, Presciência, Eleição e Predestinação.[37]

Preordenação

Seguindo a ordem das ações de Deus na eternidade temos, primeiramente, a palavra *Preordenação*, que pelo dicionário, quer dizer *ordenar previamente*, antes de ser executado, realizado ou feito. Significa que Deus na eternidade planejou todos os detalhes necessários para que o Universo por ele criado tenha continuidade (Efésios 1.4,5,11; 2 Coríntios 2.7). Deus fez um propósito e um plano determinado, e a seguir escolheu os elementos exatos, tanto de homens, como de anjos, assim como as coisas que seriam usados na execução do plano (Daniel 11.29,36). Nesse sentido, Deus predeterminou o plano, o programa e o modo de cumpri-los. Também preordenou cada minuto da nossa vida e o que ocorreria durante o curso de nossa existência aqui, agora e na eternidade (Salmos 139.16; Jó 23.13,14; Apocalipse 17.8). Ou seja, Deus elaborou todos os eventos da história humana, tudo o que ainda vem depois e para a eternidade (porque a história humana terá fim um dia e, quando o tempo da história humana acabar, ainda restará a eternidade, com todos os eventos eternos — tudo preordenado por Deus), que vem sendo seguido e executado no tempo e no espaço, desde a criação de todas as coisas.

36 PACKER, *A Evangelização e a Soberania de Deus.*

37 Esses conceitos eu aprendi a partir da leitura e pesquisas de vários autores, mas principalmente do livro do Dr. J. D. Pentecost intitulado *A Sã Doutrina* (PENTECOST, J. Dwight. *A sã doutrina.* [São Paulo/SP: Mundo Cristão, 1986]).

Decreto

Depois de ter ordenado todas as coisas e elaborado todo o programa composto de seus mínimos detalhes, o próximo passo revelado na Escritura é o decreto do que Deus preordenou. É um decreto irreversível (Jó 22.28; Daniel 11.36; Lucas 22.22; Atos 2.23; 4:27-28). Pela preordenação Deus estabeleceu o programa, pelos seu decreto ele estabeleceu a certeza da execução ou cumprimento daquilo que preordenou. "Como o arquiteto que faz o plano e o proprietário aprova". O princípio de um decreto pode ser encontrado em Jó 22.28, onde Jó declara: *Se projetas alguma coisa, ela te sairá bem...*; na profecia de Daniel — ... *aquilo que está determinado será feito* (Daniel 11.36). A palavra "decreto" não é encontrada em muitos lugares na Bíblia, embora seja comum no Antigo Testamento como nos Salmos: ... *o qual confirmou a Jacó por decreto e a Israel por aliança perpétua* (Salmos 105.10), por exemplo; mas, muito rara no Novo Testamento. A palavra mais encontrada e o seu sinônimo "determinado". Como quando se refere à vida e ministério do Senhor Jesus Cristo: o decreto em que Deus estabelece o que seu Filho faria durante o seu ministério terreno, em sua vida e sua morte (Lucas 22.22; Atos 2.2-3,23; 4.27-28). O decreto é o Conselho da sua vontade (Efésios 1.9,11). Onde a palavra "Conselho" quase sempre significa um agrupamento de pessoas; mas, no tocante aos decretos de Deus, se refere ao conjunto de tudo o que foi preordenado.

Presciência

A outra palavra muito significante na compreensão da doutrina da predestinação é a *Presciência*, o *resultado da Preordenação*, no sentido de que Deus conhece o seu Plano. Deus sabe o que planejou e decretou (Romanos 8.29), e sabe quem será incluído no seu plano. A palavra tem sido mal-interpretada, por estar inserida no contexto da eleição; as passagens bíblicas em questão são: 1 Pedro 1.2; Romanos 8.29 e Atos 2.23, em que os defensores dessa errônea interpretação afirmam ser a eleição condicional. Portanto, é mister fazermos aqui uma leitura mais vagarosa, e fazermos algumas perguntas, a fim de entender o que realmente dizem essas passagens. Então, vamos começar por 1 Pedro 1.2, por ser a mais emblemática. Verifiquemos, primeiramente o que ele Pedro não disse: ele não disse que somos eleitos por causa (pela) presciência de Deus. Ou seja, como os postulantes dessa errônea interpretação, afirmam que Deus olhou desde a eternidade e viu fé em alguns, por isso os escolheu.

Nesse caso há dois equívocos: eles estão confundindo presciência com onisciência. Porém, há na Escritura nítida distinção entre as duas palavras, que são iguais apenas na rima. Entretanto, a diferença de sentido é gritante. Onisciência significa que Deus sabe de todas as coisas de eternidade a eternidade, conhece os nossos pensamentos e, como diz Davi: *Ainda a palavra me não chegou à língua, e tu, Senhor, já a conheces toda* (Salmos 139.4), e *Esquadrinhas o meu andar e o meu deitar e conheces todos os meus caminhos* (Salmos 139.3). Quanto à palavra "presciência", que quer dizer, simplesmente, ter ciência prévia; ou seja, ter conhecimento de um plano antes de sua execução, antes de ser posto em ação. Nesse sentido, portanto, a Presciência de Deus, refere ao fato de que ele preordenou todas as coisas, decretou todo o plano preordenado, por isso, ele conhece o programa preordenado por ele próprio. E não pode ser diferente, pois, uma vez que ele fez um plano, é óbvio que ele, e apenas ele conhece o que planejou.

O segundo equívoco é a confusão gramatical, quando se diz "pela" presciência, é óbvio que o intérprete está colocando uma palavra que não está lá no texto, para adequar à sua interpretação. Sendo que "pela" na classificação gramatical é uma preposição que, pode ser substituída por "por meio", "através". Mas, a palavra que se encontra no texto é "segundo", cuja classificação gramatical é também, uma preposição, e pode ser substituída pelas locuções prepositivas: "de acordo com", "em consonância com". Portanto, "pela" é diferente de "segundo", pois, "pela" refere à razão, à causa pela qual Deus elegeu seu povo; enquanto "segundo" refere a um conhecimento pré-existente de um fato realizado no passado, mas com efeito no presente, ou seja, a Preordenacão e o Decreto.

Agora façamos outra pergunta, desta vez, positivamente. O que Pedro disse: ele disse que o povo de Deus foi eleito segundo (não pela) a presciência de Deus. Isso não se refere ao que Deus sabe que o homem fará; mas ao que Deus sabe sobre o que irá fazer com os homens. Pela Preordenação, ele faz o plano; pelo Decreto ele finaliza o plano; e pela presciência, ele conhece o plano. Portanto, a Presciência de Deus, significa que ele conhece o que preordenou, sabe todos os detalhes do programa que traçou na eternidade e, mais do que isso, ele também sabe o cronograma de aplicação de cada detalhe da Preordenação. Ou seja, Deus não apenas sabe, mas também tem controle dos tempos e das épocas em que será executado o seu Plano Eterno. Por isso que o apóstolo escreveu: *vindo, porém, a plenitude do tempo, Deus enviou seu Filho, nascido de mulher, nascido sob a lei, para resgatar os que estavam sob a lei, a fim de que recebêssemos a adoção de filhos* (Gálatas 4.4-5). O termo "plenitude do tempo" quer dizer que, no tempo preordenado por Deus, ele executou seu plano de salvar os inscritos no Livro da Vida, por meio de Cristo, de sua vida, de sua morte e de sua ressurreição. Ele sabe, outrossim, quem serão os instrumentos, isto é, as pessoas utilizadas na execução do que foi preordenado.

Agora, vamos pensar em outra passagem da Escritura muito usado no argumento na defesa da eleição condicional — trata-se de Romanos 8.29. Como entender Romanos 8.29? Principalmente, precisamos entender que:

1. A eleição é obra somente de Deus — não é o caso de a pessoa escolher a Deus, e Deus, como resposta a elege (Jó 15.16);
2. Deus sabe com toda certeza quem será incluído em seu plano, porque ele preordenou e decretou que essas pessoas fossem incluídas.

Em Romanos 9.11-13 diz que *ainda não eram os gêmeos nascidos, nem tinham praticado o bem ou o mal (para que o propósito de Deus, quanto à eleição, prevalecesse, não por obras, mas por aquele que chama).* Portanto, a eleição não é uma reação de Deus a qualquer boa atitude do homem. Seu plano preordenado foi a causa da eleição de Jacó — Deus separa aqueles através dos quais seu programa será cumprido.

Eleição

Essa palavra também faz parte do significado da doutrina da *Predestinação* — nessa ordem: Preordenação, Decreto, Presciência, Eleição. O significado geral da palavra eleição na Escritura é que Deus escolheu as pessoas, através das quais será cumprido seu propósito eterno, estabelecido pela Preordenação (Efésios 1.4). Mas, há também o significado específico — Deus em sua infinita misericórdia, escolheu, antes da fundação do mundo, muitos dentre a humanidade caída para herdar a vida eterna (cf. Efésios 1.4-5,9,11; 2 Tessalonicenses 2.13-14; 1 Pedro 1.2; 2.9; João 6.37,44-47; 10.27-29; Romanos 8.33; Atos 13.48), com base em Cristo e na soberania da sua graça. E isso exclui qualquer participação humana (presciência, livre-arbítrio).

Predestinação

A última palavra encontrada na Escritura que contribui para um perfeito entendimento da doutrina da Predestinação é a própria palavra *Predestinação*. Significa que Deus determinou antecipadamente as finalidades para qual os eleitos são chamados. Portanto, todas as vezes que lemos a palavra Predestinação na Escritura, verificamos que está é sempre seguida da preposição *para*. Trago aqui alguns exemplos que confirmam esta afirmação:

1. predestinados para a vida eterna (Atos 13.48; João 6.37,44-47; 10.27-29);
2. Predestinados para serdes santos e irrepreensíveis perante ele (Efésios 1.4; 2 Tessalonicenses 2.13; 2 Pedro 1.10);
3. Predestinados para a adoção de Filhos (Efésios 1.5; 1 João 3.1);
4. Predestinados para obtenção da herança (Efésios 1.11; Romanos 8.17; 1 Pedro 1.4) e
5. Predestinados para serdes conforme a imagem de seu Filho (Romanos 8.29; 1 João 3.2; Filipenses 3.12,14; 1 Coríntios 2.7; Romanos. 8.30,17), que é a glorificação.

Além disso, "Predestinar" está sempre relacionado com "Chamar". Nesse sentido, predestinação deve ser entendido como a **eficácia** da eleição ou da Preordenação (Romanos 8.30). "Predestinação" envolve todos os outros quatro termos e, dessa forma, *Deus preordenou cada minuto da nossa vida antes da fundação do mundo* (Salmos 139.16; Jó 23.13-17). Deus estabeleceu seu propósito e seu programa através do seu decreto inalterável. Deus prevê o que acontecerá em cada momento de nossas vidas, porque tudo foi determinado de acordo com o seu desígnio.

A providência de Deus é uma das manifestações, ou revelações de seus decretos. Outras manifestações são as sete Dispensações, a Escatologia e a própria Doutrina da Predestinação. Na Providência, Deus se revela como o Soberano na execução dos seus eternos propósitos.

Os decretos de Deus são os seus desígnios eternos por meio dos quais, antes da criação do mundo, ele determinou realizar tudo o que acontece. São as decisões divinas anteriores à criação do mundo. Com base, pois, no que foi decretado na eternidade, Deus realiza as suas ações, executando seu beneplácito. A isso chamamos de providência *divina*, que consiste em seus atos providenciais no tempo e no espaço, em todas as áreas da história humana, da atualidade e da escatologia.

Uma compreensão adequada dos Decretos de Deus nos ajuda a perceber que Deus não concebe planos de repente, no meio do caminho — isto explica claramente que a questão se a providência divina não é uma intervenção, como a ação do mecânico que ver que algo vai dar errado, então efetua o **conserto** para garantir o bom funcionamento da máquina. Ou como a serra elétrica que necessita da ação contínua do ato de apertar e continuar apertando o botão para que ela se mantenha funcionando. Precisamos entender que Deus conhece o final desde o princípio, e cumprirá todos os seus bons desígnios. Isso deve aumentar a nossa confiança nele, especialmente em circunstâncias difíceis.

Davi confessa: *no teu livro foram escritos todos os meus dias, cada um deles escrito e determinado, quando nenhum deles havia ainda* (Salmos 139.16). Então, tanto Davi, assim como todos os crentes da atualidade e de todos os tempos estão no aguardo do cumprimento de tudo o que Deus escreveu em seu livro, relacionado com o que deve acontecer no seu dia a dia. Por isso, também, como Davi, os crentes esclarecidos de todos os tempos, descansam sobre o futuro, pois sabem que *O que a mim me concerne o Senhor levará a bom termo; a tua misericórdia, ó Senhor, dura para sempre; não desampares as obras das tuas mãos* (Salmos 138.8). O mesmo aconteceu com Jó. Ele sabia que Deus realizaria, certamente o plano que ele tinha para sua vida. Ele afirma várias vezes essa sua confiança, principalmente dizendo:

> *Mas, se ele resolveu alguma coisa, quem o pode dissuadir? O que ele deseja, isso fará. Pois ele cumprirá o que está ordenado a meu respeito e muitas coisas como estas ainda tem consigo. Por isso, me perturbo perante ele; e, quando o considero, temo-o. Deus é quem me fez desmaiar o coração, e o Todo-Poderoso, quem me perturbou, porque não estou desfalecido por causa das trevas, nem porque a escuridão cobre o meu rosto.* (Jó 23.13-17)

Pedro proclama: Houve também "determinado desígnio e presciência de Deus" (Atos 4.23) pelos quais Jesus foi morto, e as ações daqueles que o condenaram e o crucificaram estavam "predeterminadas" (Atos 4.28) por Deus. Nossa salvação (uma das grandes obras da providência divina) foi determinada "antes da fundação do mundo" (Efésios 1.4). Nossas boas obras como crentes são aquelas que *Deus de antemão preparou para que andássemos nelas* (Efésios 2.10; Judas 4). Eis porque procuram os piedosos pela vontade de Deus e buscam entender qual é a sua vontade para sua vida, a qual vai sendo revelada no decurso do tempo de sua vida, até o dia de sua morte. E saber que tudo o que acontece com e a respeito dele, acontece porque tudo foi detalhadamente preordenado e decretado para acontecer no devido tempo, isto é, no dia marcado para acontecer.

Nesse sentido, afirma o apóstolo: ... *vede prudentemente como andais, não como néscios, e sim como sábios, remindo o tempo, porque os dias são maus. Por esta razão, não vos torneis insensatos, mas procurai compreender qual a vontade do Senhor* (Efésios 5.15-17). Portanto, cabe ao crente ser diligente em procurar saber e entender qual é a vontade de Deus, vivendo em perfeita obediência. Aqui vão três distinções da vontade de Deus, para ajudar no entendimento e obediência à vontade de Deus:

A primeira distinção é a *Vontade Revelada* ou *Vontade Moral* de Deus — inclui os parâmetros morais do Antigo e do Novo Testamentos. A Vontade de Revelada — refere-se à segunda parte de Deuteronômio 29:29: ... *porém as reveladas nos pertencem, a nós e a nossos filhos, para sempre, para que cumpramos todas as palavras desta lei.* A vontade revelada é compreendida de duas maneiras, a saber: Vontade de Preceito é a vontade que, pelo propósito de Deus, pode ser violada; assim, permitir a violação da lei moral responsabiliza os violadores; e Vontade de Propósito é a vontade que é invariavelmente executada e, nesse sentido, é por isso que os piedosos procuram andar nos caminhos do Senhor, *provando sempre o que é agradável ao Senhor* (Efésios 5.10).

A segunda distinção é a *Vontade Secreta* ou *governo providencial* de Deus — inclui todos os eventos históricos que Deus ordenou ocorressem no tempo oportuno; porém, Deus não a revelou, imediatamente, e mantém guardado só para si, aguardando o momento estabelecido na eternidade para ser executado. É o que explica a primeira parte da passagem de Deuteronômio 29.29, onde diz que *As coisas encobertas pertencem ao SENHOR, nosso Deus...* Essas coisas encobertas são precisamente a providência divina, e refere às ocorrências no cotidiano das pessoas individualmente e corporativamente, ou seja, grupos de pessoas que vivem no mesmo ambiente; como empresas, organizações, cidades, países. Em todos esses agrupamentos de pessoas acontecem as coisas todos os dias, e são noticiadas nos meios de comunicação. Ninguém sabe, imediatamente, o porquê de tais acontecimentos. Todos só têm acesso aos resultados, aos fatos e participam das consequências desses fatos, mas não sabem os fundamentos, os propósitos. Os jornais anunciam, por exemplo: "Ocorreu um Tsunami na região da Tailândia, e até onde sabemos, morreram cerca de cinco mil pessoas!" Porém, com qual propósito Deus realizou essa catástrofe? Ninguém sabe. Mas a providência divina sabe e, efetivamente, conseguiu realizar o propósito elaborado e preordenado na eternidade.

A terceira distinção da vontade de Deus é a *Vontade de Comando*, ou *Mandamentos* — aqui a depravação humana tende encontrar desculpas para transgredir e desobedecer. Mas, o piedoso conforma-se com a vontade de Deus, e faz da vontade de comando a sua regra de viver. Quando os desejos são apropriadamente controlados no íntimo, então todas as externalizações da alma são acalentadas. No Salmo 131 o rei Davi diz: *Pelo contrário, fiz calar e sossegar a minha alma; como a criança desmamada se aquieta nos braços de sua mãe, como essa criança é a minha alma para comigo* (Salmos 131.2). Onde "calar" são conformidades com a vontade de Deus, demonstrando que o poder que fez as coisas externas é o mesmo poder que opera em nós tanto o querer como o realizar. A piedade genuína, repele o anseio natural pela transgressão dos mandamentos de Deus por meio daquela inquirição que aflorou dos lábios de Saulo de Tarso: "Senhor, que queres que eu faça?" Por isso os piedosos se deleitam em meditar na lei do Senhor. E buscam a Palavra de Deus com o mesmo desejo de um recém-nascido pelo leite (1 Pedro 2.2).

Já parou para pensar no que significa a frase: Deus tem um plano para nossas vidas?

4

Providência divina e a chamada geral vs a chamada eficaz

Certa mulher, chamada Lídia, da cidade de Tiatira, vendedora de púrpura, temente a Deus, nos escutava; o Senhor lhe abriu o coração para atender às coisas que Paulo dizia. Depois de ser batizada, ela e toda a sua casa, nos rogou, dizendo: Se julgais que eu sou fiel ao Senhor, entrai em minha casa e aí ficai. E nos constrangeu a isso. (Atos 16.14-15)

Muitos alimentam dúvidas acerca de como e quando Deus salva os pecadores. Têm dificuldades em entender o processo e eficácia do Evangelho. Por exemplo, por que muitos aceitam e outros não a oferta da salvação por meio da pregação do Evangelho. No entanto, a doutrina da providência divina explica claramente, utilizando os conceitos de Chamada Geral e Chamada Eficaz.

Do ponto de vista da providência divina, quando o Evangelho é proclamado, ali há várias pessoas nas mesmas condições de pecado e cegueira espiritual — todos estão espiritualmente mortos! Mas Deus, segundo o seu eterno propósito conhece quem são os seus eleitos, aqueles que hão de herdar a vida eterna. Então ele age de acordo com sua Providência, quando o Espírito Santo, que é o principal agente da providência divina, revela Cristo diretamente no coração daqueles ouvintes destinados à salvação, levando-os ao conhecimento da verdade do Evangelho, crendo em Jesus como seu salvador pessoal.

Essa ação da providência divina é, especialmente explicada em pelo menos duas passagens da Escritura (há muitas outras, que o espaço não permite referir, nesse momento): a primeira trata das palavras do apóstolo Paulo, ao dar testemunho da sua salvação aos irmãos da igreja na Galácia — ele declara: *Quando, porém, ao que me separou antes de eu nascer e me chamou pela sua graça, aprouve revelar seu Filho em mim...* (Gálatas 1.15-16). Entendo que a eficácia do Evangelho consiste da revelação de Jesus Cristo no recôndito do coração do ouvinte, em que o do Espírito Santo, ao mesmo tempo, o convence "do pecado, da justiça e do juízo" (João 16.8). Esse é o momento em que o ouvinte entende o Evangelho de Cristo, crê e o confessa como seu Senhor e Salvador. Todo o processo de conduzir alguém a Cristo é obra da providência divina. Começando da oportunidade para pregar, a vontade do ouvinte é aguçada para ouvir, o poder do Evangelho começa a engendrá-lo, Cristo é revelado nele pelo Espírito Santo, a Palavra Viva penetra em sua alma e, lá está um ser humano totalmente transformado, para o louvor da glória da graça de Deus! (Efésios 1.6).

A outra passagem se encontra em Atos capítulo 13: *Os gentios, ouvindo isto, regozijavam-se e glorificavam a palavra do Senhor, e creram todos os que haviam sido destinados para a vida eterna* (Atos 13.48). Essa história também descreve uma obra da providência divina na salvação dos pecadores. Paulo havia pregado na Sinagoga, em Antioquia e, *ao saírem eles, rogaram-lhes que, no sábado seguinte, lhes falassem estas mesmas palavras* (Atos 13.42). Então, no próximo sábado, eles voltaram a pregar na Sinagoga e, para lá ... *afluiu quase toda a cidade para ouvir a palavra de Deus.* Não obstante ser grande a multidão de ouvintes daquela pregação, o que lemos nessa passagem é que *Os gentios, ouvindo isto, regozijavam-se e glorificavam a palavra do Senhor, e creram todos os que haviam sido destinados para a vida eterna* (Atos 13.48). A providência divina levou Paulo e seus companheiros a chegarem até a cidade de Antioquia, e a dirigirem-se para a Sinagoga. Lá surge, providencialmente, a oportunidade, pois, ... *eles, atravessando de Perge para a Antioquia da Pisídia, indo num sábado à sinagoga, assentaram-se. Depois da leitura da lei e dos profetas, os chefes da sinagoga mandaram dizer-lhes: Irmãos, se tendes alguma palavra de exortação para o povo, dizei-a.* Aí, aproveitando o ensejo, *Paulo, levantando-se e fazendo com a mão sinal de silêncio, disse: Varões israelitas e vós outros que também temeis a Deus, ouvi* (Atos 13.16), ou seja, fez o que ele mais gostava de fazer — pregou o Evangelho! A providência divina persistiu, e Paulo teve outra oportunidade.

Desta vez, o Evangelho triunfou maravilhosamente! Na sua divina providência, Deus falou aos corações, quer dizer, aos ouvidos espirituais dos ouvintes. Não de todos os ouvintes; mas somente àqueles que estavam "destinados para a vida eterna".

Para onde essa digressão quer nos levar? O que eu quis dizer a partir desses fatos narrados na Escritura? Esses fatos nos conduzem à clara distinção entre Chamada Geral e Chamada Eficaz. A Bíblia está repleta de menção da chamada geral. Por exemplo, no Evangelho de Mateus, o Senhor faz uma típica chamada geral, quando ele diz: *Vinde a mim, todos os que estais cansados e sobrecarregados, e eu vos aliviarei* (Mateus 11.28). Aqui, embora ele tonifique o alvo dos chamados: os *cansados e sobrecarregados*, não há esse discernimento em todos os ouvintes do convite, pois esta disposição é prerrogativa daqueles que são especialmente tocados (veja explicação da chamada eficaz). Aliás, quando Jesus estende essa chamada, ele já sabia de antemão quem receberia a capacidade de perceber a sua necessidade da ser salvo.

Mas, a chamada geral é, muitas vezes necessária, para que haja a chamada eficaz. Portanto, a chamada eficaz, também conhecida como *chamada específica,* é quando a pessoa ouve a mensagem do Evangelho, porém, como todos os pecadores, ela não tem discernimento para crê e aceitar o dom da vida eterna; e, mesmo estando no meio de uma multidão de ouvintes, o Espírito Santo se achega a ele e lhe diz: "Ei, é pra você. É com você que evangelista está falando". Então, despertada pelo Espírito Santo, o pecador se arrepende, e crê em Cristo para a sua salvação.

Nesse ponto, cabe uma pergunta interessante: O que ocorre primeiro? Vou sugerir uma ordem, em forma de grupo: arrependimento, fé e novo nascimento; fé, arrependimento e novo nascimento; ou novo nascimento, arrependimento e fé? Se você optou pelo último grupo, acertou em cheio! A salvação só pode, de acordo com a Escritura, começar com o novo nascimento, especialmente, João 3.3, onde Jesus afirma categoricamente que ... *se alguém não nascer de novo, não pode ver o reino de Deus.* Depois do novo nascimento, o pecador recebe discernimento e poder para se arrepender e crer.

O novo nascimento, pois, é um milagre. Não há toque das mãos humanas. É um ato puramente divino. Só Deus pode operar esse milagre! Não creio que seja como pensa Billy Graham, que escreveu um livro intitulado *Como Nascer de Novo.*[38] No novo nascimento não existe o como. Não há receitas ensinando como nascer de novo. É um milagre! Após o milagre, podemos até (com certas restrições) dizer como se arrepender, como crê. E a resposta é nascendo de novo. Aí, a providência divina age, realizando o milagre, e abrindo as portas para o arrependimento e a fé salvadora.

Precisa ficar bem claro, a Chamada Geral e a Chamada Eficaz são obra da providência divina, que oferece a oportunidade ao evangelista e ao pecador inscrito no Livro da vida, de transmitir e se apropriar da salvação, respectivamente.

38 GRAHAM, Billy. Como nascer de novo. (Curitiba/PR: Betânia, 2023.)

Entretanto, não se deve aplicar Ezequiel 4, onde Deus nomeia o profeta como sua atalaia, pois, embora seja também uma obra da providência divina, o atalaia é uma obra da providência divina na restauração do povo de Israel, que, porventura, haja pecado, e se afastado dos caminhos do Senhor. Quanto à providência divina na salvação dos pecadores, a explicação melhor encontra-se em João capítulo 10, onde Jesus explica que suas ovelhas sempre ouvem a sua voz, isto é, o seu chamado, o seu convite para vir a ele para ser salvo. Portanto, não necessita do ministério de uma atalaia. No Evangelho, não existe responsabilidade do evangelista em salvar almas; apenas a tarefa de pregar. Salvar é responsabilidade da providência divina, que, pela sua Providência, Deus chama o pregador, é lhe concede oportunidade. Se aproveitar, como afirma o apóstolo Paulo em 1 Coríntios, receberá os galardões; porém, se negligenciar, perderá os galardões. Foi assim que Paulo explicou:

> *Se anuncio o evangelho, não tenho de que me gloriar, pois sobre mim pesa essa obrigação; porque ai de mim se não pregar o evangelho! [17] Se o faço de livre vontade, tenho galardão; mas, se constrangido, é, então, a responsabilidade de despenseiro que me está confiada.* (1 Coríntios 9.16-17)

Estão seladas as palavras de Jesus, quando ele disse que as suas ovelhas ouvem. A providência divina fará com que elas ouçam! E mais: Jesus fez uma afirmação bombástica — ele disse: *Todo aquele que o Pai me dá, esse virá a mim; e o que vem a mim, de modo nenhum o lançarei fora* (João 6.37). Ele explicou algo que, inevitavelmente, deve ser entendido ser a ação da providência divina, na chamada eficaz. Ele explicou como aqueles que o Pai lhe dá vêm a ele para serem salvos.

> *Ninguém pode vir a mim se o Pai, que me enviou, não o trouxer; e eu o ressuscitarei no último dia. Está escrito nos profetas: E serão todos ensinados por Deus. Portanto, todo aquele que da parte do Pai tem ouvido e aprendido, esse vem a mim. Não que alguém tenha visto o Pai, salvo aquele que vem de Deus; este o tem visto.* (João 6.44-46)

A pergunta que não quer calar é: Como e por qual meio Deus ensina às pessoas irem até Jesus para serem salvos? É, exatamente aqui que a doutrina da providência divina faz sentido, se tratando da chamada geral e da chamada eficaz.

Tenha certeza: Deus, por meio da sua Providência, provê o momento oportuno de chamar o pecador ao arrependimento e à fé salvadora.

5

Como Deus exerce sua providência

A doutrina da providência não é um conceito abstrato. É a convicção do cristão de que ele está nas mãos de um Deus bom, sábio e poderoso que cumprirá o seu propósito.

A questão que grita sem parar é: Como Deus executa seus decretos? Ou seja, como ocorre a providência divina? Deus exerce sua providência se utilizando, quase sempre de meios, de acordo com sua Preordenação, e eu vou tentar elaborar uma lista descrevendo alguns abaixo:

A Palavra de Deus

Deus exerce sua providência por meio da *sua própria Palavra*. Na missão de conduzir o povo de Israel à terra prometida, Deus o advertiu que ele devia se orientar com base na Palavra de Deus. Deus foi claro a dizer a Josué:

> *Tão somente sê forte e mui corajoso para teres o cuidado de fazer segundo toda a lei que meu servo Moisés te ordenou; dela não te desvies, nem para a direita nem para a esquerda, para que sejas bem-sucedido por onde quer que andares. Não cesses de falar deste Livro da Lei; antes, medita nele dia e noite, para que tenhas cuidado de fazer segundo tudo quanto nele está escrito; então, farás prosperar o teu caminho e serás bem-sucedido. Não to mandei eu? Sê forte e corajoso; não temas, nem te espantes, porque o Senhor, teu Deus, é contigo por onde quer que andares.* (Josué 1.7-9)

No Novo Testamento, os crentes devem esperar sempre ser guiados pela providência divina, e o meio pelo qual eles são guiados pela providência divina é conquistar uma vida cheia da Palavra de Deus. A Palavra de Deus devia habitar neles. Isso equivale a não apenas ter um conhecimento superficial, mas, internalizar um conhecimento tal que a Palavra de Deus se torne seu guia no seu interior, que mostra o que eles deveriam fazer, e como deveriam fazer:

> *Habite, ricamente, em vós a palavra de Cristo; instruí-vos e aconselhai-vos mutuamente em toda a sabedoria, louvando a Deus, com salmos, e hinos, e cânticos espirituais, com gratidão, em vosso coração. E tudo o que fizerdes, seja em palavra, seja em ação, fazei-o em nome do Senhor Jesus, dando por ele graças a Deus Pai.* (Colossenses 3.16-17)

Outro exemplo do uso da Palavra de Deus na aplicação da providência divina é a orientação ao povo de Israel acerca do seu futuro rei. Depois de estabelecer um padrão diferente das nações pagãs para o futuro rei de Israel, Deus continua dizendo que o rei deveria se orientar pela Palavra de Deus a fim de que o reino continuasse a possuir o caráter teocrático, que era e sempre será o modelo para Israel. Mas, é claro, sabemos a grande maioria dos reis de Israel não obedeceram ao padrão divino. Entretanto, Deus deixou bem claro o desejo de guiar o rei, exercendo sobre ele a providência a partir da sua Palavra:

> *Também, quando se assentar no trono do seu reino, escreverá para si um traslado desta lei num livro, do que está diante dos levitas sacerdotes. E o terá consigo e nele lerá todos os dias da sua vida, para que aprenda a temer o Senhor, seu Deus, a fim de guardar todas as palavras desta lei e estes estatutos, para os cumprir. Isto fará para que o seu coração não se eleve sobre os seus irmãos e não se aparte do mandamento, nem para a direita nem para a esquerda; de sorte que prolongue os dias no seu reino, ele e seus filhos no meio de Israel.* (Deuteronômio 17.18-20)

Os ministros de Deus

Também, Deus exerce sua providência por meio de *seus ministros*. Em Jeremias 44.4,7,13-14 Deus envia seus profetas para avisá-los do castigo providencial por causa da desobediência:

> *Porque castigarei os que habitam na terra do Egito, como o fiz a Jerusalém, com a espada, a fome e a peste, de maneira que, dos restantes de Judá que vieram à terra do Egito para morar, não haverá quem escape e sobreviva para tornar à terra de Judá, à qual desejam voltar para morar; mas não tornarão senão alguns fugitivos.* (Jeremias 13-14)

Em Zacarias 7.7; 5.20 temos a queixa providencial de Deus acerca da desobediência de Israel:

> *Não ouvistes vós as palavras que o SENHOR pregou pelo ministério dos profetas que nos precederam, quando Jerusalém estava habitada e em paz com as suas cidades ao redor dela, e o Sul e a campina eram habitados?* (Zacarias 7.7)

E em Amós o Senhor afirma: *Certamente, o SENHOR Deus não fará coisa alguma, sem primeiro revelar o seu segredo aos seus servos, os profetas* (Amós 3.7)

Da mesma forma nos dias de hoje Deus usa os pregadores para, providencialmente, alavancar a fé de seu povo na igreja. Pela providência divina, os crentes do Novo Testamento, de todos os tempos, reúnem-se para ouvir a pregação dos pregadores, para serem edificados e recebe da providência divina, a oportunidade de desenvolver a sua salvação, como ordena o apóstolo Paulo: *Assim, pois, amados meus, como sempre obedecestes, não só na minha presença, porém, muito mais agora, na minha ausência, desenvolvei a vossa salvação com temor e tremor* (Filipenses 2.12).

As circunstâncias

Deus exerce sua Providência, também, por meio das *Circunstâncias*, como em 1 Coríntios 16.9, onde Paulo entende a providência como sendo uma grande porta: *Ficarei, porém, em Éfeso até ao Pentecostes; porque uma porta grande e oportuna para o trabalho se me abriu; e há muitos adversários.* Ao mesmo tempo lamenta que as circunstâncias não lhe permitiram estar presente com os irmãos da Galácia:

> *É bom ser sempre zeloso pelo bem e não apenas quando estou presente convosco, meus filhos, por quem, de novo, sofro as dores de parto, até ser Cristo formado em vós; pudera eu estar presente, agora, convosco e falar-vos em outro tom de voz; porque me vejo perplexo a vosso respeito.* (Gálatas 4.18-20)

Este é apenas um exemplo, porém, verificamos que toda história da providência divina é a história das ações providenciais de Deus, por meio das circunstâncias criadas pelo próprio Deus, para, a partir dessas circunstâncias cumprir a sua Preordenação. Exemplos clássicos são as histórias da providência divina nas vidas de José do Egito, de Jó, de Paulo, Davi, e de tantos outros personagens bíblicos, em cujas vidas é evidente a execução da providência divina por meio das circunstâncias.

Da mesma forma, Deus permite certas circunstâncias em nossas vidas, como um acidente, uma doença, ou quaisquer outras provações, para exercer em nós a sua divina providência. Muitas vezes, ao ser acometido por um acontecimento desagradável, ficamos tristes e lamentamos o sofrimento. Mas, para aqueles, que tem o mínimo de informação acerca da providência divina, o sofrimento é amenizado, porque logo, o Espírito Santo lhe traz à mente que versículos como Romanos 8.28, nos lembra que fomos chamados, segundo o propósito de Deus de formar em nós a imagem de seu Filho, Jesus Cristo. Por isso, diz que *todas as coisas cooperam para o bem daqueles que amam a Deus*, onde temos revelada a importância do conhecimento da providência divina, porque a passagem de Romanos 8.28 começa com o conhecimento da doutrina da providência divina: "sabemos"; pois, *saber* é ter conhecimento de que todas as coisas que temos de experimentar no curso de nossas vidas, quer sejam agradáveis ou não, contribui, no final para que, de alguma maneira, Deus seja glorificado em nossas vidas — é este, o principal sentido da palavra "bem" daqueles que amam a Deus.

Portanto, em meio a quaisquer circunstâncias, tenhamos paz, por sabermos que Deus está presente, e mantém tudo sob seu console e comando; de modo que não há o que temer. Então, o conforto do crente consiste em confiar em Deus, e se sentir seguro, por saber que perto está o Senhor — e pode contar com o seu fiel cuidado. Daí a grande relevância do Salmo 23, onde a maior ênfase recai sobre a presença de Deus, no fato seguro de que *O Senhor é o meu Pastor*; e o *nada me faltará* é resultante da providencial presença do pastor. Portanto, em circunstância em que, ao perceber a eminência da falta de alimentos, as ovelhas sabem que o pastor as levará às pastagens verdejantes; que na eminência de faltar águas, elas sabem que o pastor as levará para junto das águas tranquilizadas, por ele mesmo, porque as águas que correm nas colinas, onde o pastor costuma levar suas ovelhas para pastar são agitadas por causa da forte correnteza das quedas d'águas. Então, as águas são tranquilizadas por meio de um dique construído pelo pastor, para tranquilizar as águas, a fim de proporcionar águas propícias ao descanso do rebanho — por isso, a segunda provisão declarada no Salmo 23 é *leva-me para junto das águas tranquilas*.

Da mesma forma, quando o rebanho se vê em sequidão por causa do sol escaldante, ele olha para o pastor que, prontamente lhes traz refrigério para suas almas. Ou seja, Deus provê graça suficiente para suportar a vida desértica deste mundo mau. Assim, se o crente se acha, em algum momento, confuso, nessas circunstâncias, em sua providência Deus lhe proporciona direção para sua vida. Deus guiará seu povo pelas veredas da justiça. Ou seja, Deus conduz os crentes pelos caminhos da santidade; mostra-lhe a sua vontade, e dá-lhe graça para obedecer. A direção de Deus é certa e segura. Nessas circunstâncias de falta de rumo para a vida, o mais interessado em nos guia por um caminho de santidade é Deus, porque ele tem um nome a zelar, por isso, diz: *por amor do seu nome*. Portanto, o Salmo 23 diz respeito à maneira como Deus exerce sua providência na vida de seu povo, garantindo a sua presença e satisfazendo todas as reais necessidades de seu povo, desde as necessidades de alimentos, até as necessidades de poder, através do Espírito Santo, e desfrutar de sua bondade providencial, que segue o crente em todos os dias de sua vida.

As diversas profissões

Deus exerce sua providência por meio das *diversas profissões.* As profissões são obras da providência de Deus, pois, ao olhar para as diversas profissões, percebemos Deus agindo por meio delas. Todas as profissões são meios providenciais de Deus conservar o equilíbrio econômico da terra. Por meio delas Deus supre as necessidades de todas, fornecendo produtos e serviços, de acordo com a necessidade de cada um, mantendo o abastecimento nas cidades, no campo e, por onde quer que haja demandas por qualquer fator de sobrevivência. Que seria da sobrevivência humana se não houvesse a profissão de coletor de luxo, por exemplo? O mesmo pode se dizer da profissão de médico, de motorista, de vendedor e, assim por diante. Deus, na sua Providência, concedeu talento e capacidade a cada profissional para atender a todos com a sua habilidade de fazer as coisas adequadas a cada necessidade humana, visando ao bem-estar de todos.

Os empresários

Os *empresários* também são obras da providência divina. É extremamente interessante observar que Deus exerce sua providência por meio dos ricos e empresários. Você já imaginou se eles resolvessem aplicar toda a sua fortuna em um banco, e fossem "viver de renda"? Mas, não. Deus colocou nos homens uma necessidade de movimentos, de tal modo, que todos vêm no trabalho uma fonte de realização pessoal e, por meio dessa fonte ele utilizam a máxima, segundo a qual "dinheiro faz dinheiro"; desse modo, eles investem em empresas, que oferecem emprego e, por meio do emprego o equilíbrio econômico da terra é mantido, porque desta forma não faltará o pão de cada dia nas casas das famílias dos trabalhadores.

Além da realização pessoal a partir do trabalho, que lhes conduz ao investimento[39], existe outra máxima, segundo a qual o *trabalho dignifica o homem*[40] — isso leva os riscos e empresários a investirem em sua própria dignidade, por meio do trabalho. Então a providência divina exerce o seu papel de usar os ricos para a preservação da humanidade, motivando-os ao trabalho a partir de suas riquezas. Desta maneira não falará trabalho também, para manter a dignidade dos outros trabalhadores, além de conceder-lhes a oportunidade de ganhar o seu sustento e da sua família.

Os governantes

Outra forma de Deus exercer a sua providência é através dos governantes (políticos). Existe uma aversão por parte de alguns à política. Mas, a política é, também um dos meios pelos quais Deus exerce sua Providência. Deus utiliza-se dos políticos para realizar a sua vontade. Por meio dos políticos Deus ordena o equilíbrio da sociedade, incitando-os à elaboração de leis justiças, que proporcione o mínimo de bem-estar aos cidadãos. De fato, se não houvesse políticos, a terra seria ainda mais inabitável do que já é; porque não haveria ordem no meio do caos que se tornou a terra após a queda de Adão. Por isso, Paulo declara a necessidade de orarmos pelos governantes, pelas autoridades do nosso país terreno e, justifica essa necessidade nesta passagem da Escritura:

> *Antes de tudo, pois, exorto que se use a prática de súplicas, orações, intercessões, ações de graças, em favor de todos os homens, em favor dos reis e de todos os que se acham investidos de autoridade, para que vivamos* vida tranquila e mansa, com toda piedade e respeito. (1 Timóteo 2.1-2)

Desta forma, Deus exerce sua Providência. Em todo o tempo, em todas as pessoas e em todas as ocasiões a providência divina está presente, e por meio dela Deus exerce a sua soberania, executando seus propósitos eternos, para sua própria glória!

39 No âmbito empresarial, na relação com a área da administração financeira, investimento na tem a ver com aplicação bancária, mas com a instalação da empresa e equipamentos ou insumos, ou matéria prima, ou máquinas utilizadas na gestão do negócio.

40 Esta máxima é atribuída, ora a Max Weber, ora a Benjamin Franklin. Mas, o importante é que o trabalho foi criado por Deus, e existe desde o Jardim do Éden e, somos constantemente exortados a trabalhar (1 Tessalonicenses 4.11-12).

A oração

Outra forma pela qual Deus exerce sua providência é através da *oração* (João 16.24; Tiago 4.2).

A Escritura ensina que o plano de Deus é definido e fixo — não está sujeito a revisões; ao mesmo tempo recebemos ordem de orar e aprendemos que a oração é eficaz (Tiago 5.16). A questão é: Como esses dois fatores se relacionam e como podemos entendê-las no contexto da doutrina da providência divina? A resposta a esse questionamento é bem simples. É verdade que ninguém pode frustrar os planos de Deus. É verdade que ninguém muda os planos de Deus. Também é verdade que a oração não muda os planos de Deus. Então, por que o Senhor insistiu tanto para que os discípulos orassem, ensinando e exortando-os à prática da oração? Quando os discípulos lhe pediram: *... Senhor, ensina-nos a orar...* (Lucas 11.1). De fato, ele os ensinou, como vimos na oração modelo:

> *Portanto, vós orareis assim: Pai nosso, que estás nos céus, santificado seja o teu nome; venha o teu reino; faça-se a tua vontade, assim na terra como no céu; o pão nosso de cada dia dá-nos hoje; e perdoa-nos as nossas dívidas, assim como nós temos perdoado aos nossos devedores; e não nos deixes cair em tentação; mas livra-nos do mal [pois teu é o reino, o poder e a glória para sempre. Amém]!* (Mateus 6.9-13)

O propósito de Deus na oração não é que oração o fará "mudar de ideia", mas aprendemos na Escritura que há, pelo menos dois objetivos na mente de Deus, ao mandar o crente desenvolver uma vida de oração semelhante a Daniel: a primeira razão é porque a oração do justo é agradável a Deus, como o pai que se agrada em conversar com seu filho. A outra razão é que a oração do crente é uma oração assistida — o Espírito Santo faz isso com muito prazer, com lemos em Romanos 8:

> *Também o Espírito, semelhantemente, nos assiste em nossa fraqueza; porque não sabemos orar como convém, mas o mesmo Espírito intercede por nós sobremaneira, com gemidos inexprimíveis. E aquele que sonda os corações sabe qual é a mente do Espírito, porque segundo a vontade de Deus é que ele intercede pelos santos.* (Romanos 8.26-27)

Dessa forma, quando o crente busca entrar na presença de Deus em oração, o Espírito Santo, o assistente de modo que garante que sua oração será sem em conformidade com o plano de Deus. Isso está bem claro na passagem acima: o Espírito Santo guiará a oração, de modo que aquele que ora, ore de acordo com a vontade de Deus — então ele vai pedir exatamente o que está escrito a seu respeito desde a eternidade. Por isso, afirma confiantemente: *O que a mim me concerne o Senhor levará a bom termo; a tua misericórdia, ó Senhor, dura para sempre; não desampares as obras das tuas mãos* (Salmos 138.8). E diz categoricamente: *Os teus olhos me viram a substância ainda informe, e no teu livro foram escritos todos os meus dias, cada um deles escrito e determinado, quando nem um deles havia ainda* (Salmos 139.16). Portando, o que Paulo está dizendo é que o Espírito Santo, nos guiará a pedir o que está escrito no livro de Deus a seu respeito. Nesse sentido, a providência divina não falha, e a oração é perfeitamente válido, além de se justificar pela grande possibilidade de comunhão com Deus que a oração proporciona. Então, dentro da providência divina, só são estes dois motivos, pelos quais Jesus ordena a necessidade de constante oração por parte dos crentes, até como um meio de entender e perceber estar sendo guiado pela providência divina.

Assim, a oração é uma maneira estipulada por Deus para realizar a sua Providência. Então, podemos entender que quando Deus deseja o fim, ele também deseja o meio — "A oração não muda o que ele se propôs a fazer. É o meio pelo qual ele atinge o seu alvo".[41]

Resta verificarmos na Bíblia quais são os critérios essenciais para a parceria da oração com a providência divina. É essencial que aquele que ora seja, principalmente, salvo, em plena em plena demonstração dos frutos diante dos homens, porque Deus, como afirma Paulo a Timóteo: *Entretanto, o firme fundamento de Deus permanece, tendo este selo: O Senhor conhece os que lhe pertencem. E mais: Aparte-se da injustiça todo aquele que professa o nome do Senhor* (2 Timóteo 2.19). Outro critério tão essencial quanto para que a oração seja eficaz, é a vitória sobre o pecado. Nesse caso, o crente tem que saber como ser cheio do Espírito Santo, que basicamente é confiar nele: *Digo, porém: andai no Espírito e jamais satisfareis à concupiscência da carne* (Gálatas 5.16); não o entristecer: *E não entristeçais o Espírito de Deus, no qual fostes selados para o dia da redenção* (Efésios 4.30); e nunca se rebelar contra ele — é isso que significa *Não apagueis o Espírito* (1 Tessalonicenses 5.19). Ou seja, quando ele disser sim, concordamos com ele, e dizemos também sim. Quando ele disser não, também nós. Em outras palavras, somos guiados pelo Espírito Santo, ele comanda a nossa vida, então, na nossa livre agência escolhemos fazer sempre o que ele manda e, nunca fazer o que proíbe. A partir desses padrões o Espírito Santo vai produzir o seu fruto em nós, e é a partir daí que temos a vitória sobre o pecado. O outro grande critério é da fé. Fé em todos os atributos de Deus e fé na providência divina, que age por meio da interseção do Espírito Santo, porque ... *o Espírito, semelhantemente, nos assiste em nossa fraqueza; porque não sabemos orar como convém, mas o mesmo*

41 Erickson, Milard J. *Introdução à Teologia Sistemática*. (São Paulo/SP: Vida Nova, 1992.)

Espírito intercede por nós sobremaneira, com gemidos inexprimíveis (Romanos 8.26-27). Somente dessa forma, a oração colabora com as ações da providência divina, e assim Deus abençoa seu povo em qualquer época, em qualquer área ou em quaisquer circunstâncias.

Os milagres

Finalmente, Deus exerce sua providência por meio de milagres. Milagres não são contrários à natureza, mas apenas contrários ao que nós sabemos sobre a natureza. Nesse sentido, a providência tem duas divisões: providência Ordinária e providência Extraordinária. Na providência Ordinária Deus atua mediante as cousas secundárias em estrito acordo com a leis naturais ou as propriedades das coisas criadas. Na providência Extraordinária Deus opera imediatamente ou sem a medição das causas secundárias. Milagres não é simples quebras das leis naturais, pois é dito que "Quando se realiza um milagre as leis da natureza não são aniquiladas ou suspensas, senão somente neutralizadas em um ponto particular por meio de uma força superior às potências das leis naturais".[42] É a manifestação mais alta da vontade de Deus.

Em nossas concepções sobre os milagres podemos pensar [43] ser provável que os milagres são, na realidade, manifestações de leis naturais pouco conhecidas ou praticamente desconhecidas. Por exemplo, a pesca maravilhosa em Lucas 5; parece que Cristo não criou peixes para aquela ocasião, antes condições incomuns estavam presentes de modo que os peixes haviam se juntado em um lugar onde normalmente não estariam. Assim o milagre de Jesus não foi de onipotência, mas de onisciência. Mas uma explicação mais consistente é que tendo Cristo ressuscitado, ele precisava se manifestar aos discípulos a sua glória, a sua vitória sobre a morte, confirmando, assim as profecias a respeito do Messias de Israel, portanto, tudo estava providencialmente preparado para essa manifestação do Senhor ressuscitado.

Em outras os milagres quebram as leis naturais, como no caso do machado que flutuou (2 Reis 6.6). Nesse caso, por pequeno período, a lei da gravidade ficou suspensa naquele metro quadrado ou algo parecido. Então Deus cancelou a lei da gravidade até o martelo ser recuperado ou mudou a densidade do martelo ou da água? Não sabemos, pois está no âmbito das coisas não reveladas de

42 BERKHOF, Louis. *Teologia Sistemática*. (São Paulo/SP: Cultura Cristã, 2019.)
43 ERICKSON, *Introdução à Teologia Sistemática*.

Deuteronômio 29.29. Entretanto, temos certeza de que Deus exerceu sua providência por meio desse milagre, cujo propósito parece ter sido a confirmação de Elizeu no seu ofício, em sucessão ao profeta Elias, além da necessidade de terem madeira suficiente para alargarem o espaço para abrigar a todos, inclusive o profeta Elizeu.

> *Disseram os discípulos dos profetas a Eliseu: Eis que o lugar em que habitamos contigo é estreito demais para nós. Vamos, pois, até ao Jordão, tomemos de lá, cada um de nós uma viga, e construamos um lugar em que habitemos. Respondeu ele: Ide. Disse um: Serve-te de ires com os teus servos. Ele tornou: Eu irei. E foi com eles. Chegados ao Jordão, cortaram madeira. Sucedeu que, enquanto um deles derribava um tronco, o machado caiu na água; ele gritou e disse: Ai! Meu senhor! Porque era emprestado. Perguntou o homem de Deus: Onde caiu? Mostrou-lhe ele o lugar. Então, Eliseu cortou um pau, e lançou-o ali, e fez flutuar o ferro, e disse: Levanta-o. Estendeu ele a mão e o tomou.* (2 Reis 6.1-7)

Quando um milagre ocorre as forças naturais são contidas pelas forças sobrenaturais. As leis natureza não são suspensas. Elas continuam em operação, mas a força sobrenatural é introduzida, anulando o efeito da lei natural. No caso do machado, a lei da gravidade continuou agindo ao redor do machado, mas a mão invisível de Deus estava sob ele, sustentando-o, com se uma mão humana o estivesse levantando. Não se deve confundir sobrenatural com antinatural.

Os propósitos providenciais dos milagres

Os propósitos dos milagres muitas vezes acompanham, imediatamente, a sua realização, e podemos perceber que, todas as vezes que se realizou um milagre o propósito primordial e imediato é glorificar a Deus, como por exemplo, o milagre da cura do sego de nascença a resposta de Jesus à pergunta dos discípulos, se era por causa de seu pecado ou de seus pais que ele ficara sego: *Respondeu Jesus: Nem ele pecou, nem seus pais; mas foi para que se manifestem nele as obras de Deus* (João 9.3). Em seguida um milagre é realizado para estabelecer a base sobrenatural da revelação, como declara João: *Na verdade, fez Jesus diante dos discípulos muitos outros sinais que não estão escritos neste livro. Estes, porém, foram registrados para que creiais que Jesus é o Cristo, o Filho de Deus, e para que, crendo, tenhais vida em seu nome* (João 20.30-31). Além disso, a realização de um milagre muitas vezes visa a satisfação das necessidades humanas, como nos dois milagres citados acima. Os discípulos de Eliseu precisavam continuar o serviço de cortar madeira, e o cego de nascença precisava ver. Mas nunca para exibir ou com propósitos egoístas. "Os milagres na Bíblia não foram executados arbitrariamente, mas com um propósito definido. Não foram simples maravilhas, exibições de poder destinadas a causar assombro, mas sempre tiveram significado específico e especial."[44]

Na história dos milagres, é importante notar que, na atualidade, o conceito de milagres é contrastante com a providência divina. A diferença é facilmente percebida, quando entendemos os dois conceitos separadamente. No milagre a ação divina não há participação humana, nem qualquer meio ou circunstâncias; enquanto na providência divina Deus utiliza os meios, as circunstâncias e a participação humana. Além disso, no milagre os resultados são sempre perfeitos, na providência divina, não necessariamente, mas sempre atende aos propósitos pelos quais Deus age com sua Providência.

Na história humana, nem sempre Deus agiu com milagres, mas houve períodos em que os milagres foram necessários, principalmente, para autenticar a revelação, ou confirmar a pregação, enquanto a Bíblia não estava ainda completa. Nos dias de hoje, ou melhor há muito tempo cessaram-se os milagres. Tal como João Batista, que realizou todo o seu ministério, sem que houvesse qualquer manifestação de milagres, todos os pregadores pós-apostólicos exerceram seus ministérios sem a presença de milagres. Veja os Pais da igreja, os reformadores e todos os servos de Deus após a Reforma. Não operaram milagre algum, porém foram muito abençoados com os resultados da pregação e, até hoje seus escritos ainda exercem grande influência no meio do povo evangélico.

Hoje os verdadeiros servos continuam realizando seus ministérios sem reivindicar realização de milagres. Quando alguém reivindica a manifestação de milagres, basta uma análise até mesmo bem superficial para se verificar serem tais milagres notadamente falsos. Não que Deus não tenha poder de realizar milagres em nossos dias, mas porque não está na agenda de Deus a realização de milagres. Após o arrebatamento da igreja (que já configura um milagre) haverá grande operação de milagres, conforme se verifica no Livro de Apocalipse, por ocasião da Grande Tribulação. Nesses tempos haverá novamente períodos de milagres.

Fique atento aos meios que Deus usa para exercer sua Providência.

44 BERKHOF, *Teologia Sistemática.*

6

Providência divina e a doutrina da mordomia bíblica

Ora, além disso, o que se requer dos despenseiros é que cada um deles seja encontrado fiel. (1 Coríntios 4.2)

Uma vez salvo por Cristo, somos colocados como participantes ativos no futuro Reino de Cristo, o Reino Milenial. O Reino é futuro, mas a preparação para reinar com Cristo é presente em cada geração. Este é o significado do que Jesus disse a Nicodemos: *...Em verdade, em verdade te digo que, se alguém não nascer de novo, não pode ver o reino de Deus*. Já vimos o Reino, já nos encantamos com ele. Já fomos apresentados a ele, e ele a nós — já nos conhecemos. Queríamos entrar, mas não podíamos, por causa de nossos pecados. Mas o Senhor explicou:

> *Respondeu Jesus: Em verdade, em verdade te digo: quem não nascer da água e do Espírito não pode entrar no reino de Deus. O que é nascido da carne é carne; e o que é nascido do Espírito é espírito. Não te admires de eu te dizer: importa-vos nascer de novo. O vento sopra onde quer, ouves a sua voz, mas não sabes donde vem, nem para onde vai; assim é todo o que é nascido do Espírito.* (João 3.5-8)

Desta forma, nascemos para o Reino de Deus, pois também já adentramos nele, seguido do arrependimento e da fé, após o novo nascimento. No Reino de Deus, que é o próprio Reino Milenial de Cristo, embora, sua consumação esteja no futuro, já há bastante serviço, e cada participante se torna servo de Deus, um Mordomo das coisas do futuro Reino de Cristo.

O que é um Mordomo? A palavra mordomo vem do grego (*oikonomos*) significa despenseiro, alguém que toma conta de bens alheios, gerencia propriedade alheia. É de onde temos a nossa Faculdade de Economia. Também a palavra mordomia tem origem em duas palavras latinas: *Mor*, que quer dizer maior e *Domus*, que dizer casa. Em uma tradução livre, seria "o maior de uma casa", ou seja, aquele que toma conta, gerencia tudo em uma casa (de outrem). Assim, mordomo é alguém escolhido por um proprietário para gerenciar sua casa, seus bens e, em determinadas circunstâncias, até dos filhos, nesse caso, a palavra é *paidagoges*, de onde também se originou a nossa Faculdade de Pedagogia.

Dois exemplos de mordomos na Bíblia

Na Bíblia há vários exemplos de pessoas que, ou nasceram mordomos, como Elieser, mordomo de Abraão; ou se tornaram mordomo, como José do Egito. Mas eles não são exemplos apenas de alguém que já ocupou o cargo de mordomo antes de nós, são exemplos de mordomos que agradaram de fato ao seu Senhor. Foram eficientes e eficazes na sua mordomia, cumpriram sua missão com zelo, ardor e, acima de tudo, na dependência de Deus. Vejamos:

Eliezer

Eliezer foi um mordomo de Abraão. Ele era achegado de Abraão e pesava sobre ele duas coisas de extrema importância na vida de Abraão, a saber, ele, antes de Isaque nascer, ele era cotado para ser o único herdeiro e, após nascimento e crescimento de Isaque, ele recebeu de Abraão a responsabilidade de buscar esposa para ele na terra dos parentes de Abraão.

Eliezer, não somente era fiel a seu senhor, Abraão, como também fazia seu serviço confiado no Deus de Abraão. Por isso, quando saiu para cumprir a sua mordomia, no meio do caminho ele parou, e orou, pedindo a Deus que abençoasse a sua jornada; que lhe desse sabedoria, discernimento e, que levasse a bom termo a sua responsabilidade. Sua história e de como Deus o abençoou, nós lemos em Gênesis capítulo 24. Mas, uma coisa é preciso destacar: Abraão confiava em Deus e afirmou sua fé ao seu mordomo, nesses termos: *Ele me disse: O Senhor, em cuja presença eu ando, enviará contigo o seu Anjo e levará a bom termo a tua jornada, para que, da minha família e da casa de meu pai, tomes esposa para meu filho* (Gênesis 24.40). O mordomo também confiava em Deus, por isso pediu a direção do Deus de Abraão, ele orou assim:

> *Hoje, pois, cheguei à fonte e disse comigo: ó Senhor, Deus de meu senhor Abraão, se me levas a bom termo a jornada em que sigo, eis-me agora junto à fonte de água;*

> *a moça que sair para tirar água, a quem eu disser: dá-me um pouco de água do teu cântaro, e ela me responder: Bebe, e também tirarei água para os teus camelos, seja essa a mulher que o SENHOR designou para o filho de meu senhor.* (Gênesis 24.42-44)

O capítulo todo, onde é narrada esta história e uma das histórias mais linda da providência divina relatada na Escritura.

José do Egito

José do Egito é o mordomo mais conhecido da Bíblia. Ele foi alçado ao cargo, exatamente por sua fidelidade e esmero na execução de suas tarefas. Como Eliezer, ele era o responsável por tudo na casa de Potifar. José confiava em Deus, e Deus levou a bom a sua jornada, rumo ao destino que a providência divina lhe reservava.

Fiquemos com esses dois exemplos. Houve outros mordomos, como Sebna, mas este é apenas mencionado ligeiramente, porque, pelo relato de Isaías, foi um mal exemplo de mordomo — pelo tom da passagem, parece ter abusado da posição! *Assim diz o Senhor, o Senhor dos Exércitos: Anda, vai ter com esse administrador, com Sebna, o mordomo...* (Isaías 22.15). Mas, isso é também providencial — nos serve de advertência: um mordomo pode se tornar infiel na posição de mordomo.

As coisas que o mordomo tem que administrar

Em nosso caso, o que a providência divina nos proporciona como mordomos? Quais são as nossas responsabilidades, nossas mordomias? Tudo o que somos e tudo o temos pertence a Deus. Nós somos apenas administradores. Gerenciamos as coisas de Deus: nosso corpo, nossos bens, nosso tempo e nossos dons e talentos. Podemos resumir a nossa responsabilidade como mordomos em três palavras: Tempo, Talento e Tesouros — os três "Ts" da doutrina da Mordomia Bíblica.

O corpo

Sobre o nosso corpo que a Bíblia se refere como formação tricotomista: corpo, alma e espírito devem ser administrados, pois após a conversão o corpo passa a ser templo do Espírito Santo. Todo cuidado deve ser tomado no sentido de, quanto depender de nós, manter o nosso corpo saudável. Para isso, o crente é responsável por buscar, para glória de Deus, os meios disponíveis para conservação da saúde.

Atividade alimentar — é a comida boa o principal meio da providência divina para a conservação da saúde. Portanto, considerando o aspecto literalmente da mensagem ao povo de Israel, através do profeta Isaías, é importante observar que o nosso investimento pesado deve estar na alimentação pois o profeta afirma: *Por que gastais o dinheiro naquilo que não é pão, e o vosso suor, naquilo que não satisfaz? Ouvi-me atentamente, comei o que é bom e vos deleitareis com finos manjares* (Isaías 55.2). À parte de sua interpretação espiritual, há uma aplicação literal aqui e, faremos bem em atender a exortação do Senhor, e investirmos na boa comida, na boa alimentação. Mesmo porque, tem sido muito citado ultimamente, o famoso pai da medicina moderna, o médico-filósofo pré-socráticos, Hipócrates, que dizia: "Que a tua comida seja o teu remédio, e o teu remédio seja a tua comida".

Atividade espiritual — seguindo o mesmo grau de importância da alimentação, a providência divina, age sobre nós para investirmos nas atividades espirituais tais como frequentar assiduamente a igreja, nunca negligenciar a prática da leitura bíblica e da oração. É imprescindível à saúde, o perdão, o amor fraternal, a comunhão uns com os outros. Levar a sério a vida cristã tem proporcionado efetivo auxílio na conservação da saúde (bem-estar físico, mental e espiritual).

Atividade física — Juntemos à atividade alimentar e espiritual, também a atividade física. Essa atividade complementa as primeiras e fecha a conta da Mordomia do Corpo.

Ah, ficou doente? Não hesite em procurar, o mais rápido possível, o médico. Ele, assim como todos os profissionais de saúde, é obra da providência divina para a conservação da saúde e tem sido um aliado importante no exercício da Mordomia do Corpo.

O tempo

Quanto ao nosso tempo, devemos aprender como usá-lo adequadamente, a fim de viver a vida abundante que o Senhor prometeu, e glorificar mais a Deus, sem contar as bênçãos de evitar ansiedade, depressão e muitos infortúnios por usar inadequadamente essa preciosa dádiva da providência divina. A única coisa que ele deu igualmente a cada pessoa que já pisou esta terra — 24 horas. Cada um de nós tem que aprender a administrar o tempo. Veja próximo capítulo.

Os bens

A respeito de nossos bens, o Senhor requer que os utilizamos de maneira racional, visando não somente a satisfação de nossas necessidades, mas também de outros, como os necessitados, os missionários e o sustento da igreja de Cristo. Um dos princípios de boa mordomia é o dízimo. Entregar o dízimo é uma das maiores demonstrações de um mordomo fiel. Mas deve-se prestar atenção na seguinte lógica: todo mordomo fiel é dizimista; porém, nem todo dizimista é um mordomo fiel. Por quê? Porque é importante lembrar que 100% de tudo o que Deus nos dá pertence a Deus, 10% volta para Deus, e os outros 90% continuam pertencendo a Deus; portanto o mordomo só é considerado fiel se, além de entregar o dízimo, administrar adequadamente os 90% que Deus permitiu ser retido para o seu sustento, da sua família e possíveis necessitados. Por isso essa lógica é verdadeira: todo mordomo fiel é dizimista, mas nem todo dizimista é um mordomo fiel — exatamente, porque ele não sabe administrar os noventa por cento.

Os dons e talentos

Mas, também Deus, em sua Providência, nos concedeu dons e talentos. Dons referem-se aos dons espirituais permanentes.[45] Nesse caso, a responsabilidade do mordomo é tríplice: ele, na medida de sua maturidade, deve descobrir qual ou quais dons lhe foram dados. Em segundo lugar, ele deve desenvolver esses dons, pelo estudo e conhecimento da Palavra de Deus. Por último, ele deve colocar em prática, aplicando seus dons onde houver necessidades, no seio da igreja local. A isso eu chamo de "Os Três Ds" dos dons espirituais (Descobrir, Desenvolver e Distribuir).

Os talentos são aquelas habilidades, com as quais nascemos, as artes e as profissões. Também estes pertencem a Deus, bem administrados, para o bem e desenvolvimento do futuro Reino de Cristo.

Recompensas

Todos os dias estamos sendo avaliados. Todos os dias Deus verifica analisa o nosso desempenho e, nos recompensamos com sua aprovação e, muitas bênçãos resultantes da nossa confiança e obediência. Mas, haverá um dia, após o

45 Os dons espirituais são divididos em três categorias: 1. Dons de Sinais, ou temporários — porque foram dados por Deus apenas para o período quando a Bíblia ainda não estava completa, são os tempos da infância da igreja; 2. Dons permanentes, ou dons funcionais — Trata-se da lista de Romanos 12; e 3. Dons de liderança ou dons ministeriais — Destes, ainda há os permanentes e os temporários.

arrebatamento, em que será instalado um Tribunal para julgar as obras dos crentes no contexto da igreja de Cristo, a igreja local. É o Tribunal de Cristo, quando cada crente receberá ou não as recompensas de ter sido um bom mordomo de tudo quanto Deus lhe confiou para administrar.

Todo esse padrão é obra da providência divina para que nada falte a você, sua família, sua igreja, os missionários e os verdadeiramente necessitados.

Procure saber qual é a sua responsabilidade no Reino de Deus e seja fiel.

7

Providência divina e a administração do tempo

Conhece-te a ti mesmo. (Aristóteles)

Agostinho de Hipona, em sua teoria do conhecimento conseguiu esclarecer, por meio do significado do tempo em sua relação entre o Criador e suas criaturas, explicando que Deus está fora do tempo, porque é eterno; mas criou o tempo apenas pensando no entendimento humano do seu ser inferior — de acordo com a maior parte de suas obras, Agostinho pretende que seus leitores conheçam a si mesmos no íntimo, a Deus e a seu Verbo, Criador de todas as coisas, pois para ele, a verdade está dentro do homem e o conhecimento procede do interior de cada um. Por isso aplicou a questão do tempo às experiências relacionadas a fé no fato de que somos criaturas de Deus e que para nós se torna muito difícil medir o tempo, tanto no que diz respeito à sua extensão quanto acerca de sua dimensão. Nesse sentido, Agostinho conclui ser o tempo apenas uma distensão da alma, percebida pelos movimentos do corpo.

Entretanto, é preciso destacar outras verdades acerca do tempo. A primeira delas é que ainda que Deus esteja realmente fora do tempo, ele é soberano sobre o tempo, e requer daqueles que são, não apenas criaturas, mas filhos por adoção, que sejam mordomos da parcela de tempo que lhe foi outorgada. Deus deseja que façamos bom uso do tempo.

Por estar fora do tempo, porque é eterno, *para o Senhor, um dia é como mil anos, e mil anos, como um dia* (2 Pedro 3.8), precisamos buscar conhecer Deus no contexto de sua eternidade, para que possamos conhecer o cumprimento de seu plano eterno. Isso é fundamental para não contrairmos espírito de ansiedade enquanto confiamos e aguardamos as promessas. Temos que perceber nossa finitude no contexto da infinitude de Deus.

O tema deste capítulo é precisamente: Como vamos exercer a nossa mordomia do tempo, diante do que nos proporciona a providência divina? Como podemos agradar ao eterno Deus? Devemos nos lembrar de que, conquanto não esteja no tempo, Deus é Senhor do tempo. Na eternidade ele elaborou um plano que é, ao mesmo tempo, eterno e temporal, pois contemplou todos os eventos de seu plano, cada um para ser executado no tempo determinado. Ou seja, na providência divina, tudo acontece segundo o plano de Deus para cada período de tempo durante toda a história humana, e quando essa história tiver um fim (chamado na Bíblia de a consumação do século) o plano continuará para a eternidade, da mesma forma, que na história da humanidade, cada evento ocorrerá no seu tempo. Por isso é que Salomão escreveu: *Tudo fez Deus formoso no seu devido tempo; também pôs a eternidade no coração do homem, sem que este possa descobrir as obras que Deus fez desde o princípio até ao fim* (Eclesiastes 3.11). O que isso significa? Significa que Deus criou o homem finito e limitado ao tempo, e eterno, que não deixa de existir nem se perde na limitação do tempo, ainda que tenha conhecimento também limitado quanto às coisas que Deus não achou por bem revelar-lhe. Mas isso não é um problema, não deve gerar ansiedade, porque nossa vida está *Nas Mãos de Deus* e, pela providência divina, tudo ocorrerá no seu devido tempo, então descansemos!

Retomando a questão da mordomia do tempo, entendemos por mordomia a responsabilidade que Deus requer de nós por ter nos dados muitas coisas para cuidar (administrar) e, no dia a dia prestamos-lhe contas, culminando com o Tribunal de Cristo, quando definitivamente seremos julgados para receber as Coroas, os galardões, com os quais faremos nosso último (no contexto humano e temporal) ato de adoração ao Senhor, depositando a seus pés tudo o que recebemos como recompensa do nosso trabalho como bons mordomos, como exorta o apóstolo Pedro: *Servi uns aos outros, cada um conforme o dom que recebeu, como bons despenseiros da multiforme graça de Deus* (1 Pedro 4.10). Paulo diz que ... *o que se requer dos despenseiros é que cada um deles seja encontrado fiel* (1 Coríntios 4.2).

Na nossa relação com o tempo, somos igualmente despenseiros e precisamos ser encontrados fiéis no bom uso do nosso tempo. Deus, na sua Providência, nos deu o tempo e na sua providência nos mostra como podemos usá-lo adequadamente, de modo a glorificá-lo durante o curto período de tempo que ele nos dá aqui.

Primeiramente, Deus nos diz que o uso do nosso tempo é um ponto de sabedoria, ele diz: *Portanto, vede prudentemente como andais, não como néscios, e sim como sábios* (Efésios 5.15). Ele nos ensina como alcançar essa sabedoria:

1. A primeira maneira de exercermos essa sabedoria é *remindo o tempo, porque os dias são maus* (Efésios 5.16) — que quer dizer, resgatar o tempo pagando um preço. O nosso tempo é tão precioso, mas tão precioso que, frequentemente, aparecem em nossas vidas aqueles "ladrões" que nos roubam, que sequestram o nosso tempo, de tal maneira que precisamos resgatá-lo, redimi-lo, trazê-lo de volta. Isso custa muito, e devemos estar dispostos a pagar o preço se quisermos andar na sabedoria "lá do alto", a sabedoria de Deus, referida por Tiago: *A sabedoria, porém, lá do alto é, primeiramente, pura; depois, pacífica, indulgente, tratável, plena de misericórdia e de bons frutos, imparcial, sem fingimento* (Tiago 3.17).
2. A segunda maneira pela qual Deus nos ensina a alcançar essa sabedoria é buscar "... compreender qual a vontade do Senhor" — exatamente isso, porque usar bem o nosso tempo é buscar saber e fazer a vontade de Deus. Ou seja, quando empregamos o nosso tempo em aprender e fazer a vontade de Deus é precisamente aí que estamos sendo bons mordomos do nosso tempo. Portanto, administrar o tempo é estar no centro da vontade de Deus.
3. Por último, Deus nos ensina a conquistar uma vida dentro da providência divina, isto é, da sabedoria lá do alto, buscando diariamente ser cheios do Espírito Santo. Ele diz: ... *enchei-vos do Espírito* (Efésios 5.18). E, quais são as atividades que indicam que alguém vive no poder do Espírito Santo?
   a) *Falando entre vós com salmos, entoando e louvando de coração ao Senhor com hinos e cânticos espirituais* (Efésios 5.19);
   b) *Dando sempre graças por tudo a nosso Deus e Pai, em nome de nosso Senhor Jesus Cristo* (Efésios 5.20); e
   c) *Sujeitando-vos uns aos outros no temor de Cristo* (Efésios 5.21).

Tudo isso vem para nós como uma obra, uma ação da providência divina, e cabe a nós — que pela providência divina fomos tornados filhos e filhas de Deus, colocados na posição de mordomos, e ainda com possibilidades de viver neste mundo, na sabedoria lá do alto, enquanto aguardamos o arrebatamento — seguir cuidadosamente, com zelo e ardor os termos do bom uso do tempo acima, e assim revelar a nós mesmos, aos irmãos, a todos que nos cercam e, principalmente, a Deus, que estamos sérios e dedicados nessa empreitada do bom uso do tempo, sendo, dessa forma, gratos pela providência divina, que também nos segue em nossa jornada do tempo.

Se você leu até aqui, deve estar perguntando: Mas, como tudo isso funciona na prática? Vou lhe dar algumas dicas úteis, acompanhadas com minhas orações, para que Deus as use em sua vida, de modo que você se sinta no caminho dos ... *bons despenseiros da multiforme graça de Deus* (1 Pedro 4.10).

Como você pode e deve administrar o seu tempo de forma agradável a Deus, para que também experimente a vida abundante prometida pelo Senhor. Trata-se de quatro atitudes que você deve ter para com o uso de seu tempo, a saber:

1. Fazer, por escrito, um inventário de como você usa, atualmente, o seu tempo. O que é um inventário? Há pelo menos dois tipos de inventários, aquele que se faz quando alguém morre, deixa herança e herdeiros, e aquele que o contador faz, para catalogar os ativos de uma empresa, para saber o que a empresa possui, desde os bens móveis, imóveis e até aqueles bens intangíveis. O inventário do tempo funciona mais ou menos como o contábil. Assim: você escreve detalhadamente, a maneira como está usando o tempo atual; começa descrevendo o que você faz, de meia em meia hora, desde a hora em que você se levanta, até a hora que você se deita para dormir. Assim como o inventário contábil serve para se ter uma visão geral de todos os ativos da empresa, e dessa forma, fazer os devidos lançamentos no Balanço Mensal ou Anual; o inventário do tempo serve para você ter uma visão geral de como está usando o seu tempo. O objetivo é verificar se você está usando seu tempo adequadamente, ou melhor, se você está "remindo" seu tempo.
2. Feito o inventário, agora é hora de analisar e chegar a um *Diagnóstico do Uso do Tempo*. Esse "Diagnóstico" serve para você fazer as devidas correções, do tipo: confessar os pecados (1 João 1.9). Você, muito provavelmente, vai descobrir que está empregando o seu tempo em coisas, ou desnecessárias, ou pecaminosas (no sentido de coisas fúteis, passageiras e egoístas); ou legítimas, mas que não edificam.
3. Depois disso, você parte para o ... *restabelecei as mãos descaídas e os joelhos trôpegos; e fazei caminhos retos para os pés, para que não se extravie o que é manco; antes, seja curado* (Hebreus 12.12-13). Agora sim, você vai trabalhar o uso de seu tempo de modo adequado. Qual é o modo adequado de usar o tempo? Estabelecendo prioridades. Como se faz isso?

a) No final do dia anterior, encontre dez minutos para fazer uma lista de tudo o que você "precisa" fazer no dia seguinte.
b) Faça essa lista aleatoriamente. Suponha que você tem, ou pelo menos acha que tem, vinte coisas para fazer no dia seguinte.
c) Ponha os itens um embaixo do outro, e numere com algarismos arábicos cada item.
d) Agora medite em qual item é mais importante fazer. Nesse caso, você pode usar letras, em ordem alfabética de importância.
e) A seguir, dessas que você colocou em ordem alfabética de importância, você vai meditar em quais dessas são mais importantes fazer. Essas você utiliza algarismos romanos, em ordem numérica de importância.
f) Por último, você medita e pergunta: Qual ou quais dessas têm grau de importância vital, do tipo vida ou morte. Aquelas coisas que, se não fizermos, a casa vai cair, alguém vai morrer, eu posso ser despedido, etc.
g) Comece suas atividades por essas e, se ainda lhe restar tempo, continue fazendo a segunda da lista prioritária; e assim por diante. Não tem problema se, daquelas vinte coisas, dez, ou mais você não conseguir fazer. No final, você até pode descobrir que nenhuma delas eram importantes, ou não tinham qualquer importância, não precisavam ser feitas mesmo e, você vai dormir em paz, com aquele sentimento do dever cumprido!

4. Tenha certeza de que suas prioridades têm como base o progresso do Reino de Deus. O Reino de Deus sempre é a prioridade máxima na vida daqueles que participará do futuro Reino de Cristo. Além de ordenar a busca em primeiro lugar do Senhor, ao ensinar os discípulos a orar, a primeira coisa a levar a Deus é o Reino de Deus. Ele disse: *... venha o teu Reino...* Portanto, ao analisar a sua lista de afazeres para determinar quais são aquelas coisas que devem ser feitas, sob risco de prejuízos se não o forem, não esqueça de considerar a prioridade máxima — o Reino de Deus!

Com essas atitudes diante da administração do tempo, você terá maior probabilidade de glorificar a Deus em sua vida, e terá certeza de que está desempenhando bem seu papel de mordomo das coisas de Deus.

O tempo é a única igualdade entre as pessoas.
Seja leal às suas 24 horas.

8

Providência divina e o Reino de Deus

Foi para fazer parte do Reino de Deus que você nasceu de novo, porque Jesus já determinou que se alguém não nascer de novo não pode nem ver, nem entrar no Reino de Deus.

Você pode ficar chocado, inicialmente com esta afirmação: De acordo com Apocalipse 11.15-19, o Senhor e Salvador Jesus Cristo ainda não está reinando na terra. Mas, você não precisa achar isso estranho, pois além de esta passagem afirmar, o próprio Senhor, não se cansava de afirmar a mesma verdade. Uma das vezes mais emblemáticas foi sua resposta aos questionamentos de Pôncio Pilatos: *Respondeu Jesus: O meu reino não é deste mundo. Se o meu reino fosse deste mundo, os meus ministros se empenhariam por mim, para que não fosse eu entregue aos judeus; mas agora o meu reino não é daqui* (João 18.36). Note que ele não está negando que é rei. Ele tinha perfeita consciência de que era herdeiro do trono de Davi, mas, ao insistir Pilatos, ele respondeu: *... Tu dizes que sou rei. Eu para isso nasci e para isso vim ao mundo...* (João 18.37).

Quanto ao reino deste mundo, agora, sob a soberania de Deus, quem reina é Satanás. Pelo menos quatro vezes no Evangelho de João, Satanás é chamado pelo próprio Senhor Jesus Cristo de *príncipe deste mundo* (João 16.11; 12.31; 14.30). Em Efésios 2 o apóstolo Paulo diz que quando estávamos mortos em nos delitos e pecado éramos guiados pelo "príncipe deste mundo" e das potestades do ar: *... nos quais andastes outrora, segundo o curso deste mundo, segundo o príncipe da potestade do ar, do espírito que agora atua nos filhos da desobediência* (Efésios 2.2). Isso, também fica ainda mais claro, pela afirmação de João, no capítulo 5 de sua primeira epístola: *Sabemos que somos* *de Deus e que o mundo inteiro jaz no Maligno* (1 João 5.19). É fácil concluir, a partir dessa declaração de João, que Satanás é quem reina neste mundo. O mundo é guiado por Satanás. Isso é largamente explicado na Escritura.

É claro que, como disse certa vez o pregador Tom Ascol, em uma das Conferências Fiel para pastores e líderes, o diabo é mantido por Deus por meio de uma corrente em uma coleira, e o controla, de modo que ele só pode ir até aonde Deus permitir. Por isso, seu reino é limitado pela soberania de Deus. Veja a história da providência na vida de Jó, por exemplo. Veja que quanto a Jesus, ele só teve permissão de ferir o seu calcanhar, enquanto o Senhor tem poderes outorgados pelo Pai de feri-lo na cabeça (Gênesis 3.15).

Esta é a grande promessa, a esperança bendita de todos os crentes: *E digo--vos que, desta hora em diante, não beberei deste fruto da videira, até aquele dia em que o hei de beber, novo, convosco no reino de meu Pai* (Mateus 26.29). Jesus ainda não reina neste mundo, mas promete firmemente, voltar para reinar!

Cristo recebeu do Pai os ofícios de Profeta, Sacerdote e Rei, mas nunca exerceu os três ofícios simultaneamente; cada um por sua vez e necessidade. Primeiramente, ele veio como profeta, com a missão de apresentar Deus ao povo e, a maior mensagem que ele trouxe da parte de Deus foi sua morte e sua ressurreição. Em sua ascensão ao céu, ele fica à direita do trono de Deus, e exerce o ofício de Sacerdote, pelo qual, de acordo com a Epístola aos Hebreus, ele vive para interceder pelos crentes: *Por isso, também pode salvar totalmente os que por ele se chegam a Deus, vivendo sempre para interceder por eles* (Hebreus 7.25). Quando, porém, ele voltar, na sua segunda vinda, ele tomará posse do Reino e exercerá, finalmente, o ofício de Rei.

Que o Senhor Jesus ainda não reina neste mundo é claramente enfatizado nesta passagem de Apocalipse 11.15-19. O primeiro versículo (15) diz: *O sétimo anjo tocou a trombeta, e houve no céu grandes vozes, dizendo: "O reino do mundo se tornou de nosso Senhor e do seu Cristo, e ele reinará pelos séculos dos séculos"* (Apocalipse 11.15). Aquilo que se torna é porque não era; não era, mas se tornou.

Em segundo lugar, a passagem, nos versículos 16 e 17 está escrita a declaração dos vinte e quatro anciãos enquanto adoram:

> *E os vinte e quatro anciãos que se encontram sentados no seu trono, diante de Deus, prostraram-se sobre o seu rosto e adoraram a Deus, dizendo: Graças te damos, Senhor Deus, Todo-Poderoso, que és e que eras, porque assumiste o teu grande poder e passaste a reinar.* (Apocalipse 11.16-17)

Eles disseram que o Deus Todo-Poderoso assumiu o seu grande poder e passou a reinar. Ora, se eles dizem perante o próprio Senhor, que ele passou a reinar, é porque ele ainda não reinava.

Devemos nos lembrar de que a posse de um Reino sempre se dá com a vitória de um rei sobre outro, ou outros (porque, algumas vezes em uma guerra juntam-se muitos reis contra apenas um). Neste versículo (18), dentro do seu contexto, o futuro o Rei, o Rei dos reis e Senhor dos senhores obterá vitória sobre os seus inimigos e opositores, tomará posse do Reino e passará à honrosa condecoração dos amigos do Reino. Ou seja, o Reino será tomado à força e executada a condenação dos ímpios e a distribuição dos outros galardões aos seus servos, pois o versículo 18 fala que

> *Na verdade, as nações se enfureceram; chegou, porém, a tua ira, e o tempo determinado para serem julgados os mortos, para se dar o galardão aos teus servos, os profetas, aos santos e aos que temem o teu nome, tanto aos pequenos como aos grandes, e para destruíres os que destroem a terra.* (Apocalipse 11.18)

Novamente, se o rei tem de enfrentar a fúria das nações e destruir os que destroem a terra, é porque que isso acontecerá por ocasião de sua posse no Reino.

Portanto, como resultado, para que a vitória seja completa e final, Deus vai utilizar todo o seu onipotente "arsenal" de armas pesadas — será a guerra de Deus contra Satanás e seus seguidores. Uma verdadeira guerra santa, pois a passagem encerra dizendo: *Abriu-se, então, o santuário de Deus, que se acha no céu, e foi vista a arca da Aliança no seu santuário, e sobrevieram relâmpagos, vozes, trovões, terremoto e grande saraivada* (Apocalipse 11.19).

Portanto, nessa passagem fica claro e estabelecido o futuro Reino de Cristo, que ele próprio reconquistará, reavendo das mãos de Satanás, o Reino que, limitada e provisoriamente lhe foi entregue por Deus. O capítulo 11 de Apocalipse, novamente deixa isso bem claro, pois os primeiros versículos fazem declarações que revelam a permissão de Deus para que Satanás reine por meios de seus ministros, pois é este o sentido, o entendimento do texto:

> *Foi-me dado um caniço semelhante a uma vara, e também me foi dito: Dispõe-te e mede o santuário de Deus, o seu altar e os que naquele adoram; mas deixa de parte o átrio exterior do santuário e não o meças, porque foi ele dado aos gentios; estes, por quarenta e dois meses, calcarão aos pés a cidade santa.* (Apocalipse 11.1-2)

Muito provavelmente você esteja estranhando esses fatos acerca do Reino de Deus. Não o condeno por isso, esse estranhamento pode ter sido causado pela disseminação de uma falsa doutrina, segundo a qual, o Senhor Jesus

Cristo está reinando hoje em dia sobre a terra. Mas, você não precisa estranhar esses fatos tão ensinados na Escritura, desde que você não seja adepto também dessa falsa interpretação alegórica, pela qual alguns leitores do livro de Apocalipse espiritualizam todo o livro, alegando que tudo é apenas simbólico. Curiosamente, são os mesmos que negam o simbolismo da Ceia do Senhor, alegando sua literalidade, sacramentalizando os elementos, por meio da consubstanciação, ou pela transubstanciação; ao mesmo tempo em que negam a interpretação literal das profecias bíblicas, inclusive do livro de Apocalipse.

Acerca desse tema, sugiro que façam comparações, lendo passagens como a do capítulo 11 de Apocalipse. Seja sincero com a passagem e se certifique de que, literalmente, Cristo ainda não reina, que nesse dia haverá grande alegria porque quando

> *O sétimo anjo tocou a trombeta, e houve no céu grandes vozes, dizendo: O reino do mundo se tornou de nosso Senhor e do seu Cristo, e ele reinará pelos séculos dos séculos. E os vinte e quatro anciãos que se encontram sentados no seu trono, diante de Deus, prostraram-se sobre o seu rosto e adoraram a Deus, dizendo: Graças te damos, Senhor Deus, Todo-Poderoso, que és e que eras, porque assumiste o teu grande poder e passaste a reinar.* (Apocalipse 11.15-17)

Ao ler a passagem, grife, por favor as palavras *O reino do mundo se tornou de nosso Senhor e do seu Cristo, e ele reinará pelos séculos dos séculos* e as palavras *porque assumiste o teu grande poder e passaste a reinar*. Assim você certamente irá entender e aceitar que o Reino de Cristo é futuro.

Aliás, além do fato de a Bíblia inteira afirmar (Porque eu não tenho nem tempo, nem espaço para me referir ao que escreveu Zacarias, Isaías, Jeremias, enfim, todos os profetas do Antigo Testamento, acerca do Reino de Deus, no qual reinará o Messias, que se sentará no trono de Davi, com cetro de ferro sobre as nações) que Cristo ainda não está reinando no mundo, entender esse fato exige um raciocínio lógico, quase silogístico em que nem sempre A é igual a B, mas, se A é diferente de B, então a conclusão será sempre que se A for uma premissa falsa; B deve ser uma premissa verdadeira; se as duas forem falsas, ou as duas forem verdadeiras, ambas incorrem no princípio da contradição; portanto, a conclusão lógica é que não dá para entender, nem aceitar, a partir de um raciocínio lógico, que Cristo está reinando nesta terra nefasta, plena de confusão, onde os comandantes das nações são, em sua maioria, corruptos e corruptores. Todos os moradores da terra tendem para o egoísmo, onde poucos são extremamente ricos enquanto o restante da população é extremamente pobre e, ainda existem aqueles, e não são poucos, que se encontram abaixo da linha da pobreza. Sem contar a grande violência que assola as cidades e o campo, gerando uma falta de segurança sem precedentes na história da humanidade. Há tantas outras mazelas, que nem compensa enumerá-las. Mas todos sabem que elas existem.

Essa crença de que Jesus Cristo reina na terra atualmente é contraditória, pois a Escritura afirma que o Reino de Deus será um Reino de perfeita paz; um Reino de abundância de víveres, onde todos terão fartura de tudo. Primeiramente, o Reino de Cristo será um Reino de justiça, a terra será restaurada e sustada será a maldição do Éden, pois nessa época, realmente, "em se plantando tudo dá". Além disso, não haverá violência de forma alguma, pois os participantes desse Reino são aqueles que nasceram de novo (João 3.3,5), exceto os filhos que nascerem durante o Reino, que precisarão se converter pela pregação do Evangelho Eterno (porquanto, nos dias de hoje está sendo pregado o Evangelho da Graça, durante a Grande Tribulação, será pregado o Evangelho do Reino, e no Reino Milenial será pregado o Evangelho Eterno — (apresentado em Apocalipse 14.6).

Mas, querendo compreender, você indaga: Então, como é que Deus governa o mundo hoje em dia? A resposta, na lógica da interpretação literal das Escrituras, é: Deus governa o mundo hoje assim como em todos os tempos da história humana, por meio de sua Providência. Parece que procurei deixar bem claro (não sei se consegui, mas se o amado leitor ler o texto em conjunto com a sua leitura bíblica, e regada com oração, creio que o Espírito Santo o iluminará). Entretanto, no futuro escatológico, ele retomará o seu Reino.

Quanto aos governantes atuais, na providência divina está dito também, que Deus governa os corações dos que se acham investidos de autoridade governamental: *Como ribeiros de águas assim é o coração do rei na mão do Senhor; este, segundo o seu querer, o inclina* (Provérbios 21.1). Dessa forma, não há o que se preocupar com respeito às decisões de nossos governantes, eles sempre farão a vontade de Deus. Mesmo Hitler, para algum propósito da providência divina, estava sob o controle de Deus. Isso não significa que Hitler não tenha sido responsável pela atrocidade feita aos judeus. Mas, se perguntarmos: Onde estava Deus quando Hitler assassinava os judeus? A resposta é, precisamente a de Davi, às nações que faziam a mesma pergunta. Davi respondeu: *No céu está o nosso Deus e tudo faz como lhe agrada* (Salmos 115.3).

Ou seja, Deus estava exatamente ali, permitindo tudo isso, para deixar uma mensagem, não somente ao povo de Israel, mas também, a toda a humanidade. Qual é a mensagem? Não sabemos com precisão ainda; mas, de uma coisa podemos ter certeza: A providência divina estava agindo para algum propósito relacionado com a justiça e a santidade de Deus, dando ocasião a seu povo, o povo de Israel e à humanidade para considerar o chamado divino ao arrependimento e efetiva volta para os caminhos de Deus.

Outro ponto importante para ser lembrado é que a vontade de Deus para Israel era de um governo teocrático e eterno; porém, na sua livre agência, Israel rejeitou esse governo teocrático por duas vezes. A primeira foi quando o povo pediu a Samuel um rei, como o que tinham as outras nações. Mesmo após todas a advertências feitas por Samuel ao povo, por ordem do Senhor, a resposta do povo de Israel foi: *Porém o povo não atendeu à voz de Samuel e disse: Não! Mas teremos um rei sobre nós* (1 Samuel 8.19). A segunda vez, foi quando rejeitaram o próprio Senhor Jesus Cristo. Jesus contou uma parábola acerca de sua própria rejeição por parte de Israel dizendo:

> *Então, disse: Certo homem nobre partiu para uma terra distante, com o fim de tomar posse de um reino e voltar. Mas os seus concidadãos o odiavam e enviaram após ele uma embaixada, dizendo: Não queremos que este reine sobre nós. Quanto, porém, a esses meus inimigos, que não quiseram que eu reinasse sobre eles, trazei-os aqui e executai-os na minha presença.* (Lucas 19.12,14,27)

De modo que, muitos dos chamados evangélicos nos dias de hoje gostam de repetir: *Feliz a nação cujo Deus é o SENHOR...* (Salmos 33.12). Mas, não sabem que não há nos dias de hoje nação alguma cujo Deus é o Senhor, pois até Israel tem rejeitado Deus como seu Rei, portanto, não há nação com governo teocrático nos dias de hoje — definitivamente, o Senhor Jesus Cristo não reina em nação alguma atualmente. Como ele mesmo disse, por ocasião do interrogatório de Pilatos, *o meu Reino não é deste mundo*. Mas, chegará o dia, em que poderemos exclamar com júbilo e grande vitória e fazer coro com aquelas grandes vozes do céu: *O reino do mundo se tornou de nosso Senhor e do seu Cristo, e ele reinará pelos séculos dos séculos* (Apocalipse 11.15).

Por enquanto, confiamos que Deus governa o mundo por meio de sua Providência. Isso nos proporcionará maior segurança do que viver na ilusão de que Cristo reina na terra atualmente. A providência divina nos guiará em todas as nossas experiências diárias até o dia da nossa morte, ou até o dia do arrebatamento, pois disse o apóstolo Paulo aos filipenses: *Estou plenamente certo de que aquele que começou boa obra em vós há de completá-la até ao Dia de Cristo Jesus* (Filipenses 1.6).

Reafirmo que é impossível Cristo estar reinando nesta bagunça em que se encontra o mundo. Não é fortuito que a palavra *cosmos* significa um sistema "organizado" por Satanás. Coloquei aspas em organizado porque, na realidade, o que Satanás faz, e continua fazendo com esse pobre mundo, é bagunçá-lo cada vez mais. Então, em um mundo do jeito que está, não dá para crer que Cristo está reinando. A Bíblia nos ensina que, para Cristo reinar neste mundo, ele fará uma restauração completa. Principalmente, ele organizará o sistema ecológico, restaurando a terra para o seu estado antes da queda. Depois ele fará ajustes profundos e radicais nos sistemas políticos, econômicos, sociais e religiosos. Então estabelecerá o seu Reino. Um Reino de justiça e segurança em todos os setores da sociedade. Principalmente, da sociedade, que será sem pecado. Uma sociedade justa e igualitária (sonho antigo de toda humanidade, protagonizada por George Orwel, em seu famoso livro *Revolução dos Bichos*). Dessa forma, em havendo essas características, será um Reino no qual Jesus Cristo realmente reina. Não se deve fazer confusão com o famoso "já, mas ainda não". Onde o "Já" refere-se à providência divina, pela qual Deus exerce o seu governo de todas as coisas criadas; e o "Ainda não" refere-se ao futuro Reino Milenial de Cristo, no qual ele reinará com cetro de ferro sobre o mundo todo, isto é, sobre todas as nações.

O perigo de se crer que Cristo reina na terra hoje em dia, é que, isso pode criar expectativas ilusórias no seio da religião vazia, que por sua vez cria a insegurança em seus membros quanto à salvação — eles tornam-se consagrados, dedicados, mas não sabem ao certo porque fazem isso. Seus líderes os iludiram com vãs promessas meramente terrenas; eles compraram a ideia e alimentam falsas expectativas de conseguir um lugar ao sol a fim de levarem uma vida estável, sem dor, sem tristeza, sem doenças e sem apertos financeiros. Tudo o que querem após terem sido iludidos, é ser felizes aqui e agora. Tornam-se cegos e fecham os ouvidos para as promessas eternas escatológicas. Nessa ilusão, sofrem de dura insegurança e desespero; a ponto de suas vidas, em vez de abundantes, como nosso Senhor afirmou que concederia aos seus discípulos, vivem vidas mesquinhas e, até miseráveis, simplesmente porque é falso o que seus líderes lhes prometeram. Depois, quando descobrem a farsa, resolvem desistir daquela religião, não para procurarem o caminho verdadeiro; mas para se voltarem de uma vez por todas contra Deus — e dizem-se ateus, sem qualquer noção do que venha significar o termo.

Um Reino Escatológico

Essa é a grande esperança de todos aqueles que passaram pela experiência providencial do novo nascimento, pois Jesus prometeu: ... *Em verdade, em verdade te digo que, se alguém não nascer de novo, não pode ver o reino de Deus* (João 3.3), o que equivale dizer e garantir que, o reino futuro de Cristo é composto por todos aqueles que nasceram de novo.

Portanto, repetindo a fala de Jesus:
IMPORTA-VOS NASCER DE NOVO!

9

Providência divina e a importância da Igreja

...edificarei a minha igreja, e as portas do inferno não prevalecerão contra ela. (Mateus 16.18)

Em que sentido a igreja é a providência divina? Uma vez o Senhor Jesus Cristo disse: *Edificarei a minha igreja, e as portas do inferno não prevalecerão contra ela* (Mateus 16.18). O que isso quer dizer? Quer dizer que a igreja vai invadir o inferno, derrubando as portas e libertando as almas de lá. Claro que isso é uma metáfora do poder da igreja em levar o Evangelho a todas as partes do mundo, como o Senhor mandou em Marcos 16.15-16: *E disse-lhes: Ide por todo o mundo e pregai o evangelho a toda criatura. Quem crer e for batizado será salvo; quem, porém, não crer será condenado.* Esta é só uma amostra inicial do fato de a igreja ser uma obra da providência divina; porém, há muito mais evidências da providência divina por meio da igreja.

A igreja é um abrigo seguro para todo novo convertido, para que ele não se torne uma presa fácil para Satanás que, de acordo com o apóstolo Pedro, anda rodeando os crentes, à procura de pontos fracos para agir sobre ele, e fazê-lo tropeçar. O novo crente, portanto, encontra abrigo espiritual seguro na igreja.

Outro fator preponderante na providência divina por meio da igreja é o discipulado de Cristo. Cristo mandou que os crentes de todos os tempos se empenhassem em fazer discípulos:

> *Jesus, aproximando-se, falou-lhes, dizendo: Toda a autoridade me foi dada no céu e na terra. Ide, portanto, fazei discípulos de todas as nações, batizando-os em nome do Pai, e do Filho, e do Espírito Santo; ensinando-os a guardar todas as coisas que vos tenho ordenado. E eis que estou convosco todos os dias até à consumação do século.* (Mateus 28.18-20)

Mas o discipulado de Cristo, após o Dia de Pentecostes (data em que o Espírito Santo começou a construir a igreja de Cristo), só se torna realidade no seio da igreja local. Portanto, o discipulado de Cristo por meio da igreja, é, realmente, uma obra da providência divina.

Muito importante: a obra da evangelização está atrelada à igreja, pois a evangelização precisava de uma igreja para que os convertidos sejam enviados a ela para participar do discipulado de Cristo. A partir da chegada do novo crente à igreja, ela se torna responsável direta diante do Senhor pela continuidade de seu crescimento.

Então, o novo crente se junta aos outros mais antigos irmãos e forma um "corpo" (1 Coríntios 12) para a continuidade da obra de discipular os outros, ainda mais novos que estão chegando. Assim, o ciclo providencial acontece, e a igreja segue sendo a agência discipuladora, cumprindo, dessa forma, a providência divina e atendendo à sua principal missão na terra, até a volta do Cabeça, o Senhor e Salvador Jesus Cristo.

A igreja segue cumprindo seu papel na providência divina, como o *sal* da terra a *luz* do mundo, o *perfume* de Cristo e a *carta* dos pregadores. Como funcionam providencialmente essas funções da igreja? É assim: a presença da igreja na terra, como sal, luz, perfume e carta constitui a força restritiva do pecado.

Sal

Vós sois o sal da terra; ora, se o sal vier a ser insípido, como lhe restaurar o sabor? Para nada mais presta senão para, lançado fora, ser pisado pelos homens (Mateus 5.13). O sal comunica sabor e conservação — vivendo como sal, o crente vai dar sabor a este mundo tão insípido em que se vive hoje em dia. Vivendo como sal, o crente será um instrumento de conservação da justiça, da retidão e da santidade, elementos tão raros e, ao mesmo tempo, tão necessários nesse mundo, e até mesmo o sabor, ou seja, o prazer de viver neste mundo ainda é possível, por essa função da igreja. Viver como sal da terra, é dar ao mundo algum motivo para se viver em harmonia com a vontade de Deus, em seu desejo de cumprir o objetivo, pelo qual ele criou o mundo, como ele afirma, através do profeta Isaías: *Porque assim diz o SENHOR, que criou os céus, o Deus que formou a terra, que a fez e a estabeleceu; que não a criou para ser um caos, mas para ser habitada: Eu sou o SENHOR, e não há outro* (Isaías 45.18).

Luz

Vós sois a luz do mundo... (Mateus 5.14). A Palavra de Deus nos lembra de que o mundo jaz nas trevas da ignorância, e a igreja precisa levar a luz do Evangelho aos povos até que, apesar da interferência de Satanás, a luz resplandeça dos incrédulos, pois Paulo afirma:

> *Mas, se o nosso evangelho ainda está encoberto, é para os que se perdem que está encoberto nos quais o deus deste século cegou o entendimento dos incrédulos, para que lhes não resplandeça a luz do evangelho da glória de Cristo, o qual é a imagem de Deus.* (2 Coríntios 4.3-4)

Mesmo assim, *a luz resplandece nas trevas, e as trevas não prevaleceram contra ela* (João 1.5). Por isso, se os crentes viverem como luz neste mundo, o mundo estará sob essa luz, porque *não se pode esconder a cidade edificada sobre um monte; nem se acende uma candeia para colocá-la debaixo do alqueire, mas no velador, e alumia a todos os que se encontram na casa* (Mateus 5.14). Pois também Jesus retrata os crentes como andando sob sua luz: *De novo, lhes falava Jesus, dizendo: Eu sou a luz do mundo; quem me segue não andará nas trevas; pelo contrário, terá a luz da vida* (João 8.12). A importância dessa luz no mundo refere-se à ordem de Jesus: *Assim brilhe também a vossa luz diante dos homens, para que vejam as vossas boas obras e glorifiquem a vosso Pai que está nos céus* (Mateus 5.16); e essa importância pode ser dividida em duas: o mundo dos eleitos e o mundo dos preteridos. Em se tratando dos eleitos, a luz do Evangelho brilhará em seus corações, e glorificarão a Deus por sua salvação. Os preteridos, de uma maneira ou de outra, um dia hão de glorificar, tarde demais, a Deus: *para que ao nome de Jesus se dobre todo joelho, nos céus, na terra e debaixo da terra, e toda língua confesse que Jesus Cristo é Senhor, para glória de Deus Pai* (Filipenses 2.10-11).

Perfume

Além disso, a igreja funciona providencialmente como perfume de Cristo. *Porque nós somos para com Deus o bom perfume de Cristo, tanto nos que são salvos como nos que se perdem* (2 Coríntios 2.15).

Da mesma forma, se os crentes viverem como o bom perfume de Cristo, o mundo será beneficiado pela comunicação do Evangelho, pois, *... por meio de nós,* (Deus) *manifesta em todo lugar a fragrância do seu conhecimento* (2 Coríntios 2.14). Porque também, *... nós somos para com Deus o bom perfume de Cristo, tanto nos que* *são salvos como nos que se perdem* (2 Coríntios 2.15). Nesse caso há também dois resultados: *Para com estes, cheiro de morte para morte; para com aqueles, aroma de vida para vida* (2 Coríntios 2.16). Ou seja, se o crente, ao exalar o perfume do conhecimento de Cristo, estiver próximo de uma pessoa incrédula, esse perfume será para com este, cheiro de morte, isto é, a condenação. Seu bom testemunho faz o descrente pensar em sua condição espiritual, então haverá duas possibilidades: ou ele se arrepende e crê em Cristo, ou segue o curso de sua vida, mesmo consciente de sua própria condenação, até a morte.

Carta dos pregadores

Talvez o pregador não tenha os mesmos contatos que seus ouvintes, mas aqueles que o ouvem, absorvem a mensagem e são transformados por ela. No dia seguinte este que teve a vida transformada por aquela pregação, transmitirá, ainda que silenciosamente, aos seus colegas de trabalho, aos seus vizinhos, parentes e conhecidos, então, a influência daquela mensagem pregada por alguém, a quem Deus chamou para ser um pregador da Santa Palavra de Deus, se multiplicará.

Provavelmente você ache estranha essa nomenclatura: "carta dos pregadores"; porém é isso mesmo está escrito:

> *Vós sois a nossa carta, escrita em nosso coração, conhecida e lida por todos os homens, estando já manifestos como carta de Cristo, produzida pelo nosso ministério, escrita não com tinta, mas pelo Espírito do Deus vivente, não em tábuas de pedra, mas em tábuas de carne, isto é, nos corações.* (2 Coríntios 3.2-3)

Além de estar escrito, o apóstolo já se mostrou preocupado com o orgulho, e argumenta: *E é por intermédio de Cristo que temos tal confiança em Deus; não que, por nós mesmos, sejamos capazes de pensar alguma coisa, como se partisse de nós; pelo contrário, a nossa suficiência vem de Deus* (2 Coríntios 3.4-5).

E nesse sentido as exortações de Cristo em Mateus 5 são providenciais na terra. Primeiro ele disse: *Vós sois o sal da terra; ora, se o sal vier a ser insípido, como lhe restaurar o sabor? Para nada mais presta senão para, lançado fora, ser pisado pelos homens* (Mateus 5.13). Depois ele afirma: *Vós sois a luz do mundo...* Cumprindo essa função a igreja é uma agente da providência divina para fazer brilhar o Evangelho no mundo.

Portanto, agindo de acordo com essas funções no mundo, a igreja cumpre seu papel na providência divina, e é exatamente assim que o Cabeça da igreja, Cristo, governa a sua igreja, edificando-a, de modo que, verdadeiramente, as portas do inferno não resistam ao poder da influência da igreja no mundo. É assim que a igreja funciona como força restritiva em um mundo mal.

Um dia, a igreja será tirada do mundo pelo arrebatamento, então o mundo sentirá sua falta, por não mais haver restrição ao pecado. Por causa disso, na Grande Tribulação, o pecado, em suas diversas variações vai crescer aceleradamente, e o mundo, que já jaz no maligno, ficará, provavelmente, cem vezes mais insuportável!

Isso nos mostra a urgência do testemunho cristão. Cada crente vivo neste mundo precisa entender que o seu testemunho é imprescindível. O modo de vida, demonstrando uma vida transformada, vai refletir em muito na visão do crente em perceber as ações da providência divina na evangelização de pecadores ainda por se converterem. O mundo precisa ver Cristo em nós! No âmbito individual, os quatro objetos de comunicação mencionados por Jesus e por Paulo, a saber: sal, luz, perfume e carta, todos trazem uma mensagem ao mundo incrédulo, e até no ambiente da igreja.

Mas, a providência divina ainda age por meio da igreja, na preservação das sãs doutrinas. Embora, tenha surgido muitas seitas a partir do início do século 20, a igreja, como o Corpo de Cristo, representada pela igreja física[46] tem, em grande medida, conservado as doutrinas historicamente cristãs, especialmente as chamadas doutrinas capitais.

Por isso, é significativo que a igreja seja uma obra da providência divina para dar ao povo de Deus sempre uma doutrina que seja estritamente bíblica. A igreja tem sido um instrumento da providência divina com a missão de ser a guardiã das doutrinas bíblica. No cumprimento dessa missão, a igreja torna-se também responsável por preservar, defender e ensinar a inerrância da Bíblia, como um livro inspirado por Deus, com provas incontestáveis. Por exemplo, a harmonia entre os autores: Moisés não entra em contradição com Paulo, nem Lucas com Mateus. E, principalmente, Tiago não contradiz Paulo, quando afirma que *fé sem obras é morta*, e cita Abraão como sendo justificado por obras; enquanto, Paulo cita, exatamente, Abraão como exemplo de alguém que foi justificado, independentemente das obras — somente pela fé. Ocorre que Tiago está falando do ponto de vista dos frutos da salvação; enquanto Paulo trata de como um pecador é justificado — salvo. Claro é que Paulo concorda com Tiago que aquele que foi justificado mediante a fé, deve mostrar a realidade

46 Evitei o termo "igreja local" a propósito da existência de uma seita, cujo apelido é, exatamente, igreja local. Igreja fundada pelo chinês Witness Lee.

desse fato, pelos frutos e, ele deixa com nitidez, em Efésios 2.10, após escrever que a salvação é pela graça, não pelas obras (Efésios 2.8-9).

A harmonia providencial das Escrituras é interessante, dadas as características e circunstâncias pelas quais ela chegou até nós. A Bíblia foi escrita por cerca de 40 autores que de acordo com o apóstolo Pedro, ... *nenhuma profecia da Escritura provém de particular elucidação; porque nunca jamais qualquer profecia foi dada por vontade humana; entretanto, homens [santos] falaram da parte de Deus, movidos pelo Espírito Santo* (2 Pedro 1.20-21).

A harmonia entre os autores da Bíblia ainda fascina pelo fato de esses autores terem vivido em diferentes épocas, em diferentes costumes, falarem e escreverem em diferentes línguas e terem diferentes personalidades. O segredo para tudo isso? Havia um Editor celestial orientando e dirigindo tudo o que foi escrito.

Outro fato providencialmente interessante, que corrobora essa harmonia, é a formação do cânon das Escrituras, especialmente, do Novo Testamento[47], que foi sendo formado no seio da igreja, sob a orientação e direção do Espírito Santo. Como é que eu sei? Veja parágrafos anteriores, acerca da fascinante harmonia entre os autores da Bíblia.

Outra questão providencial da importância da igreja é, como já escrevi no início deste capítulo, a sua participação na transformação de vida. A providência divina tem sido evidente na igreja. Vemos Deus governando o seu segundo povo (o primeiro é o povo de Israel) por meio da igreja. A igreja tem sido um instrumento da providência divina para a direção dos crentes ao mostrar a vontade de Deus, ensinar e exortá-los à obediência à vontade de Deus. O próprio sistema de governo da igreja demonstra as ações da providência divina.

Portanto, fica estabelecido, pelas evidências que, de fato e na prática, a igreja é obra da providência divina. Sem a igreja não haveria ordenação no meio do novo povo de Deus. Pelo contrário, a providência divina dirige o sistema decisório, a liturgia, a ética e comportamentos dos crentes no dia a dia, mesmo não estando em reunião com a igreja. A igreja, providencialmente exerce significativa influência sobre seus membros, de modo a orientar seus modos de vida em uma sociedade mundana e corrupta atuante no mundo.

47 Porque Antigo Testamento era aceito com canônico tão logo saía da pena do profeta. Ou seja, o profeta acabava de escrever: "assim diz o Senhor", imediatamente era aceito como a verdadeira Palavra de Deus. Enquanto o Novo Testamento, obedeceu ao fator tempo, para a providência divina concretizar o cânon, reconhecendo gradativamente, cada livro, cada epístola, até chegar ao último livro, o Livro de Apocalipse.

A igreja é uma bênção da providência divina sob todos os aspectos. Da evangelização à vida piedosa a igreja providencialmente participa do desenvolvimento humano em seu novo e verdadeiro relacionamento com Deus.

A igreja, por si só, não salva nem santifica ninguém. Mas a providência divina tem-na como uma excelente ferramenta nas mãos de Deus para preparar seu povo para viver com ele na glória eterna, vivendo com seu povo aqui na terra, enquanto são treinados para o Reino de Deus.

Mais uma manifestação da providência divina na igreja, a disciplina. Há quatro tipos de disciplina, ensinadas na Palavra de Deus: a disciplina divina, a disciplina eclesiástica, a disciplina pastoral e a autodisciplina. Destas a mais importante é a autodisciplina. Por quê? Porque a autodisciplina elimina a necessidade das outras, como nos ensina o apóstolo Paulo: *Porque, se nos julgássemos a nós mesmos, não seríamos julgados. Mas, quando julgados, somos disciplinados pelo Senhor, para não sermos condenados com o mundo* (1 Coríntios 11.31-32).

Certa vez, um empresário encomendou uma máquina a uma indústria. Quando a máquina chegou e o funcionário testou. A máquina apresentou um defeito tão grave que não foi possível colocá-la em funcionamento. O funcionário notificou o patrão acerca do ocorrido. O empresário ficou furioso! Ligou para o fornecedor: Você pode vir aqui? Do outro lado da linha, o fornecedor percebeu a fúria do empresário, e lembrou-se de que, de fato, a máquina tinha ido com um defeito, que ele realmente viu, mas esqueceu de reparar e foi entregue do jeito que estava. Ao receber o telefonema ele foi até o empresário. Chegando lá, entrou na sala dizendo: senhor, perdão pelo equívoco, mas a máquina foi entregue com um defeito, e eu vim levá-la de volta para efetuarmos o reparo. O empresário, que tinha preparado uma terrível bronca, desistiu e disse: Ah, é? Então, tá bom. O fornecedor praticou a autodisciplina e se livrou de uma tremenda bronca e, talvez, de uma desistência justa do empresário de comprar a máquina dele, preferindo outro fornecedor.

Por isso, é que a Palavra de Deus nos diz: *Se confessarmos os nossos pecados, ele é fiel e justo para nos perdoar os pecados e nos purificar de toda injustiça* (1 João 1.9). Esse é o significado do que Paulo disse: *se nos julgássemos a nós mesmos, não seríamos julgados.*

Entretanto, se o crente pecou, mas não teve esta iniciativa, esta atitude, a providência divina, há de prover outro caminho. Deus realizará a disciplina por meio do pastor, ou por meio da igreja. Caso não haja boa vontade por parte da igreja, nem do pastor, Deus cuidará de fazer; mas de maneira nenhuma o filho de Deus ficará sem o reparo necessário — o próprio Deus aplicará a disciplina, pois diz: ... *porque o Senhor corrige a quem ama e açoita a todo filho a quem recebe. É para disciplina que perseverais (Deus vos trata como filhos); pois que filho há que o pai não corrige?* (Hb 12.6-7).

Após, a correção, seja própria, seja do pastor, da igreja ou de Deus, o crente precisa dar mais um passo. Para uma vida verdadeiramente abençoada por Deus, a providência divina trouxe-nos ainda o privilégio de poder reparar os danos causados pelo pecado cometido. Sempre o pecado causa danos, mas providencialmente, esses danos têm possibilidade de serem ressarcidos. Então, a disciplina não termina com a confissão e arrependimento. Lembra-se de Zaqueu? ... *Senhor, resolvo dar aos pobres a metade dos meus bens; e, se nalguma coisa tenho defraudado alguém, restituo quatro vezes mais* (Lucas 19.8). Lembra-se também do que o Senhor disse? *Então, Jesus lhe disse: Hoje, houve salvação nesta casa...* (Lucas 19.9).

Então, louvado seja o Senhor, pela sua Providência, manifestada também pela Igreja de Cristo, a fim de conservá-la purificada porque ela é a noiva de Cristo.

Considere: a igreja na qual você se tornou membro é como um fogão a lenha. Tire um tição, e verá que, não somente ele se apagará, como fará muita falta aos que ainda continuam lá.

10

Providência divina e as estratégias de Satanás

Sede sóbrios e vigilantes. O diabo, vosso adversário, anda em derredor, como leão que ruge procurando alguém para devorar; resisti-lhe firmes na fé, certos de que sofrimentos iguais aos vossos estão se cumprindo na vossa irmandade espalhada pelo mundo. (1 Pedro 5.8-9)

Quando o pecador experimenta o milagre do novo nascimento já terá dado o primeiro e mais importante passo para a vitória contra seus três grandes inimigos: Satanás, o mundo e a carne. Esses dois últimos são as principais armas utilizadas por Satanás para derrubar os crentes. Para produzir o que a carne deseja, Satanás se coloca entre os dois, fazendo uma ponte de marketing, para seduzir o crente a pecar. Se não vigiar, como nos ordenou o Senhor: *Vigiai e orai, para que não entreis em tentação; o espírito, na verdade, está pronto, mas a carne é fraca* (Marcos 14.38), repito: se o crente não vigiar, Satanás conquistará as suas afeições para as coisas do mundo e arruinada ficará a sua vida, pois então vêm as disciplinas, as provações e, pior de tudo, as colheitas. Até que da parte de Deus venha o socorro, porque essa é a promessa da divina providência: *Acheguemo-nos, portanto, confiadamente, junto ao trono da graça, a fim de recebermos misericórdia e acharmos graça para socorro em ocasião oportuna* (Hebreus 4.16). É exatamente nessas horas que precisamos confiar na providência divina. Deus nos dá a vitória, pela sua Providência, contra as estratégias de Satanás.

Mas Satanás, conquanto seja um inimigo perigoso, o arqui-inimigo de nossas almas, é um inimigo já e definitivamente derrotado. Quando começou a derrocada de Satanás? Quando ele se encheu de orgulho e se rebelou contra

Deus. Após ser expulso do céu, ele continuou em sua rebelião, com o firme propósito de frustrar os planos de Deus. Porém, tudo o que ele fez, ou tentou fazer foi dentro dos limites da providência divina. Primeiro, ele seduziu Eva, e a utilizou para alcançar seu alvo — Adão. Mas, ainda que conseguisse por meio de Eva atingir o seu alvo, não prevaleceu, porque a providência divina já tinha previsto a transgressão e elaborado o plano da redenção (veja parábola na página 144). Na verdade, como tudo subjaz à providência divina, todas as ações de Satanás fazem parte de um único e exclusivo plano, que a Bíblia chama de Predestinação. Agora, mais ou menos a par do plano redentor, ele começa a se empenhar em destruir o agente da redenção — aquele ... *filho varão, que há de reger todas as nações com cetro de ferro* (Apocalipse 12.5); principalmente, porque ele ouviu o Senhor dizer lá em Gênesis 3.15 que este descendente esmagaria a sua cabeça. Seguiu nesse intento durante toda a história humana. Quem não conhece a história da filha de Jezabel, procurando matar todos os descendentes de Davi? Mas a providência divina livrou Joás, ainda um bebê, preservando desse modo a descendência do rei Davi, da qual haveria de vir o cumprimento da redenção determinada por Deus, na eternidade. Quem nunca ouviu do rei Herodes, que ordenou o assassinato de todas as crianças de Belém? Mas, a providência divina enviou José e Maria ao Egito, livrando, assim, o menino Jesus, e preservando o cumprimento da redenção. Lembra-se de Pedro, tentando impedir que Cristo morresse na cruz? Mas, na providência divina, Jesus percebeu a estratégia de Satanás e imediatamente rechaçou as ideias diabólicas de Pedro, preservando, dessa forma o plano redentor de Deus.

Satanás existe e está ativo contra a igreja e contra o pastor da igreja. Não devemos negar a existência, o poder e o propósito de Satanás. Não devemos nos esconder atrás da ideia de não culpar Satanás. É verdade que a maioria dos pecados, de acordo com Paulo, são obras da carne:

> *Digo, porém: andai no Espírito e jamais satisfareis à concupiscência da carne. Porque a carne milita contra o Espírito, e o Espírito, contra a carne, porque são opostos entre si; para que não façais o que, porventura, seja do vosso querer. Mas, se sois guiados pelo Espírito, não estais sob a lei. Ora, as obras da carne são conhecidas e são: prostituição, impureza, lascívia, idolatria, feitiçarias, inimizades, porfias, ciúmes, iras, discórdias, dissensões, facções, invejas, bebedices, glutonarias e coisas semelhantes a estas, a respeito das quais eu vos declaro, como já, outrora, vos preveni, que não herdarão o reino de Deus os que tais coisas praticam.* (Gálatas 5.16-21)

Mas, algumas perguntas não querem calar: Quem é o mentor por trás das obras da carne? Quem é que se realiza com as obras da carne? Portanto, Satanás tem prazer nas obras da carne. Ele é o grande incentivador das obras da carne.

Cuidado, pois depois que você se torna um instrumento do diabo e causa a destruição em qualquer instituição, seja a igreja, seja a família, ou uma única vida, em parte, ou no todo, não tem arrependimento, não tem pedido de perdão, que repare o estrago que você fez, em vidas de pastores e irmãos, vizinhos, colegas que você destruiu, por meio de mentiras e calúnias, invejas e várias outras atitudes pecaminosas.

Por isso, é extremamente importante que você seja vigilante, porque você mesmo pode ser um instrumento de Satanás para destruir uma igreja. No caso de um pastor, sempre ele (Satanás) o transforma em sua (de Satanás) vidraça preferida. Todos querem, todos têm prazer em atirar pedras. A Bíblia ensina: Disciplinem o pastor com base no que Paulo ensina a Timóteo: *Não aceites denúncia contra presbítero, senão exclusivamente sob o depoimento de duas ou três testemunhas. Quanto aos que vivem no pecado, repreende-os na presença de todos, para que também os demais temam* (1 Timóteo 5.19-20). Ou seja, não aceite fofoca contra ninguém, principalmente contra pastores, pois o Senhor advertiu: *...Esta noite, todos vós vos escandalizareis comigo; porque está escrito: Ferirei o pastor, e as ovelhas do rebanho ficarão dispersas* (Mateus 26.31).

Uma ferramenta eficaz nas mãos de Satanás é quando alguém se coloca na posição de juiz, põe-se a julgar os outros e vive para julgar os servos de Deus, por isso, Paulo procurou deixar claro que ninguém é juiz de ninguém, especialmente, dos pastores:

> *Assim, pois, importa que os homens nos considerem como ministros de Cristo e despenseiros dos mistérios de Deus. Ora, além disso, o que se requer dos despenseiros é que cada um deles seja encontrado fiel. Todavia, a mim mui pouco se me dá de ser julgado por vós ou por tribunal humano; nem eu tampouco julgo a mim mesmo. Porque de nada me argui a consciência; contudo, nem por isso me dou por justificado, pois quem me julga é o Senhor. Portanto, nada julgueis antes do tempo, até que venha o Senhor, o qual não somente trará à plena luz as coisas ocultas das trevas, mas também manifestará os desígnios dos corações; e, então, cada um receberá o seu louvor da parte de Deus.* (1 Coríntios 4.1-5)

Em outra passagem, ele ensina: *Quem és tu que julgas o servo alheio? Para o seu próprio senhor está em pé ou cai; mas estará em pé, porque o Senhor é poderoso para o suster* (Romanos 14.4).O correto para nos preocuparmos apenas em agradar a Deus é orar em secreto em vez de julgar. Se o caso é passível de disciplina, vá para Mateus 18. Lá, o Senhor já nos ensinou como tratar o pecado no âmbito da igreja. Ele disse:

> *Se teu irmão pecar [contra ti], vai argui-lo entre ti e ele só. Se ele te ouvir, ganhaste a teu irmão. Se, porém, não te ouvir, toma ainda contigo uma ou duas pessoas, para que, pelo depoimento de duas ou três testemunhas, toda palavra se estabeleça. E, se ele não os atender, dize-o à igreja; e, se recusar ouvir também a igreja, considera-o como gentio e publicano.* (Mateus 18.15-17)

Vivendo dessa forma, certamente o crente se encaixa na vontade de Deus, revelada pela providência divina, e assim venceremos as estratégias de Satanás.

Além disso, a responsabilidade de cada crente é permanecer sóbrio e vigilante, pois, após ter sido iludido, reparar os danos fica muito difícil (não impossível) e, muitas vezes não tem mais conceito, devido à questão da colheita, pois está escrito: *Não vos enganeis: de Deus não se zomba; pois aquilo que o homem semear, isso também ceifará* (Gálatas 6.7); e: *Sede sóbrios e vigilantes. O diabo, vosso adversário, anda em derredor, como leão que ruge procurando alguém para devorar; resisti-lhe firmes na fé, certos de que sofrimentos iguais aos vossos estão-se cumprindo na vossa irmandade espalhada pelo mundo* (1 Pedro 5.8-9).

Outra coisa que é recomendado fazer é que não devemos abrir espaço às investidas de Satanás, pois é como um centroavante habilidoso, dependendo como vivermos a vida cristã ele vai querer tirar proveito e alcançar vantagens em sua vida. Temos que agir sempre de modo correto ... *para que Satanás não alcance vantagem sobre nós, pois não lhe ignoramos os desígnios* (2 Coríntios 2.11). Essa atitude é geral — em todas as ações, palavras e pensamento.

Pensando nas atitudes acima, nos leva a uma medida de vigilância contra as estratégias de Satanás: cada crente deve verificar seu modo de agir analisar todos os dias os seus pensamentos, suas ações, suas palavras porque Satanás está atento aos seus movimentos e vai lhe dar a oportunidade, induzi-lo a fazer o que desejou, o que você falou e o que pretendia fazer. Então a sua vida estará destruída. Portanto, não se deixe enganar: não é só destruir uma igreja, uma família, uma sociedade, ou apenas uma pessoa, e ficar por isso mesmo... Por isso a recomendação é: ... *nem deis lugar ao diabo* (Efésios 4.27).

Mas, Deus já nos deu o caminho da providencial vitória. Qual é esse caminho? A Armadura de Deus! É a maneira de Deus nos fortalecer. Ele diz, inicialmente:

Quanto ao mais, sede fortalecidos no Senhor e na força do seu poder. Revesti-vos de toda a armadura de Deus, para poderdes ficar firmes contra as ciladas do diabo; porque a nossa luta não é contra o sangue e a carne, e sim contra os principados e potestades, contra os dominadores deste mundo tenebroso, contra as forças espirituais do mal, nas regiões celestes. Portanto, tomai toda a armadura de Deus, para que possais resistir no dia mau e, depois de terdes vencido tudo, permanecer inabaláveis. (Efésios 6.10-13)

A armadura de Deus é composta por tudo o que um soldado romano precisava para lutar de igual para igual com qualquer inimigo. Em nosso caso, a nossa luta é contra Satanás e suas hostes — os principados e potestades, os dominadores deste mundo tenebroso, as forças espirituais do mal, nas regiões celestes. Eles estão armados até os dentes!

Mas Deus, por sua providência, já nos mostrou o caminho da vitória: a armadura de Deus.

A verdade

Estai, pois, firmes, cingindo-vos com a verdade (Efésios 6.14a) — Nossa vitória contra Satanás depende do bom uso da verdade. Devemos crer na verdade, andar na verdade, seguir a verdade. A Verdade é Cristo, é sua Palavra. Viver na verdade também, significa falar a verdade, em oposição à mentira.

A couraça

... e vestindo-vos da couraça da justiça (Efésios 6.14b) — Uma vida pautada somente, na verdade, obterá como resultado, uma vida protegida pela justiça, o que significa que devemos viver em retidão e santidade diante de Deus e dos homens.

O coturno

Calçai os pés com a preparação do evangelho da paz (Efésios 6.15) — mas não é uma vida acomodada, temos que sair da nossa zona de conforto e ir até os perdidos, para lhes falar de Cristo.

O escudo

... embraçando sempre o escudo da fé, com o qual podereis apagar todos os dardos inflamados do Maligno (Efésios 6.16) — uma vida de perfeita dependência de Deus faz parte de todas as nossas atividades. O escudo protege,

principalmente o coração, que é o alvo das flechas atiradas contra nós; por apreciamos desenvolver uma vida de inteira confiança em Deus. Só nele!

O capacete

Tomai também o capacete da salvação (Efésios 6.17a) — precisamos nos proteger também, com a segurança que Deus nos dá através de sua Palavra. Ela nos garante a salvação, a santificação e, principalmente, vitória contra as astutas ciladas do maligno. Tudo começa e termina na cabeça. Então, precisamos pedir a Deus muita inteligência espiritual. Ter um raciocínio orientado pelo Espírito Santo e pela Santa Palavra de Deus.

A espada

... e a espada do Espírito, que é a palavra de Deus (Efésios 6.17b) — a única armadura de ataque, a Palavra de Deus. Mas essa espada não se refere à Bíblia inteira; a Bíblia inteira é chamada de Espada de dois gumes. Uma espada de dois gumes é aquela espada grande, que de tão grande, o soldado a segurava com as duas mãos. Com ela, só é possível dar golpes gerais, porém, golpes gerais nem sempre são ineficazes. Então, quando o soldado dava um golpe no inimigo e ele caía do cavalo semimorto, ele, depressa, descia do seu cavalo, sacava uma espécie de punhal e cravava no coração do soldado semimorto. Pronto, estava acabada a luta, o soldado estava vencido, estava morto! Essa é a analogia da Espada do Espírito, aqui. Como já mencionado, não é a Bíblia inteira, mas, deve ser um versículo que temos na memória. Esse versículo memorizado é aquele punhal do soldado romano. Na hora da tentação, quando Satanás nos ataca, por exemplo, querendo nos induzir à mentira, nós lançamos em seu rosto, um versículo que fala da mentira. Pronto! Cravamos o punhal bem no coração da tentação — matamos a tentação! Isso não é novidade, pois o próprio Senhor Jesus Cristo e todos os que saíram vencedores de Satanás, na hora da tentação utilizaram a tática. O Senhor usou a Espada do Espírito quando Satanás desferiu seus dardos sobre ele, sugerindo que transformasse pedra em pão, tentando induzi-lo ao materialismo; mas ele lhe lançou em rosto, citando um versículo que do livro de Deuteronômio: *... Está escrito: Não só de pão viverá o homem, mas de toda palavra que procede da boca de Deus* (Mateus 4.4; cf. Deuteronômio 8.3). Não se dando por satisfeito, Satanás deu outro golpe (o chamado golpe baixo, desleal) no Senhor, sugerindo que ele provocasse Deus, saltando do ponto mais alto do Templo (Mateus 4.6); mas o Senhor tinha a

Espada do Espírito e venceu mais uma vez citando novamente o livro de Deuteronômio: *Respondeu-lhe Jesus: Também está escrito: Não tentarás o Senhor, teu Deus* (Mateus 4.7). Mesmo assim, Satanás insistiu e lançou outro dardo. Ele queria novamente usurpar o Senhorio de Cristo, como fez da primeira vez, quando lá no céu encheu-se de orgulho e quis ser semelhante a Deus. Ele manifestou seu desejo: *... subirei acima das mais altas nuvens e serei semelhante ao Altíssimo* (Isaías 14.14). Agora, ele desejou colocar o Senhor Jesus Cristo abaixo dele, pois veja o que ele sugeriu: *Levou-o ainda o diabo a um monte muito alto, mostrou-lhe todos os reinos do mundo e a glória deles e lhe disse: Tudo isto te darei se, prostrado, me adorares* (Mateus 4.8-9). Ousado demais! Como se dizia antigamente, "abelhudo"! Novamente o Senhor cravou o seu punhal no inimigo. Ele tinha a Espada do Espírito e lançou em seu rosto: *Então, Jesus lhe ordenou: Retira-te, Satanás, porque está escrito: Ao Senhor, teu Deus, adorarás, e só a ele darás culto* (Mateus 4.10). A vitória foi arrasadora! Então *com isto, o deixou o diabo, e eis que vieram anjos e o serviram* (Mateus 4.11).

Da mesma forma, os seguidores de Cristo, devem seguir mais esse exemplo do Senhor, ser zeloso em memorizar versículos, vários versículos, sobre vários assuntos, ninguém sabe em que áreas da nossa vida Satanás vai resolver mexer, ou melhor, se intrometer. Além disso, ao citar um versículo na hora da tentação, tenha o cuidado de citar um ou mais que sejam contextualizados, ou seja, dentro do assunto, como fez o Senhor Jesus. Já imaginou se, ao ser incentivado por Satanás a transformar pedras em pães, o Senhor citasse, por exemplo, o Salmo 23? Ah, vale lembrar que, além de estar dentro do contexto, devemos ficar atentos, porque Satanás cita versículos também, mas sempre fora de contexto, como fez com Eva. Quando ele viu que Jesus citava a Escritura, ele passou a citar também: *... e lhe disse: Se és Filho de Deus, atira-te abaixo, porque está escrito: Aos seus anjos ordenará a teu respeito que te guardem; e: Eles te susterão nas suas mãos, para não tropeçares nalguma pedra* (Mateus 4.6). Então o Senhor rebateu: *Respondeu-lhe Jesus: Também está escrito: Não tentarás o Senhor, teu Deus* (Mateus 4.7). Portanto, tenha cuidado.

A Oração

Com toda oração e súplica, orando em todo tempo no Espírito e para isto vigiando com toda perseverança e súplica por todos os santos e também por mim; para que me seja dada, no abrir da minha boca, a palavra, para, com intrepidez, fazer conhecido o mistério do evangelho, pelo qual sou embaixador em cadeias, para que, em Cristo, eu seja ousado para falar, como me cumpre fazê-lo (Efésios 6.10-20). Todo o uso da armadura de Deus deve ser acomodado pela oração, pois, cada peça da armadura é apropriada pela fé. Ninguém é capaz de se apropriar (de se revestir) da verdade, ou da couraça da justiça, por exemplo, por suas próprias forças. É na dependência de Deus, que vestimos cada peça da armadura. Por isso é que o Espírito Santo inspirou Paulo a encerrar a exortação, pedindo aos crentes de Éfeso que tudo fosse feito *com toda oração e súplica, orando em todo tempo no Espírito e para isto vigiando com toda perseverança e súplica por todos os santos* (Efésios 6.18).

Termino este capítulo reiterando que tudo o que que foi relatado aqui teve o objetivo de dizer que a ... *a nossa luta não é contra o sangue e a carne, e sim contra os principados e potestades, contra os dominadores deste mundo tenebroso, contra as forças espirituais do mal, nas regiões celestes* (Efésios 6.12), e nossa luta conta com as ações da providência divina, que mostrará o caminho da vitória contra as estratégias de Satanás. Ao mostrar o caminho, sempre encontrará uma maneira de nos ajudar a trilhar por esse caminho.

Antes de dormir, faça uma breve retrospectiva do seu dia, para não repetir os mesmos erros no dia seguinte.[48]

48 Aprendi com meu professor de Teologia.

11

Providência divina e a Filosofia

Os olhos de Deus estão sobre os caminhos do homem e veem todos os seus passos. (Jó 34.21)

É convicção do autor que também a Filosofia é obra da providência divina, muito embora, seu berço seja a Grécia, uma nação dada ao paganismo, cujo panteão era repleto de deuses.

O mundo grego era constituído por um povo que não tinha qualquer conhecimento de Deus. Ignorava totalmente os parâmetros estabelecidos para o povo de Israel. O povo de Israel era contemporâneo ao povo grego, assim como de todo o mundo antigo; mas Israel era um povo de governo teocrático, regido pela Lei de Moisés, ao passo que o mundo não tinha leis divinas pelas quais pudesse moldar seus comportamentos em todas as áreas da sociedade humana.

Mas a Deus importa a preservação da humanidade como um todo, e tinha planos para o povo grego, como vemos no Novo Testamento, onde tendo o apóstolo Paulo como instrumento de sua graça, Deus fez proliferar a plantação de igrejas por quase todo canto da Grécia. Mas para aqueles que não tinham, nem antes, nem durante e nem depois da manifestação da graça por meio de Cristo, Deus enviou a sua providência para, por meio dela da graça comum governar todo o mundo. E por sua Providência, ele enviou a Filosofia.

Entendo que a Filosofia se tornou o parâmetro pelo qual Deus proporciona certo equilíbrio à sociedade de todos os tempos. Por meio dos filósofos pré-socráticos, pela providência divina começaram a pensar o modo de vida da sociedade grega no campo da ciência, da ética, da política e até da religiosidade. De acordo com Platão, Sócrates foi o filósofo que ajudava o povo a descobrir-se ignorante, carente do conhecimento que facilita a vida em sociedade, mormente no campo da política. Platão acreditava que o país deveria ser governado por um filósofo — o rei deveria ser filósofo. Não necessariamente, um sábio, mas um que amasse a sabedoria.

Então os filósofos de todas as gerações propuseram um estilo de vida ético. No campo da ética, penso ser a filosofia uma obra da providência divina, pois trouxe grande contribuição para a sociedade desprovida do conhecimento de Deus.

Além disso, a filosofia contribuiu em muitas outras áreas para o equilíbrio da humanidade. Áreas como a política, a economia e tudo mais que uma sociedade sem Deus precisa para se movimentar em direção à preservação da humanidade. Sem o pensamento filosófico, a humanidade já teria sido destruída, pois como poderia sobreviver uma sociedade sem ordem, sem um padrão comum de regulamentação do modo de vida em sociedade? Deus, em sua Providência, concedeu, principalmente ao mundo antigo, mas também ao médio e ao contemporâneo, pensadores interessados em viver em um mundo cada vez melhor. Por isso se empenharam em pensar um mundo possível de ser habitado e preservado de geração em geração. Não pensaram em um mundo particular. Por mais egoísta que seja a natureza humana, na providência divina, os filósofos pensaram um mundo coletivo, um mundo para se viver em sociedade, em comunidade, com vistas à preservação da humanidade.

A providência divina não para por aí em relação à contribuição da Filosofia. O termo *filosofia* é a tradução da palavra grega (*philosophia*) que por sua vez é formada por duas palavras, (*phileo*), que quer dizer, amigo (uma espécie de amor humano por algo ou alguém), e a palavra (*sophia*) que quer dizer sabedoria, cujo principal conceito é a capacidade de fazer a escolha certa para a coisa certa de modo a glorificar a Deus e, em consequência disso, contribuir para o desenvolvimento humano; ou seja, em benefício próprio e dos outros, de modo a trazer glória para Deus. A Filosofia, portanto, em consequência do significado dessas duas palavras, é o verdadeiro amor pela sabedoria; mas, não significa, necessariamente, ser sábio: basta ser *amigo* da sabedoria. Essa, a meu ver, é a parte mais bonita da filosofia. É muito interessante que nenhum filósofo que se preze tem a pretensão de ser sábio (pelo menos na superfície, porque no íntimo ninguém sabe). Eles se contentam apenas em ser amantes da sabedoria, ainda que muitos deles em seu exacerbado amor pela Filosofia chegaram às raias da paixão e evocaram o deus Eros como agente desse amor, muitas vezes trocando *Philia* por *Eros*, por paixão!

Retomando, a providência divina não proporciona apenas os benefícios da Filosofia nos campos da ética, da política, mas também, no campo da religiosidade. Ouvi dizer que a grande maioria dos filósofos era composta por ateus (não estou falando daqueles que se dizem filósofos na atualidade, refiro-me aos filósofos cronologicamente classificados de antigos, modernos e contemporâneos). Alguns eram ateus autodeclarados, outros o eram veladamente. Apesar disso, acredito que a Filosofia contribuiu em muito para a religiosidade das pessoas, na medida em que ela as instiga a considerar a religião. O ser humano é, em sua essência, um ser religioso. Religião faz parte das necessidades da natureza humana (isso também é providencial), por isso, o homem sempre está buscando de uma forma ou de outra se relacionar com a religião. Se ele for bem orientado, dirigido por Deus, a providência divina despertará seu interesse pelo Evangelho de Cristo, então, a graça o encontrará e o salvará; porém se ele não contar com essa suprema direção, de qualquer maneira será um religioso, ainda que não faça parte de denominação religiosa alguma. O próprio ateu é um religioso, como dizem Norman Geisler e Frank Turek: "É preciso muita fé para ser ateu"[49], ou o simulacro de ateu, o agnóstico. O agnóstico (ou cético) vai morrer na expectativa de que um dia desses Deus apareça para ele (só para ele) e lhe diga: "Eu sou Deus, eu criei todas as coisas, também você — creia em mim!" Mas isso nunca vai acontecer! Porém, ele é assim, ou melhor, ele pensa ser assim, intrigado pela influência da Filosofia, mesmo sem conhecê-la. A Filosofia despertou, por assim dizer, o seu "lado" religioso". Nisto consiste a ação da providência divina — pela filosofia, a consciência religiosa é despertada, e conscientizada. Agora, ele tem diante de si dois caminhos: o Deus de Israel, Criador do céu e da terra, e os ídolos. Então não terá justificativa se escolher os ídolos. Veja que não nomeei os ídolos, é impossível nomeá-los —- eles aparecem de todas as formas, até mesmo em forma de pensamento, de uma mentalidade; isso inclui os ateus. Os ateus são os maiores idólatras — eles adoram uma mentalidade. Por essas e outras coisas é que o filósofo John Locke, defensor ardoroso da tolerância, apesar disso, recomendava restrição aos ateus.

Outra ação da providência divina na Filosofia, é a ênfase dada à importância do pensamento. O ponto forte da Filosofia é, exatamente, a necessidade do pensamento. A Filosofia ensina o indivíduo a pensar. Pode-se dizer que Filosofia é a arte de pensar. Pensar é uma atividade, por que não dizer, uma atitude imprescindível ao equilíbrio e preservação da sociedade,

49 GEISLER, Norman e TUREK, Frank. *Não tenho fé suficiente para ser ateu*. (São Paulo/SP: Vida, 2006.)

ou seja, da humanidade. Por isso, Deus abençoou a humanidade com o potencial do pensamento, e a Filosofia é obra da providência divina para instigar o pensamento. Todo o desenvolvimento humano ocorre a partir do pensamento. A capacidade de pensar é uma das grandes maravilhas da graça. É pensando que homem chega ao conhecimento, que o leva à Filosofia, à Ciência e, pode levá-lo a Deus (nesse caso não basta a capacidade do pensamento, precisa algo — o poder do Espírito Santo — veja o capítulo sobre a Condição *Sine Qua non...*) para obter a fé salvadora.

Gostaria de contar uma longa história que aprendi acerca de uma ação especial da providência divina. Trata-se da experiência do apóstolo Paulo, ao conseguir uma oportunidade de ouro (da providência divina) — pregar no areópago de Atenas. Que privilégio santo; mas, ao mesmo tempo, que grande responsabilidade! O que um pregador faria em uma hora dessas? Eu tremeria na base, e perguntaria: Senhor, o que eu faço agora?

Nesse caso, a providência divina chegou para ajudar o apóstolo. Pela divina Providência, Paulo, ainda no tempo de sua incredulidade teve a oportunidade de estudar Filosofia aos pés do filósofo judeu, Gamaliel. Certamente ele estudou a história da Filosofia e obteve informações acerca de um filósofo chamado Epimenides. A história é a seguinte:

Seis séculos antes do discurso de Paulo no areópago de Atenas, houve uma praga que assolava a cidade. Os atenienses apelaram a todos os deuses de Atenas, que eram muitos, mas não obtiveram resultado algum, pelo contrário, as pessoas continuavam morrendo em consequência da praga. Um dia, na reunião do Conselho, um dos membros, chamado Nícias, informou ao Conselho da existência na cidade de Creta, de um certo filósofo, chamado Epimenides, que também era profeta de um Deus, ao qual ele dizia ser *desconhecido*. Nícias sugeriu ao Conselho chamasse o tal filósofo, pois, quem sabe, ele conseguisse debelar a praga que assolava a cidade de Atenas. O Conselho concordou e encarregou o próprio Nícias da tarefa de buscá-lo, caso ele consentisse em vir com ele. Ato contínuo, Nícias, depressa desceu para o Porto de Atenas e viu que um navio estava de saída para Creta. Tomou aquele navio e partiu para Creta. Narrou o que acontecia em Atenas e convidou Epimenides, solicitando, desesperadamente, a sua ajuda. Epimenides consentiu em ir com Nícias a Atenas. Chegando a lá, dirigiram-se imediatamente ao Conselho, que estava em permanente reunião, aguardando o retorno de Nícias. O Conselho reiterou o pedido de ajuda a Epimenides, e este se prontificou, e lhes deu a seguinte orientação:

"Amanhã, bem cedo, todos nós desceremos para o pé da Colina de Marte, o lugar de Atenas onde a grama é mais verde e abundante. Levem tijolos argamassa, pedreiro e um administrador. Ah, levem também 50 ovelhas famintas (para que as ovelhas ficassem com bastante fome no outro dia, elas teriam de serem presas ao entardecer).

Todos chegaram ao pé da Colina de Marte bem cedo. Epimenides ordenou que soltassem as ovelhas e o administrador deveria acompanhá-las enquanto pastavam e, à medida que algumas das ovelhas, apesar de estarem famintas, se deitassem e parassem de comer, o administrador ia marcando o lugar. Enquanto isso Epimenides se mantinha de cabeça baixa, orando. Finalmente, o administrador bradou: algumas das ovelhas se deitaram e pararam de comer! Então, Epimenides ordenou que os pedreiros construíssem altares em cada lugar, onde as ovelhas se deitaram. Os membros do Conselho, que estavam ali, observando tudo, perguntaram a Epimenides qual nome deveria ser escrito nos altares. Ao que Epimenides respondeu: nenhum nome, para que o sacrifício não se torne em vão. Então resolveram escrever em cada um dos altares: AO DEUS DESCONHECIDO! E a praga cessou. Com o tempo eles se esqueceram do grande feito do Deus de Epimenides.

Passados cerca de cinquenta anos, um dia, Nícias e seu jovem colega, recém-chegado ao Conselho, ia passando perto da Colina de Marte, onde tinham erigido os altares, e Nísias contou ao jovem, a histórica daqueles altares, e como a oração do cretense Epimenides tinha debelado uma praga que estava dizimando a população da cidade de Atenas. Ao olharem os altares, verificaram estar todos danificados pelas intempéries do tempo; traças e cupins haviam corroído todos os altares. Mas, olhe! Há um, que ainda poderia ser restaurado. Chegando à reunião do Conselho, propuseram, não apenas restaurar aquele altar, como também, estipular uma verba anual para cuidado do altar que restou.

Então, Paulo foi convidado a pregar aos filósofos epicureus. E agora? Nesse momento, surgiu a providência divina.

> *Então, Paulo, levantando-se no meio do Areópago, disse: Senhores atenienses! Em tudo vos vejo acentuadamente religiosos; porque, passando e observando os objetos de vosso culto, encontrei também um altar no qual está inscrito: Ao Deus Desconhecido. Pois esse que adorais sem conhecer é precisamente aquele que eu vos anuncio.* (Atos 17.22-23)

Portanto, a questão "para que serve a Filosofia?" é respondida pela doutrina da providência divina, pois, sendo uma obra da providência divina, é preciso conseguir enxergar a praticidade da Filosofia sob muitos aspectos. As pessoas perguntam: Qual é a real utilidade da Filosofia? Na providência divina, tudo o que se propõe o homem a fazer tem sua aplicabilidade, por mais inútil que pareça, o que não é o caso da Filosofia, pois já tenho demonstrado, desde o início como, na falta da revelação, Deus usou os pensadores para elaborar padrões e princípios que, embora não fossem absolutos (como na revelação), serviram para nortear tanto o modo coletivo, social, quanto indivíduo de viver com relativa harmonia entre os povos. Isso foi possível, porque pela providência divina, a Filosofia, como ela é estudada hoje, surgiu, primeiramente na Grécia, se estendeu pelo mundo inteiro, atravessando séculos, e chegou até os nossos dias. Portanto, até hoje, não tendo conhecimento do Deus de Israel, do Criador do céu e da terra, a chamada graça comum ainda lhe permite certa harmonia, enquanto habitantes desse planeta — a Filosofia pode dar uma mãozinha.

Entretanto, sabemos que os ensinamentos da Filosofia não são suficientes para uma perfeita harmonia com outros, consigo mesmo e com o meio ambiente, e muito menos com o Deus de Israel, o Criador do Céu, da Terra, do Mar e de tudo o que neles há, porque falta ainda um elemento imprescindível — a graça. Esta graça, chamada de Graça Especial, pela qual Deus preordenou tudo a respeito de seu povo, especialmente, elegendo-o para herdar a vida eterna. A questão gira em torno da realidade acerca da utilidade. A Filosofia é extremamente útil, quando se trata de assuntos relacionados com a vida meramente terrena; porém em se tratando de assuntos espirituais, eternos e do racionamento com o Criador, a Filosofia não resolve, e essa lacuna permanece não preenchida, pois, por mais que alguns filósofos tenham buscado alguma explicação, acabaram por enveredar por um caminho diferente, sempre propondo um deus racional. Para Aristóteles, a Filosofia nasce de uma atitude de espanto do homem em relação às coisas do mundo, um estado de encanto e surpresa, que o leva a procurar explicações para elas. Porém, sem o conhecimento do Deus Altíssimo, se alegaram, por algum tempo, às explicações da mitologia para o sobrenatural, mas, insatisfeitos com suas explicações acerca da origem e da existência do mundo e das coisas, os primeiros pensadores, os pré-socráticos na Grécia antiga passaram a buscar outras explicações de caráter natural para o que viam ao seu redor.

Nessa procura pelas explicações, sempre esbarravam no sobrenatural, em algo para além do visível, ou até mesmo, pensável. Deus se tornava uma das grandes questões filosóficas ao longo dos mais de dois mil anos. Platão entendia Deus como "artífice do mundo", porém, limitado pelo mundo das ideias. Mas, Aristóteles dizia que Deus é o "primeiro motor", que move todas as coisas, pois tudo o que se move é movido por outra coisa; porque não pode existir efeito sem causa. Todos esses raciocínios têm gerado o panteísmo, uma concepção que se manifesta não só em filósofos da Antiguidade, mas também em filósofos de todos os tempos, até os dias de hoje.

Portanto, reitero que a Filosofia é uma obra da providência divina, no sentido de que promoveram o equilíbrio ético que, por sua vez, produz o equilíbrio social e certa harmonia no mundo, para que seja minimamente habitável, a despeito da natureza humana. Então, volto a enfatizar: Que seria da Grécia e do mundo, cujo conhecimento de Deus era nulo, se Deus, na sua Providência, não tivesse dado a curiosidade filosófica aos pensadores de todos os tempos, inclusive desses tempos pós-modernos? Graças a Deus pela Filosofia, que mantém o mundo, sem Deus, mas dirigidos por pensamentos de homens que na Antiguidade e, em todos os tempos elaboraram sistemas filosóficos úteis para o equilíbrio provisório da humanidade. Provisório, porque a Filosofia só tem efeitos para o aqui e agora e apenas para os descrentes. Em relação aos crentes, eles não têm necessidade da Filosofia, pois conhecem Deus e a sua Palavra e são guiados por Deus e por sua Palavra, dispensando a Filosofia. Além disso, quando Jesus voltar para estabelecer o seu Reino, então a Filosofia não terá mais efeito. Será como sempre aconteceu e ainda acontece hoje — no passado, o povo de Israel era guiado pela Lei de Moisés; hoje a igreja, isto é, o povo de Deus, continua sendo guiado pela Lei de Deus revelada na Escritura do Novo Testamento, além da aplicação dos princípios revelados no Antigo Testamento. No Reino de Deus, quando Jesus vier, a vida na terra será ou continuará sendo guiada pela Palavra de Deus, para aqueles que passaram experiências do novo nascimento, como nos dias de hoje.

***Buscai a sabedoria lá do alto* (Tiago 3.15-17).**

12

Providência divina e a Ciência

A ciência é orgulhosa. É complexada porque não consegue criar a vida.
(Ariano Suassuna)

As pessoas que vivem na pós-modernidade temem muito mais a ciência do que a Deus. Isso mesmo! Elas têm medo de contradizer a ciência, mas não hesitam em contradizer a Deus e à sua Palavra.

Entretanto, não se deve abandonar a ciência, visto que ela é, como tantas outras coisas na história da sobrevivência humana, também, uma obra da providência divina.

A ciência não cria absolutamente nada, visto que é uma obra da providência divina, em que Deus, em seu desejo de abençoar a humanidade, permitiu o desenvolvimento da curiosidade humana, a fim de que o homem tivesse vontade, ainda que inconscientemente, de desbravar a criação de Deus. Digo inconscientemente porque nem sempre os cientistas partem do princípio segundo o qual tudo o que existe, oculto ou descoberto, é obra da criação do Todo-Poderoso Deus de Israel.

Além disso, a providência divina fez que o homem tivesse e sentisse necessidades, cuja satisfação só seria possível pelo desbravamento da criação de Deus. Sentindo essa necessidade e privados do privilégio da Revelação (os oráculos de Deus outorgados, principalmente a Abraão, e estendidos ao povo de Israel por meio de seus profetas, que resultou na Palavra de Deus, escrita e colecionada no Livro, que hoje é chamado de Bíblia), os filósofos gregos deram o pontapé inicial rumo ao desenvolvimento da pesquisa científica, pela qual seria desbravada a criação de Deus. Foi assim que chegamos ao que ficou conhecido como "Ciência Moderna" e, como afirma Cláudio Fernandes,

(2023): "O nascimento da Ciência Moderna é um dos acontecimentos mais importantes da Idade Moderna e foi obra de investigadores como Copérnico, Galileu e T. Brahe".[50]

A menor partícula criada por Deus é o átomo. Antes do advento da ciência, o átomo existia, mas era oculto do conhecimento humano. Então, desbravando a criação de Deus, a ciência descobriu o átomo. Verificando a utilidade do átomo para a satisfação das necessidades humanas, a ciência prosseguiu na pesquisa e descobriu a utilidade de uma infinidade de coisas para a satisfação das necessidades humanas.

Todas as descobertas e aperfeiçoamentos das coisas criadas para benefício do homem são obra da providência divina que, querendo o bem-estar do homem, especialmente os portadores da graça especial[51], Deus planejou desde a fundação do mundo e, criando tudo em apenas seis dias, faz com que a ciência cresça proporcionalmente ao crescimento das nações. Pois à medida em que crescem as nações, crescem também as necessidades humanas, que demandam o crescimento da ciência e da tecnologia.

A ciência é um campo relativamente novo. A Ciência Moderna, que tem pouco mais de trezentos anos se desenvolveu a partir do método de observação e experimentação com o uso de instrumentos técnicos (sobretudo o telescópio e o microscópio), começou a se desenvolver, na Europa do século 16. Mas, no mundo antigo e no mundo medieval as investigações sobre fenômenos naturais terrestres e celestes sobre organismos vivos, dentre outras coisas, já aconteciam, mesmo não contando com auxílio de recursos técnicos e não concebendo o Universo como algo composto de uma mesma matéria uniforme, suscetíveis à corrosão e à finitude; pois, o *mundo,* para os antigos e medievais, era um sistema fechado, com estrutura muito bem definida e harmônica. Havia, segundo a terminologia aristotélica, o mundo sublunar e o mundo supralunar. Mundo lunar é finito, e cheio de imperfeições; enquanto o mundo supralunar, não apresentava as mesmas imperfeições. Esta era, precisamente, a perspectiva cosmológica desenvolvida por Ptolomeu. Ele achava que a Terra era o centro desse *cosmos* harmônico — chamado *geocentrismo*.

---

50 FERNANDES, Cláudio, "O nascimento da Ciência Moderna", in: *História do mundo*. Disponível em: https://cutt.ly/prBhbpvp (acesso em 19/09/2025).

51 Graça Especial é um termo usado para o tratamento diferenciado que Deus concede aos eleitos, diferentemente de graça comum, pela qual Deus preserva o mundo e "faz chover sobre justos e sobre injustos". Ou seja, se os tem condições de trabalhar para ganhar o pão de cada dia, os injustos também recebem da divina providência o mesmo tratamento.

O Renascimento, que se deu em várias regiões da Europa entre os séculos 14 e 16, teve intenso intercâmbio de conhecimento a respeito de antigos tratados sobre Astronomia, Física e Filosofia, bem como o aperfeiçoamento de instrumentos de navegação, como a luneta — que mais tarde constituiria a base para a criação do telescópio, por Galileu Galilei. No Norte da Europa, na região das atuais Polônia, Alemanha e Holanda e no Sul, sobretudo na Itália, o Renascimento se estendeu por diversos campos, especialmente, o artístico e o científico.

O astrônomo Nicolau Copérnico foi o primeiro a elaborar uma hipótese sobre o *cosmos* que diferiu radicalmente daquela de Ptolomeu, assimilado pelo clero católico romano. Essa descoberta copernicana foi chamada de *heliocentrismo*, que propunha que os planetas, giravam em torno da órbita do Sol, portanto, o Sol poderia ser considerado o centro do Universo. Essa hipótese de Copérnico foi confirmada mais tarde por outro astrônomo, Galileu Galilei.

Galileu Galilei foi o responsável pela criação do telescópio, instrumento decisivo para observação dos corpos celestes. Por meio do telescópio, Galileu Galilei pôde perceber imperfeições na Lua e em outros planetas, fato que acabou por contestar a antiga concepção de um *cosmos* fechado. O historiador da ciência Alexandre Koyré compreende que a "destruição deste cosmos fechado", operada por Galileu, Joahannes Kepler, Tycho Brahe, entre outros cientistas, inaugurou uma nova cosmologia, ou uma nova forma de se entender o mundo físico, que, a partir do século 17, passaria a ser a do *Universo infinito*.

A concepção de um Universo infinito pressupunha uma linguagem nova. A matemática seria essa nova linguagem. O mundo, segundo Galileu Galilei, poderia ser interpretado, através de caracteres geométricos. A matemática e a lógica, mesclada com as concepções filosóficas do século 17, notadamente o racionalismo de René Descartes e o empirismo dos filósofos ingleses, alinhavaram o sistema científico moderno, cujo desenvolvimento se deu progressivamente até o advento da Teoria da Relatividade de Albert Einstein e da Mecânica Quântica, de Heisenberg e Bohn, na primeira metade do século 20.

Apesar do reconhecido esforço dos cientistas, a ciência não resolve tudo. Por isso, deve ser rechaçado de uma vez por todas, o cientificismo. O que vem a ser o cientificismo e qual o seu postulado? É a teoria que afirma a superioridade do conhecimento científico por ser a única forma de conhecimento da realidade capaz de alcançar verdadeiro rigor cognitivo e apresentar benefícios práticos na solução das necessidades humanas. Sim, a ciência é mais uma bênção da providência divina, mas está subordinada à vontade soberana de Deus.

Por si só, a ciência, assim como qualquer outro ramo do conhecimento humano, não daria sequer um passo, em sua curta existência. A ciência é um método de pesquisa. É um fenômeno moderno, que está sempre mudando à luz de novos conhecimentos. Entretanto Deus, como Criador e Deus como Salvador são mantidos juntos pelos "dois livros", a saber, a natureza, ou revelação natural (Salmos 19.1-6; Romanos 1.19-20; 2.14-15) e, ou revelação especial (Salmos 19.7-11; 119). Deus escreveu ambos! Eles não discordam!

Isso também explica a relação da providência com a ciência. Pois, a Providência, em seu caráter preservador, provê a explicação para os fatos científicos, pois o que é ciência senão a descoberta, utilização e, se necessário for, a transformação das coisas criadas, quando descobertas por meio da pesquisa científica? Além disso, Deus fez e continua a sustentar um Universo que age de maneiras previsíveis. Desta maneira se um experimento científico produz certo resultado hoje, produzirá o mesmo resultado amanhã e daqui a cem anos, se todos os fatores forem os mesmos. Reitero que a ciência não cria nada — pela ação da providência divina ela simplesmente descobre os elementos naturais e, por meio da pesquisa científica, verifica-se sua utilidade e, se tais elementos são passíveis de alguma transformação para alcançar a utilidade para a qual foram criados, as devidas transformações serão efetuadas até que chegue o ponto de serem utilizados. Dessa forma, a ciência é a providência divina no cumprimento das *finalidades* da criação de Deus!

***... não te estribes no teu próprio entendimento* (Provérbios 3.5).**

13

Providência divina e os fatos históricos nas nações e nos indivíduos proeminentes

Todos os moradores da terra são por ele reputados em nada; e, segundo a sua vontade, ele opera com o exército do céu e os moradores da terra; não há quem lhe possa deter a mão, nem lhe dizer: Que fazes? (Daniel 4.35)

Deus tem em suas mãos todos os governantes de todas as nações, de modo que todos fazem, no devido tempo, a sua vontade, como está escrito em Provérbios: *Como ribeiros de águas assim é o coração do rei na mão do Senhor; este, segundo o seu querer, o inclina* (Provérbios 21.1).

Todos os reinos da terra estão sujeitos ao soberano comando de Deus, e todas as nações estão constantemente fazendo a sua vontade, como lemos em Salmos: *No céu está o nosso Deus e tudo faz como lhe agrada* (Salmos 115.3). Isso quer dizer que todas as nações são dirigidas pela providência divina, e tudo o que acontece, todas as decisões e políticas das nações são mediadas, para o bem ou para o mal, pela soberania de Deus, exatamente como declarou o rei da Babilônia. Ele disse, enfaticamente, que *Todos os moradores da terra são por ele reputados em nada; e, segundo a sua vontade, ele opera com o exército do céu e os moradores da terra; não há quem lhe possa deter a mão, nem lhe dizer: Que fazes?* (Daniel 4.35).

A providência divina faz os fatos históricos. As nações são envolvidas, de forma inconsciente na providência divina. Todas as suas decisões e políticas são elaboradas pelos seus governantes, votadas e decididas no âmbito parlamentar, mas não devemos nos esquecer de que *A sorte se lança no regaço, mas do Senhor procede toda decisão* (Provérbios 16.33).

No capítulo 10 do livro de Gênesis, Moisés relata sobre o surgimento das nações. Este também é o relato das ações da providência divina sobre todas as nações.

O que você cria é seu. Se for obra da sua indústria, é patente; se for obra de arte, ou literária, é direito autoral. Cada um é soberano sobre sua criação. Deus é Criador do céu, da terra e do mar, portanto, é Soberano sobre o céu, a terra e o mar. Deus criou as nações, portanto, é Soberano sobre as nações. As nações são dele. É isso que parece revelar o relato das origens das nações neste capítulo. Aqui é revelado o propósito de Deus ao relatar a origem das nações: estabelecer a sua Providência, a providência divina.

Já sabemos a origem do céu e da terra; sabemos a origem do homem; já sabemos a origem do pecado; sabemos a origem do afastamento gradual e contínuo do homem de Deus; já sabemos a origem da morte; já sabemos a origem do grau de corrupção cada vez mais crescente no homem a ponto de levar Deus a se arrepender de tê-lo feito na terra; já sabemos a origem do dilúvio; já sabemos a segunda origem do homem (Sete); já sabemos a terceira origem do homem (Noé). Aqui vamos aprender a origem das nações a partir dos três filhos de Noé: Sem, Cão e Jafé.

> *São estas as gerações dos filhos de Noé, Sem, Cão e Jafé; e nasceram-lhes filhos depois do dilúvio. Estes repartiram entre si as ilhas das nações nas suas terras, cada qual segundo a sua língua, segundo as suas famílias, em suas nações.* (Gênesis 10.1,5)

O que Deus quis nos falar ao inspirar Moisés, no relato das origens em Gênesis 1–11, era relatar também a origem das nações? Deus queria mostrar que as nações são dele. Ele está no comando soberano de todas as nações. Deus criou todas as nações, portanto, todas as nações são dele.

Então, Deus mostra nesta passagem também que não adianta rebeldia, pois, apesar do perfil marcado pela maldade de um dos personagens, chamado Ninrode, a vontade de Deus prevaleceu. O texto abaixo descreve essa atitude rebelde de Ninrode:

> *Cuxe gerou a Ninrode, o qual começou a ser poderoso na terra. Foi valente caçador diante do Senhor; daí dizer-se: Como Ninrode, poderoso caçador diante do Senhor. O princípio do seu reino foi Babel, Ereque, Acade e Calné, na terra de Sinar. Daquela terra saiu ele para a Assíria e edificou Nínive, Reobote-Ir e Calá. E, entre Nínive e Calá, a grande cidade de Resém. Mizraim gerou a Ludim, a Anamim, a Leabim, a Naftuim, a Patrusim, a Casluim (donde saíram os filisteus) e a Caftorim. São estes os filhos de Cam, segundo as suas famílias, segundo as suas línguas, em suas terras, em suas nações.* (Gênesis 10.8-14,20)

Além, disso, Deus começa aqui a revelar parte inicial da execução de plano de salvar os inscritos no Livro da Vida, ao indicar o caminho da redenção a partir da descendência de Sem. Sem também se desenvolveu em muitas nações.

> *A Sem que foi pai de todos os filhos de Héber e irmão mais velho de Jafé, também lhe nasceram filhos. São estes os filhos de Sem, segundo as suas famílias, segundo as suas línguas, em suas terras, em suas nações. (Gênesis 10.21,31)*

Por último, vemos que Deus queria mostrar que Cristo é a única solução para a rebeldia humana contra ele, ao traçar a linhagem messiânica a partir dos três filhos de Noé, especificamente, da linhagem semita:

> *São estas as gerações dos filhos de Noé, Sem, Cam e Jafé; e nasceram-lhes filhos depois do dilúvio. São estas as famílias dos filhos de Noé, segundo as suas gerações, nas suas nações; e destes foram disseminadas as nações na terra, depois do dilúvio. (Gênesis 10.1,32)*

Então, devemos aprender, de uma vez por todas que Deus continua no comando de sua criação, a despeito do distanciamento cada vez maior da humanidade. Proporcionalmente ao distanciamento uns dos outros para formar as nações, o homem ia também se distanciando de Deus; mas Deus tinha um plano salvífico e desde o início mostra sua disposição de cumpri-lo. E nós podemos ver isso no relato da origem das nações, ou seja, no traçado da genealogia de Sem, Cão e Jafé. Tudo isso Deus fez, tendo em vista a fé dos futuros crentes, em qualquer época, em qualquer geração, para que temam e confiem nele, em suas promessas, e guardem os seus mandamentos até o fim.

Egito

Por meio de José, Deus atraiu Jacó e todos os seus descendentes que à época contavam com 70 pessoas: *Todas as pessoas, pois, que descenderam de Jacó foram setenta; José, porém, estava no Egito* (Êxodo 1.5). Mas, crescendo o povo de Israel, seu crescimento assustou o faraó, que resolveu obrigá-lo a trabalhar forçado, tornando-os escravos por mais de quatrocentos anos. Clamou Israel, o Senhor atendeu sua oração e lhes enviou Moisés como o libertador. Todos conhecemos a história de Moisés. Ele foi providencialmente liberto da matança ordenada por faraó, o rei mandou matar todas as crianças, exatamente, por medo do povo de Israel crescer demasiadamente e tornar-se um inimigo. Em sua Providência, Deus escolheu Moisés, de modo que não desistiu de enviá-lo ao povo de Israel, mesmo depois das desculpas dele, dizendo que não era a pessoa certa para libertar o povo. Ele não sabia, mas quando Deus chama alguém para executar uma obra, primeiramente, essa pessoa foi escolhida na eternidade, ou antes da fundação do mundo; em segundo lugar, Deus o prepara para aquela tarefa. Então, Deus chamou também Arão para ajudá-lo.

Chegando ao Egito, por várias vezes, Moisés e Arão pediram a faraó que deixasse o povo ir; mas o rei endureceu o coração, não permitiu, mesmo depois de nove pragas enviadas por Deus, a fim de mover seu coração. Todas aquelas pragas faziam parte da providência divina em libertar seu povo da escravidão do Egito.

Para resumir: Todos se lembram que fim levou Faraó? A providência divina venceu o seu endurecido coração. O povo foi libertado e Deus continuou o conduzindo pelo deserto, até chegar à Terra Prometida. A história da passagem de Israel pelo Egito e sua libertação mostra que a providência divina, além de muitas outras características, é também irresistível — o que ela tem de fazer, ninguém impedirá, como Deus revela ao profeta Isaías: *Ainda antes que houvesse dia, eu era; e nenhum há que possa livrar alguém das minhas mãos; agindo eu, quem o impedirá?* (Isaías 43.13).

Assíria

Nessa época as tribos de Israel já tinham se dividido em duas: Judá e Israel. Por causa do pecado de idolatria de Israel, Deus permitiu à Assíria invadir Israel, levá-lo cativo, e ali o povo de Israel foi, praticamente, destruído. Veja:

> *No quarto ano do rei Ezequias, que era o sétimo de Oseias, filho de Elá, rei de Israel, subiu Salmaneser, rei da Assíria, contra Samaria e a cercou. Ao cabo de três anos, foi tomada; sim, no ano sexto de Ezequias, que era o nono de Oseias, rei de Israel, Samaria foi tomada. O rei da Assíria transportou a Israel para a Assíria e o fez habitar em Hala, junto a Habor e ao rio Gozã, e nas cidades dos medos; porquanto não obedeceram à voz do Senhor, seu Deus; antes, violaram a sua aliança e tudo quanto Moisés, servo do Senhor, tinha ordenado; não o ouviram, nem o fizeram.* (2 Reis 18.9-12)

Em 721 a.C., o exército assírio capturou a capital israelita em Samaria e levou os cidadãos do reino do Norte de Israel ao cativeiro.

Quando Ezequias se tornou rei de Judá, ele iniciou mudanças religiosas generalizadas, incluindo o rompimento com ídolos religiosos. Ele reconquistou as terras ocupadas pelos filisteus no deserto do Neguebe, formou alianças com Asquelom e o Egito e se posicionou contra a Assíria, recusando-se a pagar tributos. Em resposta, Senaquerible atacou Judá, sitiando Jerusalém.

Depois de levar o Reino de Israel, a Assíria, animada com a façanha, resolveu atacar também o Reino de Judá e em aproximadamente 701 a.C., Senaqueribe, rei da Assíria, atacou as cidades fortificadas do Reino de Judá em uma campanha de subjugação. Senaqueribe sitiou Jerusalém, mas não conseguiu capturá-la — é a única cidade mencionada como sitiada na Estela de Senaqueribe, da qual a captura não é mencionada.

Porém, mesmo sob humilhantes ameaças do rei da Assíria, Deus não permitiu que Judá fosse levada cativa para Assíria. Vejam quão horríveis foram a blasfêmia pronunciada pelo rei da Assíria:

> *Depois disto, enquanto Senaqueribe, rei da Assíria, com todo o seu exército sitiava Laquis, enviou os seus servos a Ezequias, rei de Judá, que estava em Jerusalém, dizendo: Assim diz Senaqueribe, rei da Assíria: Em que confiais vós, para vos deixardes sitiar em Jerusalém? Acaso, não vos incita Ezequias, para morrerdes à fome e à sede, dizendo: O Senhor, nosso Deus, nos livrará das mãos do rei da Assíria? Não é Ezequias o mesmo que tirou os seus altos e os seus altares e falou a Judá e a Jerusalém, dizendo: Diante de apenas um altar vos prostrareis e sobre ele queimareis incenso? Não sabeis vós o que eu e meus pais fizemos a todos os povos das terras? Acaso, puderam, de qualquer maneira, os deuses das nações daquelas terras livrar o seu país das minhas mãos? Qual é, de todos os deuses daquelas nações que meus pais destruíram, que pôde livrar o seu povo das minhas mãos, para que vosso Deus vos possa livrar das minhas mãos? Agora, pois, não vos engane Ezequias, nem vos incite assim, nem lhe deis crédito; porque nenhum deus de nação alguma, nem de reino algum pôde livrar o seu povo das minhas mãos, nem das mãos de meus pais; quanto menos vos poderá livrar o vosso Deus das minhas mãos? Os seus servos falaram ainda mais contra o Senhor Deus e contra Ezequias, seu servo. Senaqueribe escreveu também cartas, para blasfemar do Senhor, Deus de Israel, e para falar contra ele, dizendo: Assim como os deuses das nações de outras terras não livraram o seu povo das minhas mãos, assim também o Deus de Ezequias não livrará o seu povo das minhas mãos.* (2 Crônicas 32.9-17)

Note como a providência divina cercava Ezequias enquanto ele se preparava para enfrentar Assíria:

> *Sede fortes e corajosos, não temais, nem vos assusteis por causa do rei da Assíria, nem por causa de toda a multidão que está com ele; porque um há conosco maior do que o que está com ele. Com ele está o braço de carne, mas conosco, o Senhor, nosso Deus, para nos ajudar e para guerrear nossas guerras. O povo cobrou ânimo com as palavras de Ezequias, rei de Judá.* (2 Crônicas 32.7-8)

Mas também veja o que Deus fez a eles após a oração de Ezequias e do profeta Isaías: *Porém o rei Ezequias e Isaías, o profeta, filho de Amoz, oraram por causa disso e clamaram ao céu* (2 Crônicas 32.20).

> *Então, o Senhor enviou um anjo que destruiu todos os homens valentes, os chefes e os príncipes no arraial do rei da Assíria; e este, com o rosto coberto de vergonha, voltou para a sua terra. Tendo ele entrado na casa de seu deus, os seus próprios*

> *filhos ali o mataram à espada. Assim, livrou o Senhor a Ezequias e os moradores de Jerusalém das mãos de Senaqueribe, rei da Assíria, e das mãos de todos os inimigos; e lhes deu paz por todos os lados.* (2 Crônicas 32.21-22)

O rei da Assíria voltou envergonhado, Ezequias, com o povo de Deus, honrado e o Deus de Israel EXALTADO!

> *Assim, livrou o Senhor a Ezequias e os moradores de Jerusalém das mãos de Senaqueribe, rei da Assíria, e das mãos de todos os inimigos; e lhes deu paz por todos os lados. Muitos traziam presentes a Jerusalém ao Senhor e coisas preciosíssimas a Ezequias, rei de Judá, de modo que, depois disto, foi enaltecido à vista de todas as nações.* (2 Crônicas 32.22-23)

Assim, a providência divina agiu livremente tanto na derrocada de Israel, levado cativo à Assíria e sendo quase que totalmente destruído, como igualmente na vitória de Judá. Em ambos os casos Deus tinha um propósito. Primeiro ele seria exaltado ao livrar o Reino de Judá da Assíria, que já tinha avassalado todas as nações que invadiu. Segundo, foi a partir da quase total destruição do Reino de Israel que Deus voltou a unir as doze tribos de Israel em um só Reino.

Babilônia

A Babilônia do rei Nabucodonosor foi também uma nação na qual a providência divina imperou com toda clareza e triunfo, realizando todo propósito. A providência divina na vida de Nabucodonosor teve início quando Deus colocou em seu coração a ideia de invadir Israel, e levar todo povo de Judá cativo para a Babilônia. Ele não sabia (assim como nós nos dias de hoje não sabemos acerca do que acontece) que Deus estava fazendo isso tendo em vista um propósito maravilhoso para o seu povo rebelde e contumaz. Deus queria corrigir Israel e, especificamente, o povo de Judá por causa de suas transgressões. Então, a providência divina o incitou a levar Judá ao cativeiro em sua cidade, Babilônia. No cativeiro, Nabucodonosor se afeiçoou ao povo. Concedeu-lhes liberdade religiosa, permitiu que eles se desenvolvessem profissionalmente e progredissem na terra. Até resolveu utilizar a mão de obra especializada do povo de Deus, elevando alguns a posições importantes em seu governo, como Daniel e seus companheiros. Porém, sua glória subiu ao seu coração e o tornou muito orgulhoso, razão pela qual Deus o humilhou, fazendo-o pastar junto com os animais do campo até ele voltar a si, arrepender-se, reconhecer a soberania e a majestade de Deus e fazermos essa confissão de fé: *Todos os moradores da terra são por ele reputados em nada; e, segundo a sua vontade, ele opera com o exército do céu e os moradores da terra;*

não há quem lhe possa deter a mão, nem lhe dizer: Que fazes? (Daniel 4.35). O restante da história é das constantes ações da providência divina na Babilônia, do rei Nabucodonosor, até passar o império aos Medos e Persas, quando Deus levantou o rei Ciro II para por meio dele trazer seu povo de volta à sua terra e ao seu lugar de adoração, Jerusalém.

Desfrutando a providência divina, voltando às terras de Israel, o povo cantava: *Quando o Senhor restaurou a sorte de Sião, ficamos como quem sonha* (Salmos 126.1).

Grécia/Roma

Depois com a sucessão do império grego e romano, a providência divina continuou agindo em prol de seu povo, Israel, culminando com os romanos sendo instrumento de uma das maiores ações da providência divina, a condenação e morte por crucificação do Senhor Jesus Cristo, o Cordeiro de Deus, que veio para tirar o pecado do mundo.

ONU – Organização das Nações Unidas

Após a destruição do Templo de Salomão, no ano 70 e consequente expulsão dos judeus da terra, teve início a diáspora — dispersão do povo de Israel por todas as nações, a região passou a ser chamada de Palestina — nome dado pelo imperador romano Adriano, que faz referência direta ao povo filisteu, que viveu e disputou aquelas terras com os judeus. A partir daí, a região passou a ser habitada sucessivamente, por vários povos, até o domínio do império otomano, derrotados e expulso das terras da Palestina, que passou a ser colonizada pelos ingleses e até hoje o povo chamado de palestino habita a terra que sempre ocupou por muitos e muitos anos.

Israel continuou espalhado por todas as nações. Longe da terra, porém, sempre alimentando a esperança de voltar e, expressava essa esperança em todos os anos dizendo: "O ano que vem em Jerusalém". Até que, em 1947, a ONU reuniu para decidir sobre o destino de Israel, se continuaria na dispersão, sem uma terra na qual se instalaria como uma nação. A decisão foi positiva e os judeus começaram a voltar para suas terras, onde, mesmo sob oposição dos árabes mulçumanos que habitavam lá durante todos os anos em que Israel passou disperso, continua como nação autônoma e soberana, mas sempre lutando para se preservar na terra, aonde sempre peregrinaram seus pais, Abraão, Isaque e Jacó, e para onde foram levados pela providência divina quando saíram do Egito.

Assim, a providência divina agiu para com todas as nações e com os indivíduos proeminentes, diga-se: os seus reis ou imperadores. Sempre subjugando as nações e reis rebeldes e arrogantes contra Deus, ora reduzindo à total destruição para nunca mais serem reconstruídas, com a Babilônia; ora humilhando as nações e com seus reis, em demonstração do poder irresistível da providência divina.

Ainda hoje Deus governa as nações e os indivíduos proeminentes, pois, *Como ribeiros de águas assim é o coração do rei na mão do Senhor; este, segundo o seu querer, o inclina* (Provérbios 21.1). Todas as decisões do Governo, todas as deliberações do Congresso estão sujeitas à soberania de Deus. A última palavra é sempre de Deus. Portanto, os crentes não devem temer as movimentações da política, pois quem quer que seja o governante eleito para dirigir o país, o estado ou a cidade, é por determinação da providência divina. Deus estará sempre com o coração desses homens em suas mãos. *Nas Mãos de Deus* eles farão sempre a vontade de Deus, ainda que pensem estar tomando suas próprias decisões. Eu, por exemplo, hoje com sessenta e sete anos já passei por quase todos os planos de estabilização econômica do governo brasileiro e, aqui estou para dizer que a providência divina sempre esteve, por assim dizer, arruinando as coisas de que o rei Davi afirma no Salmo 37, se cumpre, independentemente de qualquer ação dos governantes: *Fui moço e já, agora, sou velho, porém jamais vi o justo desamparado, nem a sua descendência a mendigar o pão* (Salmos 37.25).

Quanto a Israel, a providência divina vem preservando a sua existência, apesar do ódio e da oposição da quase a totalidade das outras nações. Deus tem preservado seu povo para que continue sendo glorificado nele em cada momento de sua história. Por fim, será glorificado quando, cercado pela coalizão da Besta, no armagedon, será liberto novamente, pela última vez e em definitivo. É desta vez que Mateus narra a profecia da segunda vinda de Cristo: *Então, aparecerá no céu o sinal do Filho do Homem; todos os povos da terra se lamentarão e verão o Filho do Homem vindo sobre as nuvens do céu, com poder e muita glória* (Mateus 24.30). Nessa hora, ao olhar para as nuvens, percebendo a vinda do Messias, é quando o apóstolo Paulo declara: *E, assim, todo o Israel será salvo, como está escrito: Virá de Sião o Libertador e ele apartará de Jacó as impiedades* (Romanos 11.26). Triunfo total da providência divina, não somente para Israel, mas também para todo os salvos, de todos os tempos!

***Deus reina sobre as nações...* (Salmos 47.8).**

14

Providência divina e os planos individuais – Os propósitos de Deus para cada crente

Encurralado pela graça — Essa é a situação de todos os eleitos de Deus!

O argumento que rege este tema é: Nenhum eleito se perderá, porquanto Deus o achará onde ele estiver — de toda língua, tribo e nação. O Livro da Vida foi escrito antes da fundação do mundo (cf. Apocalipse 17.8) e todos os inscritos no Livro da Vida serão salvos. Ter o nome no Livro da Vida, entretanto, não significa ser salvo, mas a garantia de que será salvo. Aliás, a salvação é um processo muito organizado e belo. Por causa da minha formação na área da administração, eu aprecio muito essa organização soteriológica. Regozijo-me quando penso em como Deus, em sua extraordinária sabedoria, estabeleceu uma estratégia eficaz, não somente em relação à salvação, mas também ao funcionamento de todo o Universo por ele criado; o que Paulo chamou de dispensação, que é a tradução da palavra grega *oiconomos*, que quer dizer economia. Por isso se diz que a salvação faz parte da *economia* de Deus em seu governo do Universo e, de acordo com o que ele nos legou nas Escrituras, especialmente, do planeta Terra. Além do termo bíblico dispensação, o desenvolvimento da Teologia cunhou outro termo que, embora não seja encontrado nas Escrituras dessa forma, seu significado é largamente encontrado e expandido por todas as páginas, todas as vezes em que elas relatam os poderosos feitos de Deus na sua relação soberana com sua criação. Estou falando da providência divina.

A *providência divina* é claramente percebida na chamada economia de Deus. Por isso, eu gostaria de descrever em forma de uma analogia, de uma parábola, a estratégia divina no plano da salvação. Vamos lá: primeiro, o Pai chamou o Filho e o Espírito Santo para uma "Reunião de Planejamento" eterno (lembrando que, de acordo com 1 Coríntios 2.7 e Hebreus 7.10, tudo isso ocorreu antes da criação do Universo), na qual seriam contemplados todos os fatos históricos e escatológicos do Universo e da humanidade. Planejaram criar o céu, a terra, o mar e tudo o que neles haveria. Traçaram os objetivos, propósitos, destinação e funcionamento de todas as coisas, nos mínimos detalhes. Então planejaram criar o homem segundo a imagem de Deus para serem os governantes em nome de Deus, de todas as coisas criadas, com completo domínio sobre elas, mas sob o controle de Deus. Tudo deveria ser feito em perfeita consonância com a vontade de Deus, ou seja, Deus, sendo soberano, permaneceria soberano para a eternidade. Deus nunca abdicou de sua soberania.

Mas ao planejar, (a Tri-unidade) verificaram e contemplaram as diversas anomalias que surgiriam para atrapalhar o plano e, se possível, até destruí-lo. Dois destes opositores são o diabo e o pecado que ele semeou no coração humano a partir do jardim do Éden e, desde então passaria a fazer parte da natureza humana. Foi exatamente prevendo estes obstáculos ao seu plano que o Senhor incluiu a redenção como um dos pontos de seu propósito eterno e soberano, de modo que, como disse Jó, pelo seu onipotente poder, jamais será frustrado.

Pois bem, retomemos a estratégia divina da salvação. Como já foi mencionado acima, a primeira medida de Deus para manter o seu Plano, foi escrever os nomes e inscrevê-los no Livro que ele chamou de *Livro da vida*, os que, em sua soberana graça, haveriam de herdar a vida eterna. O segundo passo é: "Como vamos executar o plano?", deve ter perguntado Deus, o Pai. "Um de nós deve pagar o preço, preço de sangue. Quem de nós o fará?" Ao que o Filho respondeu (Hebreus 10.7-8): *Eis aqui estou* [...] *para fazer, ó Deus, a tua vontade*. E o Senhor repetiu essa disposição submissa durante todo o seu ministério, enquanto estava aqui. Várias vezes ele afirmou ter sido enviado pelo Pai, e que sua missão é fazer a vontade do Pai, falar as palavras que ouviu de seu Pai, realizar as obras do Pai. Assim ele fez durante todo o tempo em que esteve aqui. Finalmente, cumpriu a mais dramática de todas as vontades do Pai: morreu para completar o plano salvífico de Deus, a redenção dos inscritos no livro da vida; também chamados *eleitos*. Depois, pela vontade do Pai, ele ressurgiu dentre os mortos e, aguarda apenas na vontade do Pai, o dia determinado pelo Pai, para vir cumprir o restante da vontade do Pai — arrebatar a sua igreja; enfim, cumprir todo o plano escatológico esquematizado pelo Pai. Pois ele não se cansava de dizer: ... *porque não procuro a minha própria vontade, e sim a daquele que me enviou; porque eu desci do céu, não para fazer a minha própria vontade, e sim a vontade daquele que me enviou* e ...*A minha comida consiste em fazer a vontade daquele que me enviou e realizar a sua obra* (João 5.30; 6.38; 4.34).

Voltando à analogia, o Pai concordou e enviou seu Filho, por assim dizer, com Livro da Vida nas mãos, e ele veio pagar pelos pecados de cada um, cujos nomes se achavam inscritos no Livro da Vida. O Senhor Jesus veio, morreu, ressuscitou e após quarenta dias manifestando-se aos discípulos, às quinhentas pessoas e ao apóstolo Paulo, foi assunto ao céu, enviando o Espírito Santo para dar continuidade em edificar a Igreja. De modo que certo jogo de palavras diz: *o Pai planejou, o Filho comprou e Espírito é o construtor da igreja.*

A providência divina é a razão, pela qual os eleitos são alcançados pelo Evangelho. Aqui e acolá tem sempre alguém se convertendo. É alguém que você conheceu em algum lugar, cujo interesse para com a salvação foi despertado pelo seu testemunho. Talvez alguém que se mudou para perto de sua casa, tornando-se o seu vizinho, para quem um dia você teve a oportunidade de falar de Cristo. Ou um novo funcionário chegou para trabalhar na mesma empresa que você, na mesma seção onde você está; você entrega-lhe um folheto; ele se interessa... e assim por diante. A providência divina sempre está agindo em favor dos inscritas no Livro da Vida, a fim de conduzi-los ao gozo da salvação, reservada para cada um deles desde a eternidade. E, quando eles chegam ao conhecimento da verdade do Evangelho, se arrependem, creem em Jesus como o único e suficiente Salvador e, como resultado desta fé, são salvos, a providência divina continua trabalhando em favor deles, a fim de mantê-los no gozo das bem-aventuranças prometidas e reservadas para cada um deles.

Na providência divina, Deus, tendo criado todas essas coisas, voltou seu olhar para o indivíduo, para seus problemas e soluções; para com tudo que acontece em suas vidas diariamente. Foi por isso que o rei Davi tinha a segurança de dizer: *O que a mim me concerne o Senhor levará a bom termo; a tua misericórdia, ó Senhor, dura para sempre; não desampares as obras das tuas mãos* (Salmos 138.8).

Todo o plano de Deus é executado por meio da providência em toda a sua abrangência; mas, no âmbito individual é mais perceptivo, porque é sentido no dia a dia. Cada dia o homem é envolvido e passa por experiências, e essas experiências nada mais são do que as ações da providência divina, porque Deus precisa cumprir o seu plano eterno na vida de cada um de seus eleitos, como ainda afirma Davi: *Os teus olhos me viram a substância ainda informe, e no teu livro foram escritos todos os meus dias, cada um deles escrito e determinado, quando nem um deles havia ainda* (Salmos 139.16). Isso diz respeito a todo ser humano e as circunstâncias de suas vidas. Mas são percebidas somente pelos crentes e, mesmo assim, somente quando estes estão em perfeita comunhão com Deus, e têm o mínimo de informação acerca da doutrina da providência divina. Do contrário, a providência divina passa batido, e o indivíduo, de modo ignorante ou ingênuo dirá que o ocorrido foi mera coincidência. Mas a providência segue seu curso normal, porque não depende da compreensão humana para acontecer. A importância de se conhecer o básico sobre a providência é para favorecer a segurança do crente, no sentido de amenizar as preocupações, o medo e a ansiedade, e assim ter uma vida mais tranquila neste mundo mau e agitado. Além disso, fomos salvos para glorificar a Deus, e na ignorância ninguém consegue glorificar a Deus. Como o próprio Deus afirma acerca do povo de Israel, no tempo dos sacerdotes: *O meu povo está sendo destruído, porque lhe falta o conhecimento. Porque tu, sacerdote, rejeitaste o conhecimento, também eu te rejeitarei, para que não sejas sacerdote diante de mim; visto que te esqueceste da lei do teu Deus, também eu me esquecerei de teus filhos* (Oseias 4.6). Por isso, exorto todos os amados pastores a se empenharem em instruir seu povo, o povo que Deus lhe confiou para cuidar, para que seja um povo instruído e capacitado no tema da providência divina, para dessa forma glorificar a Deus.

É nesse sentido que cada um dos eleitos de Deus é, literalmente, encurralado pela graça. A graça de tal modo o cerca que, inscrito no Livro da vida antes da fundação do mundo, o eleito pode dar mil voltas, fugir o tempo todo (como fez Jonas), que um dia, também determinado na eternidade, ele será totalmente encurralado, cercado pela graça. Então não tem jeito, ele se entrega, se rende humildemente aos pés do Senhor, põe a boca no pó e clama pela misericórdia do Senhor. A história tanto bíblica, quanto extrabíblica está repleta de casos em que pessoas se rebelaram contra Deus durante muito tempo de suas vidas, mas o dia chegou quando elas não tinham para onde correr. Foram cercadas, encurraladas pela graça. Deus as alcançou, tomou-as pela mão direita, como ele promete aos filhos de Israel: *Porque eu, o Senhor, teu Deus, te tomo pela tua mão direita e te digo: Não temas, que eu te ajudo* (Isaías 41.13).

Alguns desses que a Bíblia descreve como cercados pela graça são: Abraão, Moisés, José do Egito, Josué, Davi, Daniel, Jonas, José e Maria, os apóstolos Pedro e Paulo, e centenas de outros personagens bíblicos (veja o capítulo História da providência divina). Além de todos esses, houve milhares no mundo inteiro, e durante toda a história da igreja, que foram cercados, encurralados pela graça salvadora de Deus. A providência divina tem cercado, e ainda cercará milhares de pessoas, cujos nomes foram inscritos no Livro da Vida — a graça providencial está presente desde o momento em que Deus deu início à história da humanidade, e ainda hoje é pela divina providência que todos os eleitos chegam a Cristo, para a salvação, para a santificação e para testemunhar as virtudes de Deus enquanto viverem.

Após a sua salvação, os eleitos continuam sendo dirigidos pela providência divina. Após a salvação a providência divina continua em sua vida com vistas à sua santificação. Esta é a grande característica dos eleitos que já foram alcançados, cercados, encurralados pela graça — a famosa *Perseverança dos Santos*.

Para realizar a santificação nos salvos, a graça, operada pela providência age por meio de acontecimentos no curso da vida de cada crente, por meio das provações, das disciplinas e das colheitas. A providência divina comanda as provações, as disciplinas, e faz com que colhamos o que semeamos, como meio de nos levar ao arrependimento e à volta aos caminhos de Deus. Mas que fique bem claro: estamos tratando de casos daqueles que foram alcançados, cercados, encurralados pela graça — todos os crentes (eleitos que já são salvos); mas a providência cerca todos os inscritos no Livro da Vida, incluindo aqueles que ainda não chegaram ao conhecimento da verdade do Evangelho, mas chegarão no dia determinado.

Por isso, é muito importante que o leitor entenda as ações da providência divina nas provações, nas disciplinas e nas colheitas, para que quando as coisas acontecerem no percurso de sua vida como um filho de Deus, possa reconhecer que, foi obra da providência divina, mesmo que o ocorrido seja desagradável, doloroso e traga sofrimentos. Para quem tem noção da providência divina, os acontecimentos desagradáveis no curso de sua vida, ainda que sejam tragédias, não são maus em se mesmos, porque a providência os transforma em bênçãos, pois está dito em Romanos 8.28, que todas as coisas (todos os acontecimentos nas vidas daqueles cercados pela graça) contribuem para o bem. Dessa forma, Deus trabalha por meio de sua providência para nos aproximarmos mais dele, nos santificando.

A providência divina, também, age em favor dos filhos de Deus cercando-os de bênçãos, como foi com Jó. Satanás se queixou disso ao desafiar Deus acerca da vida abençoada que Jó levava. Note que Jó gozava de muito prestígio, respeito e consideração perante seus concidadãos e, até para os jovens ele mantinha o status de conselheiro. Na verdade, Satanás, ao desferir seus dardos de inveja sobre Jó, nos fez lembrar para sempre de que Jó é um grande exemplo de alguém cercado, encurralados pela graça. Satanás diz para Deus o seguinte: ... *Porventura, Jó debalde teme a Deus? Acaso, não o cercaste com sebe, a ele, a sua casa e a tudo quanto tem? A obra de suas mãos abençoaste, e os seus bens se multiplicaram na terra* (Jó 1.9-10). A palavra *sebe* quer dizer "cerca", portanto, Jó foi literalmente cercado, encurralado. Deus o cercou com a Providência, de modo que Jó tinha se tornado um homem, como afirmou o Senhor acerca dele: ... *Porque ninguém há na terra semelhante a ele, homem íntegro e reto, temente a Deus e que se desvia do mal* (Jó 1.8). Pela providência divina, Jó se tornou um homem piedoso em sua geração e se tornou também uma referência para seu povo. O próprio Jó dizia: *Os que me ouviam esperavam o meu conselho e guardavam silêncio para ouvir-me* (Jó 29.21). Na Providência, Jó foi acometido de grandes tragédias de uma só vez, tudo em um curto período. Morreram todos os filhos, perdeu toda a sua riqueza, foi acometido de tumores malignos, sua esposa se desesperou, mas, como disse um de seus amigos, chamado Elu, no capítulo 35 e 36, os sofrimentos de um homem justo, podem, finalmente, se tornar em bem. Que é o que a Bíblia diz em Romanos 8.28, e exatamente foi o que ocorreu com Jó, que finalmente foi totalmente restaurado, tanto na sua vida física e emocional, quanto em toda a sua riqueza e prestígio trazidos de volta por Deus. Também lhe deu o mesmo número de filhos que tinha com ele antes de ser acometido pela inveja de Satanás. Eu digo "que tinha com ele", porque agora ele ainda os tinha, embora, não estivessem com ele naquele momento. Foi por isso que Deus lhe deu o dobro do tinha antes; mas, os filhos, Deus lhe deu a mesma quantidade, pois estes, na ressureição se juntará aos outros para formar o dobro!

Tudo o que foi dito acima demonstra de forma resumida como Deus trabalha a providência individual. Deus age a partir de seu plano eterno — é-nos dito no Salmo 139 que Deus tem um livro, no qual estabeleceu um plano para cada crente desde a fundação do mundo: *Os teus olhos me viram a substância ainda informe, e no teu livro foram escritos todos os meus dias, cada um deles escrito e determinado, quando nem um deles havia ainda* (Salmos 139.16).

Desse modo, a providência divina age na vida da pessoa desde a sua concepção, seu nascimento; essa pessoa cresce sempre sob a providência divina. Tudo o que lhe vier a acontecer, acontecerá por causa da providência — tudo o que acontecer em sua vida, acontecerá porque estava determinado, conforme estava escrito no livro de Deus. Mais uma vez, isso refere a qualquer ser humano, mas só é percebido pelo crente instruído, maduro e em plena comunhão com Deus. E, mesmo quando não percebe na hora, ao meditar no que aconteceu ele reconhece ser obra da providência divina. Então, ele começa a dar louvores a Deus. Não importa quão ruim foram as experiências, ele crê que *todas as coisas cooperam para o bem daqueles que amam a Deus* (Romanos 8.28), e se põe a fazer o que Paulo mandou: *Em tudo, dai graças, porque esta é a vontade de Deus em Cristo Jesus para convosco* (1 Tessalonicenses 5.18).

Então, a partir dessas experiências, o crente passa a focar mais na providência divina e a aumentar suas expectativas no fato de que Deus está agindo por meio de sua divina providência; que Deus está atento a todo e qualquer acontecimento de sua vida, então, passa a confiar mais e mais em Deus, e Deus é mais e mais glorificado por meio de sua vida.

É isso que Deus espera de cada filho seu! Deus quer que ele tenha uma vida abundante; mas para isso cada um de seus filhos deve confiar cada vez mais nele. Essa confiança é tanto maior quanto maior for o seu conhecimento e expectativa na providência divina. Isso também nos leva a pensar nas exortações de Paulo, principalmente quando ele diz aos filipenses:

> *Não andeis ansiosos de coisa alguma; em tudo, porém, sejam conhecidas, diante de Deus, as vossas petições, pela oração e pela súplica, com ações de graças. E a paz de Deus, que excede todo o entendimento, guardará o vosso coração e a vossa mente em Cristo Jesus.* (Filipenses 4.6-7)

Somente uma atitude baseada no conhecimento e na expectativa das ações da providência divina, pode atender às exortações do apóstolo. Do contrário, muitos do povo continuarão sofrendo as pressões dos acontecimentos do dia a dia sem saber que é Deus realizando o seu plano, seu propósito que no seu livro escreveu todos os seus dias, quando nenhum deles havia ainda (Salmos 139.26).

Por um lado, vemos o rei Davi, confiante que era na providência divina, dizer: *O que a mim me concerne o Senhor levará a bom termo; a tua misericórdia, ó Senhor, dura para sempre; não desampares as obras das tuas mãos* (Salmos 138.8). O que Davi quis dizer? Ele quis dizer que, com ele, esse negócio de ansiedade, preocupação, medo não tinha guarida em seu coração, pois ele sabia que seu presente e seu futuro estavam *Nas Mãos de Deus*, então se consolava fazendo esta maravilhosa declaração de fé: ... *o Senhor levará a bom termo o que a mim me concerne* (Salmos 138.8). Ou seja, o que Deus escreveu no seu livro a meu respeito, ele vai cumprir, no tempo e no espaço determinados por ele na eternidade passada. Então eu lhe faço a pergunta de Jesus a Marta: *Crês isto?* (João 11.26). Porque é assim que a providência age — cumprindo o plano de Deus para nossas vidas.

Concluindo este pequeno capítulo, peço que considere o que disse no começo: esta é a tese que rege este tema. Considere que Deus o elegeu antes da fundação do mundo (Efésios 1.4); que ele enviou seu Filho para pagar por seus pecados, ressurgindo-o dentre os mortos, o chamou de volta, e o fez assentar à sua direita; e o constituiu Sumo Sacerdote, a fim de continuar cuidando de você e de todo o povo de Deus na terra. Com tudo isso, você ainda vai duvidar que Deus, por meio de sua divina providência? Vai se esquecer do plano que escreveu a seu respeito? Pelo contrário, você está cercado pela providência divina. Tudo o que lhe vier a acontecer, até mesmo a morte, é obra da providência em sua vida. Fica aqui o que diz certo hino: "Mas, ainda que demore, ou mesmo que pareça, eu não esquecerei de ti, virei outra vez!"

***... no teu livro foram escritos todos os meus dias...* (Salmos 139.16).**

15

Providência divina e a questão da saúde – Por que ficamos doentes?

Não sejas sábio aos teus próprios olhos; teme ao Senhor e aparta-te do mal; será isto saúde para o teu corpo e refrigério, para os teus ossos. (Provérbios 3.7-8)

Vamos pensar de forma ampla acerca desta questão defrontada pelo homem desde o seu surgimento na terra pelas mãos do Criador e após sua queda. Vamos pensar nos fundamentos do envelhecimento saudável e nas prováveis causas o adoecimento.

Este capítulo não pretende ser um tratado de medicina, mas uma tentativa de desvendar os mistérios da vida em sua relação com a providência divina e, dessa forma, entrar superficialmente nos parâmetros da ciência médica com a finalidade de conhecer os diversos pensamentos acerca da questão providencial que rege alguns parâmetros acerca da saúde e do adoecimento.

Além disso pesquisar dados providenciais sobre possíveis melhorias em um mundo extremamente doentio, onde desde sempre viveu o ser humano, cujas condições de saúde tendem a piorar, tanto mais dure a vida em nosso planeta em virtude do avanço dos problemas relacionados com a sobrevivência humana.

A doutrina da providência divina pode nos fornecer respostas objetivas para as questões de causas e efeitos dos estilos de vida assimilados pelo homem, tendo como finalidade principal as plausíveis explicações disponíveis do ponto de vista da providência divina. Explicações essas que possam estimular a busca por compreender e participar das ações da providência divina sobre a vida humana, enquanto habitantes do planeta.

Como postulado providencial, não pretendo fornecer meras sugestões com promessas de soluções imediatas; mas propor uma maior racionalidade no estilo de vida adquirido pelo indivíduo, ou imposto a ele pela sociedade. Trilhando um caminho mais racional, é muito provável que as pessoas perguntem mais, pensem mais e busquem mais, a fim de desenvolverem um estilo de vida mais eficiente na relação da vida com a saúde. Isso também é de interesse do entendimento acerca da doutrina da providência divina. Afinal, de acordo com a nossa definição, a providência divina é o governo de Deus, visando ao bem-estar de todas as suas criaturas.

Esses pensamentos acerca da providência divina relacionada com a saúde, se estimulados, devem conduzir o homem moderno à meditação nos sinais que o Criador já tem facultado e deixar-se levar pelas advertências naturais para pensar positivamente nos passos a serem dados rumo a uma saúde efetiva e rumo a um envelhecimento saudável.

Enquanto não se descobrem a "pílula do rejuvenescimento", o pensamento primordial é se tornar coadjuvante na busca de se compreender o interesse providencial na área saúde, uma vez que pensar a saúde pode se tornar a primeira atividade na busca pela saúde. Pois, contraditoriamente, os que apreciam a saúde são os que menos pensam em termos de saúde, pois buscando a saúde pela saúde, encontram a doença. Na busca da saúde sem pensar na saúde, as pessoas se precipitam por caminhos desvairados e se esquecem de que saúde requer tomada de posição e esta exige meditação, que gera a atitude, que resulta na saúde.

Saúde, de acordo com o órgão da ONU, a Organização Mundial de Saúde (OMS), quer dizer: "um estado de completo bem-estar físico, mental e social e não somente ausência de doença ou enfermidades"[52] e, para efeito deste estudo eu acrescento, também é, provavelmente, bem-estar espiritual. Além disso, aquilo que no senso comum é tido como "ausência", no aprofundamento médico não é considerado assim, pois é muito provável que alguma doença esteja secretamente ali, aguardando o momento frágil do corpo para manifestar-se e, na maioria das vezes, de forma fatal.

Os fundamentos da saúde, nos dias de hoje não são muito difundidos e, quando por algum momento se difunde um pouco de informação concernente ao assunto, este não está acessível a todos, ou, como se diz no jargão político, não

52 Em uma publicação de 2000, a Organização das Nações Unidas (ONU) reforça esse conceito, apontando quatro condições mínimas para que um Estado assegure o direito à saúde ao seu povo: disponibilidade financeira, acessibilidade, aceitabilidade e qualidade do serviço de saúde pública do país. (Organização Mundial da Saúde, "Constituição", in: World Health Organization. Disponível em: https://cutt.ly/MrBzUAeT [acesso em 19/09/2025]).

é democratizado. A falta de interesse na democratização consiste em uma via de mão dupla, porque nem os veículos de comunicação se interessam, nem as pessoas a quem poderia interessar, se interessam. Então não se trata de uma questão econômica ou social, pois as pessoas mais centrais no âmbito da sociedade também participam dessa massa desinformada. Também não se trata de falta de políticas públicas para informar, pois mais uma vez, a via é de mão dupla, considerando o fato de que nem o governo, nem a população estão interessados em maiores detalhes acerca do quesito saúde, principalmente pela questão da resistência ao pensamento, ao questionamento e à informação.

A resistência ao pensamento está intimamente relacionada à confirmação ao chamado *status quo*, pelo qual a sociedade se conforma com os parâmetros médicos desde sempre utilizados e pela confiança exacerbada nas inovações tecnológicas. E, diga-se de passagem, as inovações tecnológicas avançaram muito, mas muito mesmo na questão diagnóstica, porém muito pouco na questão da prescrição. É cada vez mais necessária a determinação de um diagnóstico. Por outro lado, o mais interessante não é ser diagnosticado com uma doença, mas ser prevenido contra o adoecimento. O problema de saúde se torna um problema de saúde pública, quando não há informação acerca da prevenção.

Por isso me empenho em escrever e incluir estes pensamentos acerca da saúde em sua relação com a providência divina, na esperança de provocar o pensamento acerca, principalmente, de onde provém o adoecimento e quais são as possíveis medidas preventivas. No entanto, ao mesmo tempo estou consciente de que pode demorar muito até que esse questionamento seja praticado pela maioria das pessoas, e atinja um maior percentual da população. Isso no sentido de que elas mesmas parem de pensar somente em termos de doenças e passem a desenvolver pensamentos em direção à prevenção possível e acessível democraticamente, ou seja, para todos; nesse caso, levando em consideração a posição econômica e social, pois também é importante dizer que não basta somente informação, é preciso também a condição.

Seguindo os passos da metodologia teórico-científica, é preciso pesquisar as causas comuns do adoecimento, as fontes de informação mais acessíveis e as possíveis e acessíveis maneiras de prevenir o adoecimento. Não para aumentar ainda mais a vaidade humana, nem visando à busca da saúde por simples prazer, mas para que, tendo mais saúde, a vida traga mais oportunidades de prontamente exaltar o Criador, por ser ele o autor da vida. Tendo ele próprio satisfação na vida de suas criaturas, fez provisão para que sua criação mais sublime, o ser humano, pudesse desfrutar de melhores momentos durante o seu determinado tempo de existência neste planeta e ter a felicidade de, não somente viver mais, mas também de viver com alegria, paz, esperança e saúde, em honra do seu Criador, pois este é o objetivo maior de nossa existência, de nossa vida, enquanto moradores, habitantes do planeta Terra. Isso também é tema constantemente ligado à questão da saúde e do adoecimento.

As causas do adoecimento humano

A questão inquestionável que deveria ocupar incessantemente o pensamento é acerca da origem das doenças. Desde quando este ser sublime, criado segundo a imagem de Deus, defronta-se com a questão do adoecimento? Como a doença pode atingir em cheio a nossa existência, visto que o ser humano foi agraciado com um corpo tão próximo da perfeição de Deus? Que de tão perfeito, arrancou um suspiro do Criador após olhar para sua obra-prima, da qual a narrativa de Gênesis diz acerca de todas as obras criadas: *viu Deus que tudo era bom*; mas, do homem, diz: *viu Deus que era muito bom*. Que provocou o suspiro do rei Davi: *Graças te dou, visto que por modo assombrosamente maravilhoso me formaste; as tuas obras são admiráveis, e a minha alma o sabe muito bem* (Salmos 139.14). Além disso, há uma declaração bombástica do próprio Deus:

> *Quando contemplo os teus céus, obra dos teus dedos, e a lua e as estrelas que estabeleceste, que é o homem, que dele te lembres? E o filho do homem, que o visites? Fizeste-o, no entanto, por um pouco, menor do que Deus e de glória e de honra o coroaste. Deste-lhe domínio sobre as obras da tua mão e sob seus pés tudo lhe puseste: ovelhas e bois, todos, e também os animais do campo; as aves do céu, e os peixes do mar, e tudo o que percorre as sendas dos mares. Ó Senhor, Senhor nosso, quão magnífico em toda a terra é o teu nome!* (Salmos 8.3-9)

Embora seja este um Salmo messiânico, contém uma leve referência à perfeição com que Deus revestiu o homem. Daí o questionamento: Como, podem coexistir a doença e o homem? Como ela chegou até ele, esse ser feito segundo a imagem de Deus? Todos nós sabemos a resposta. Ocorre que, muitas vezes fugimos dela, e fingimos não saber, não querer saber. Mas o que restou após a queda? Várias foram as consequências e o pecado trouxe no seu bojo a doença. Desde então tem sido a luta, o desafio do homem: debelar as causas múltiplas da doença.

Não é bastante pensar no pecado como sendo a fonte originadora do adoecimento. Para melhor clareza, é bom saber como o pecado funciona no processo do adoecimento. Várias são as maneiras pelas quais o pecado gera o adoecimento. Uma delas que nos parece ser a principal, é a ganância. Por causa do lucro as organizações, empresas de saúde abrem mão do altruísmo e reproduzem coisas que, em vez de contribuir para o bem-estar do ser humano, prejudica-o pelo agravamento da doença, pelos inúmeros efeitos colaterais provados. Não estou falando apenas de remédios, mas também dos alimentos industrializados em geral. Nesse caso, a alimentação passa a ser o principal vilão do adoecimento, seguida pelos produtos farmacológicos, assim chamado de "remédios".

Mas temos que mencionar outras fontes de adoecimento, quais sejam, a má alimentação, os remédios, os efeitos eletromagnéticos, o estresse e a perda dos nutrientes produzidos pelo corpo. Sobre a alimentação, o problema passa exatamente pela falta de informações adequadas. As pessoas não sabem o que comem, nem por que comem. Tão somente comem.

Quanto aos remédios, já se sabe da importância deles; mas é preciso guardar a informação acerca dos efeitos colaterais e as contraindicações, pois, é sabido que o adoecimento pode ser causado por excesso de remédios. Portanto, recomenda-se cuidado!

Outro causador de doenças é o uso de equipamentos eletrônicos, hoje muito úteis na comunicação, como os celulares, construção de torres por toda parte. O uso ou exposição ao eletromagnetismo, sem as devidas orientações e informações acaba por acarretar o adoecimento.

Por último, cito o estresse. O estresse é responsável por muitos casos de adoecimento. Alguns dizem que é inevitável ser atacado pelo estresse, principalmente para quem mora na cidade grande. Mas, sempre é possível substituir o estresse pela confiança em Deus e dentro dessa confiança em Deus, buscar sabedoria para tornar-se uma pessoa organizada. Uma boa organização na vida, por meio da constante dependência de Deus, pode ser o grande segredo contra o estresse. É possível passar por estresse sem ser ou se tornar estressado.

Portanto, vamos confiar que a providência divina está presente também na manutenção da saúde, por nos livrar constantemente dessas e de outras fontes de adoecimento. Quantas vezes, pela divina providência, o remédio é substituído por um nutriente. Quantas vezes, pela divina providência, somos libertos de um estresse; e assim por diante. A providência divina está na ativa em favor, principalmente daqueles que hão de herdar a vida eterna.

A importância providencial do pensamento acerca da saúde

O pensamento acerca da saúde leva o homem a pensar, não na sua própria perfeição, mas na perfeição do Criador. Deus é perfeito, somente ele é perfeito em todos os seus atributos. E na sua providência ele tem, a despeito da maldade do pecado que Satanás semeou e continua cultivando a doença, colocado à disposição muitos meios pelos quais é possível a qualidade de vida com um pouco mais de saúde. Porém, não se trata apenas do uso de remédios, mas também de muitos outros meios, que serão aventados neste capítulo.

Também não se trata da busca da saúde pela saúde, pois isso seria uma arrogância humana na tentativa de perpetuar a rebelião encetada no jardim do Éden — o que seria idolatria. Trata-se de uma busca de glorificar nosso Criador ao considerar sua bondade, visualizar sua providência e ser agradecido pelas bênçãos dos meios favorecidos por ele com vistas a nosso aprazimento, Deus é o nosso Deus, ... *Deus, que tudo nos proporciona ricamente para nosso aprazimento* (1 Timóteo 6.17); isto é, nossa saúde e bem-estar, e com vistas a podermos servi-lo por mais tempo. Além disso, a busca por um pouco de saúde (porque não é possível restaurar em absoluto a perfeição original, endêmica) é resultado do respeito adquirido a partir da regeneração do espírito, ou seja o referido novo nascimento de Jesus a Nicodemos, no Evangelho de João, capítulo 3.3), segundo o qual o corpo se torna o templo (santuário) do Espírito Santo (1 Coríntios 6.29). Nesse sentido, cada homem regenerado, o crente passa a ter maior responsabilidade para manter o seu corpo saudável, dentro das circunstâncias a que é diariamente submetido, tais como escassez de alimentos ou a deficiência de nutrientes; além da desinformação acerca da manutenção da saúde, falha de quem deveria informar e de quem necessita da informação, por não se interessar em buscá-la. Tanto de uma parte quanto da outra o que permanece é a morbidade do pensamento. Ninguém quer pensar. Como diz o jargão: "pensar dói" e, embora haja a tendência para lutar contra a dor, pensar a saúde para se prevenir contra a dor é o evitável, do ponto de vista da habitual negação do pensamento em toda esfera humana. Aprecia-se a tal da receita pronta e acabada, não a pesquisa. Isso não desenvolve a criatividade. Mas onde mais é demandada a pesquisa e a criatividade é na busca por uma vida melhor, saudável e satisfeita.

Portanto, urge se pensar a questão da saúde/adoecimento, e desta forma usufruir dos meios providos pela maravilhosa providência divina. Falamos muito em dependência de Deus, mas ignoramos e negligenciamos a doutrina da providência divina e, assim nos desviamos dos meios que a providência de Deus já proporcionou e ficamos à margem da tão sonhada qualidade de vida. Outras vezes buscamos essa quantidade de vida em fontes erradas e acabamos por nos afastarmos do alvo e, reiterando, por falta da informação necessária.

Pensar a saúde é o caminho para visualizar a providência de Deus e desfrutar dos meios que Deus já proveu para prevenir ou curar algumas doenças, que muito provavelmente nos acometerão. É como diz certo livro: "Provisão divina para sua saúde".[53]

A história do adoecimento humano – Como tudo começou

A tendência à doença consiste na consideração do processo utilizado por Deus. Da terra ele fez originar o homem, segundo a sua imagem e semelhança, e da terra fez ele a composição do homem, ou seja, toda a estrutura humana é oriunda da terra. Todos os componentes nutricionais são semelhantes aos existentes na terra. Mas a terra foi amaldiçoada por causa do homem, após a queda e, como ele foi feito da terra, precisava se nutrir da terra para perpetuar a estrutura obtida a partir da terra. A terra amaldiçoada, daí por diante produziria cardos e abrolhos, nome genérico para ervas daninhas, que sugam os nutrientes da terra. Como preservaria o homem a estrutura obtida da terra, por meio da terra, se até mesmo ela estava afetada e tornada carente?

Não bastasse a carência da terra, o desenvolvimento humano se deu nesta busca desenfreada pela sobrevivência e/ou perpetuação da vida, no seu maior sentido. E, como o pecado estava engendrado nele, como parte intrínseca e irremediável de sua natureza; Deus já havia sentenciado: o pão que o nutriria por todo o percurso de sua vida seria extraído da terra a duras penas:

> *E a Adão disse: Visto que atendeste a voz de tua mulher e comeste da árvore que eu te ordenara não comesses, maldita é a terra por tua causa; em fadigas obterás dela o sustento durante os dias de tua vida. Ela produzirá também cardos e abrolhos, e tu comerás a erva do campo. No suor do rosto comerás o teu pão, até que tornes à terra, pois dela foste formado; porque tu és pó e ao pó tornarás.* (Gênesis 3.17-19)

À penúria acrescenta-se a concorrência promovida por dois grandes fatores: o egoísmo e o aumento populacional. O egoísmo faz com que cada

53 MCMILLEN, S. I. *A provisão divina para sua saúde*. (São José dos Campos/SP: Fiel, 1988.)

um lute apenas por sua própria sobrevivência; e o aumento populacional, aliado ao egoísmo faz com que, por sua cegueira, aparentemente, seja escassa a alimentação. Grife-se o conceito "aparentemente" pois, conquanto tenha amaldiçoado o homem e a terra juntamente, havia a providência divina bem no centro dessas maldições, que é, como dizem os economistas de plantão, o *break-even-point*, o ponto de equilíbrio entre as maldições e as misericórdias de Deus. Mesmo porque, em seu plano eterno, Deus previa o sustento dos inscritos no Livro da Vida. Aí Deus entra com a chamada "graça comum", pela qual sustentaria toda a raça humana, independentemente das consequências naturais do pecado.

Portanto era, é, e sempre será desnecessária a concorrência nutricional, ao contrário do engano — digo, engodo — da teoria da famosa seleção natural, pois a providência de Deus garantiria alimentação (contraditoriamente) provinda da terra. Desta maneira, era, é, e sempre será preciso apenas confiar na providência divina e descansar sobre ela, e a outra maldição, a da concorrência seria inexistente. Mas, de acordo com o Salmo 42.7, *um abismo chama outro abismo*; então um pecado chama outro (outros) pecado; e assim aconteceu com o desenvolvimento humano em todas as gerações.

Mas a questão que não pode ser reprimida é: Por que Deus interpôs com sua Providência? A resposta consiste no fato de ter Deus um propósito eterno para sua criação (incluindo toda sua obra) e, como dizia Jó, nenhum dos planos de Deus pode ser frustrado. Por isso Deus, apesar do pecado ter contaminado a criação, entrou com sua Providência, a fim de preservar a sua glória, preservando a criação. Mas a maldição do Éden continua: a terra continuará produzindo cada vez com maior dificuldade

A morte, uma maldição irreparável

Espero que ninguém esteja tomando conclusões precipitadas ao ler este capítulo sobre a providência divina na saúde. Portanto, devo esclarecer que não é preciso, ao pensar a questão da saúde e adoecimento, pensar em erradicar a morte, pois a morte é uma maldição irreparável. Paulo afirma na Epístola aos Romanos que, *...assim como por um só homem entrou o pecado no mundo, e pelo pecado, a morte, assim também a morte passou a todos os homens, porque todos pecaram* (Romanos 5.12). Imediatamente após a queda (capítulo 3 de Gênesis), no capítulo 5, ao relatar a genealogia de Adão, cada vez que Moisés se refere a um descendente, logo concluía o fim a que este chegou: "morreu". Assim, resumidamente, de Adão a Noé, lemos sete vezes a palavra "morreu", no relato de Moisés acerca da descendência inicial de Adão.

Portanto, a morte é inevitável, pelo menos enquanto Jesus não vier arrebatar sua igreja. Porém, segundo os propósitos de Deus, pela sua providência é possível adiar a morte. Ou seja, se Deus quiser, ele pode prolongar a vida de alguém por finalidades que desconhecemos. Por outro lado, Deus pode prolongar a vida de um servo seu até que complete a carreira planejada para ele. Estou pensando no apóstolo Paulo, que teve a felicidade de afirmar acerca dele próprio: *Combati o bom combate, completei a carreira, guardei a fé* (2 Timóteo 4.7).

A grande esperança do crente é que nosso Salvador, pela instrumentalidade da providência divina, venceu a morte, garantindo-nos que, na sua vinda gloriosa, nós também a venceremos! Outro ponto de esperança é que, ainda que historicamente nosso Senhor tenha vencido a morte, escatologicamente ela ainda impera sobre cada descendente de Adão; porém, Paulo explica em 1 Coríntios que *O último inimigo a ser destruído é a morte* (1 Coríntios 15.26).

A doença, uma condição permanente

Mas a doença permanece como uma condição humana, contra a qual todos têm que lutar. Felizmente, pela graça comum, muitos têm vencido por breve tempo, principalmente, pela prevenção. Tendo vencido uma doença, a pessoa passa a se cuidar com mais afinco; mas, a doença continua sendo uma condição permanente.

Nesse sentido é que, desde os primórdios, a providência divina tem sido a esperança, pois permitiu o desenvolvimento da Filosofia nos diversos períodos da história humana, pela qual foi crescendo devagar o que hoje é chamado de ciência e tecnologia. Esse desenvolvimento levou a descobertas importantes da medicina rumo à melhoria da saúde como um todo, mas ainda a doença impera. Parece que, quanto mais a tecnologia avança, mais aumentam os desafios de se prevenir e curar, pois também parecem surgir doenças que não eram conhecidas, mas que aparecem, paradoxalmente, com o crescimento da tecnologia e o desenvolvimento das ciências médicas.

Na Providência, Deus tem abençoado as pessoas com considerável melhora na longevidade, mas a doença continua imperando e desafiando! Porém Deus tem trazido soluções providenciais na multiplicação de médicos e medicamentos; na multiplicação de hospitais e casas de saúde. Além disso, temos observado também o aumento de pessoas se voltando para a prevenção, pelo despertamento de médicos investindo na pesquisa de como é possível prevenir-se contra algumas doenças. Nesta batalha, muitos chegaram à conclusão de que a saída são os alimentos, aliados ao uso de nutrientes de suplementação.

O desespero humano, futuro inevitável (reportando a Kierkegaard)

Essa condição de vulnerabilidade quanto ao adoecimento, cria no ser humano um estado de desespero diante do crescimento inversamente proporcional entre doença e as expectativas de prevenção e cura. Tem sido uma verdadeira luta entre Davi e Golias. É a guerra da saúde contra a doença, na qual quem vence, na maioria das vezes, é a doença.

Isso parece assustador, mas busquemos entender essa questão à luz da providência divina. Por esse ponto de vista, a doença é desespero resultante, mas não é, ou não deveria ser tão desesperador assim, pois Deus está governando sua criação, e em tudo ele tem um propósito. No caso daqueles que são guiados, ou que se deixa guiar pela Providência, o propósito conhecido é aproximar mais e mais o filho de Deus do próprio Deus, uma vez que a doença chama a atenção para uma maior e mais frequente dependência de Deus. Quando se trata do mundo incrédulo, indiferente ou rebelde contra Deus, o propósito conhecido é chamar a atenção para o arrependimento e fé salvadora. Nesses dois casos a providência divina tem conseguido êxito, pois tenho ouvido e até visto relatos de pessoas se voltando para o Evangelho após um severo estado de adoecimento. Não que Deus precise utilizar esse método para atrair seu povo, para demonstrar as ações da Providência. Muitas vezes ele, segundo a sua preordenação eterna, utiliza de meios dramáticos (a conversão de Saulo de Tarso, por exemplo) para trazer uma pessoa ao arrependimento e à fé salvadora. Esse é, pois, o caráter providencial do adoecimento.

Kierkegaard, um famoso filósofo cristão da Dinamarca escreveu um livro intitulado *O Desespero Humano*, no qual ele descreve e lamenta o desespero humano, da doença até a morte. Mas, para Kierkegaard, o problema não está no desespero, mas na falta dele, porque o desespero conduz o indivíduo à reflexão e a reflexão, à busca da verdade, que o poderá levar a Deus. Nesse sentido, ele afirma que, por isso o modo cristão de encarar a morte é diferente:

> Mas, para o cristão, a morte de modo algum é o fim de tudo, e nem sequer um simples episódio perdido na realidade única que é a vida eterna; e ela implica para nós infinitamente mais esperança do que a vida comporta, mesmo transbordante de saúde e de força.[54]

O que ele quis dizer com isso? Segurança a despeito da precariedade da saúde.

Graça comum – a pacificidade (reportando a Agostinho)

A expectativa, porém, está no fato de que Deus olha para toda a humanidade com os olhos da graça, pela qual ele provê os recursos para amenizar o desespero humano. Esta é a graça comum, pela qual ele faz chover sobre justos e sobre injustos. Ou seja, assim, como todos (justos e injustos) ficam doentes, da mesma forma, na providência divina, todos (justos e injustos) também têm acesso à graça que provê os meios de vencer (dentro do plano de Deus para cada um), e conseguir, dessa forma, um pouco de refrigério; a chamada *qualidade de vida.*

A informação acerca das questões que envolvem a saúde

O ser humano desde sempre é contaminado pela insegurança. Parece ser acompanhado por onde quer que caminhe sua vida — perseguição implacável! E quanto mais dura a sua existência, mais persiste a insegurança. Insegurança promovida pelo adoecimento? Talvez. Mas a insegurança, companheira do homem, ocorre muito mais pela ausência de pensamento providencial acerca da saúde do que pela própria doença. Nesse sentido, este texto tem por alvo provocar a concentração muito mais no conceito de saúde do que no conceito de doença. Já lhe ocorreu estar se sentindo doente e, pelo simples fato de ter ido à consulta médica, após ter sido examinado, sentiu-se melhor; como se não tivesse existido a dor, ou ter-se extirpado a doença? Esse é apenas um resultado psicológico de ter-se encontrado com o médico, mas a informação pode trazer muitos benefícios inerentes à cura ou à prevenção de muitas doenças. Então, precisamos de informação acerca das condições de adoecimento, informação acerca das consequências do adoecimento, informação acerca da prevenção da doença — diferença entre curar e prevenir —, informação acerca da diferença entre remediar e erradicar, e assim por diante.

54 KIERKEGAARD, Søren. *O desespero humano.* (São Paulo/SP: UNESP, 2010): 20.

As possíveis e acessíveis maneiras de prevenção e cura efetiva das diversas doenças

Gostaria de sugerir alguns métodos e fontes de prevenção e cura providencialmente disponíveis. As pessoas responsáveis e interessadas deveriam promover e buscar o processo científico informativo. Os capitalistas, deveria deixar de lado o egoísmo e a ganância, tendo em vista a melhora na condição humana. Por condição quero dizer acesso a um melhor poder aquisitivo, a melhores e acessíveis hospitais. As indústrias farmacêuticas deveriam ser mais racionais, mais humanas, mais altruístas e buscar zerar a ganância. Acredito que essas ações resultariam no aumento do acesso e da disponibilidade, além da democratização da saúde. Isso diminuiria ou erradicaria o emperramento e alavancaria as possibilidades da saúde humana e, finalmente aumentaria o incentivo aos pensamentos acerca de possíveis soluções, por meio de questionamentos acerca da democratização das possíveis soluções.

O que me levou a escrever este capítulo? O que mais me intriga na questão de pensar a saúde humana? Seriam as ações do governo? Provavelmente, mas o que há de mais intrigante em minha alma acerca da saúde humana vai para além das chamadas "políticas públicas". Intriga-me observar a ausência de consideração da providência divina acerca do modo de vida que conduz a uma aproximação de um estilo de vida saudável. Reafirmo o que desejo significar quando me refiro à ausência de *pensamento sobre a providência divina na saúde.* Talvez, à falta de questionamentos, de meditação e de fundamentação quanto às possíveis melhorias na condição humana rumo ao envelhecimento.

Sabemos pela Escritura que, quando a providência divina facilita, abre as portas, a responsabilidade é de cada um. Então, por que você precisa cuidar da saúde? Há uma grande diferença entre o culto ao corpo, como observamos em muitos descrentes, já afeitos à idolatria, e o cuidado da saúde, porque o corpo do crente se tornou templo do Espírito Santo, após sua conversão.

Portanto, devemos cuidar de nossa saúde. Ficou doente? É sua responsabilidade procurar o médico. Além disso, (para não ter que ficar doente todos os dias) é bom se prevenir. Já diziam os antigos: "É melhor prevenir do que remediar". Mas, parece que, no tocante à saúde, a maioria se esqueceu disso. Portanto, antes de ficar doente e ter de ir ao médico (o que é perfeitamente normal), faça o quanto for possível a prevenção. A providência divina nos proporciona uma gama de produtos de suplementação e reposição, dos quais cito alguns como magnésio, óleo de coco, ômega 3, coezima Q10, vitamina D3, vitamina B12, vitamina K2 e muitos outros. Mas tudo isso custa muito. Então, vamos clamar a Deus para que, pela sua misericórdia e pela sua graça manifeste a sua providência para que de alguma maneira ele supra as nossas necessidades.

***... pois ele mesmo é quem a todos dá vida, respiração e tudo mais* (Atos 17.25).**

16

Ser salvo: condição *sine qua non*[55] para se desfrutar da providência divina

Em verdade, em verdade vos digo: quem crê em mim tem a vida eterna. Estas coisas vos escrevi, a fim de saberdes que tendes a vida eterna, a vós outros que credes em o nome do Filho de Deus. (João 6.47; 1 João 5.13)

Um dos propósitos da providência divina é que, no desfrute da segurança por ela (a Providência) oferecida, seus beneficiados tenham paz. Paz por saberem que estão sendo guiados pela providência divina. Neste sentido, a condição essencial para desfrutar dessa maravilhosa graça de Deus é ter segurança da salvação, e assim, obter a tão almejada paz! Ouça o som das promessas de Deus: *Deixo-vos a paz, a minha paz vos dou; não vo-la dou como a dá o mundo. Não se turbe o vosso coração, nem se atemorize* (João 14.27) e:

> *Não se turbe o vosso coração; credes em Deus, crede também em mim. Na casa de meu Pai há muitas moradas. Se assim não fora, eu vo-lo teria dito. Pois vou preparar-vos lugar. E, quando eu for e vos preparar lugar, voltarei e vos receberei para mim mesmo, para que, onde eu estou, estejais vós também. E vós sabeis o caminho para onde eu vou.* (João 14.1-4)

Um pouco mais da voz maviosa de Deus, em Cristo Jesus, trazendo-nos a sua paz, para não nos perturbarmos frente a qualquer calamidade, a qualquer doença e qualquer ameaça de morte. *E a paz de Deus, que excede todo o entendimento, guardará o vosso coração e a vossa mente em Cristo Jesus* (Filipenses 4.7).

A paz da qual os crentes desfrutam, de acordo com as passagens acima, não depende das circunstâncias, e é evidente, principalmente, em meio turbulência.

55 *Sine qua non* ou *conditio sine qua non* é uma expressão que se originou do termo legal em latim que pode ser traduzido como "sem a/o qual não pode ser". Refere-se a uma ação cuja condição ou ingrediente é indispensável e essencial.

Dizem que certo colecionador solicitou a certo artista que lhe pintasse um quadro que representasse a paz. No tempo marcado ele foi ver o quadro. O artista fez uma "obra-prima"! Era uma paisagem linda, na qual se via o brilho sereno do sol projetando sobre uma frondosa árvore, gerando uma sombra que inspirava tranquilidade. O homem que havia encomendado a obra de arte disse ao artista: "Olha, a obra é, realmente, linda, só que para mim, não representa a paz!" O artista, indulgentemente, consentiu em fazer outro, que pudesse agradar seu cliente. Vencido o prazo para a entrega da obra, o homem foi buscá-lo. Tal foi a satisfação, ao ver que o paciente artista tinha pintado um quadro totalmente oposto ao primeiro: pintou uma paisagem semelhante à anterior, só que desta vez, era um raio que, da mesma forma, projetava-se para uma árvore belamente frondosa, só que rachando-a em duas metades iguais pela violência do raio. Mas havia alguns animais pastando e crianças e adultos apenas observando o espetáculo, porém, sem que qualquer susto, medo ou pânico os atingissem. O homem exclamou: "Sim, é este! Este, para mim é o que representa a paz!"

O conto acima é fictício, porém, bem próximo da realidade, semelhante à história da vida real de um conhecido grande teólogo, que revolucionou o mundo após o incidente que o envolveu em um terrível estado de pânico. A história se desenrola assim: voltava ele de um malogrado trabalho missionário, de navio, para seu país de origem. Já em alto mar, começou entrar água no navio. Automaticamente ele entrou em pânico. Em meio ao pavor, ouviu o cântico de hinos e pensou: Quem estaria cantando sob essa terrível possibilidade de estarmos todos, dentro de poucas horas, no fundo do mar? Andou pelos vários compartimentos do navio, procurando saber quem, e porque cantavam naquele momento, até que encontrou um grupo cantando alegremente, hinos de louvores a Deus. Ele parou ali e perguntou às pessoas que cantavam: "Eh, pessoal, porque vocês estão tão alegres assim, se daqui a pouco estaremos todos no fundo do mar? Ao que lhe responderam em uníssono: "É por isso mesmo! Estamos aqui ensaiando para cantar lá no céu, em louvor daquele que morreu e ressuscitou para nos salvar!" O homem parou e perguntou para si mesmo: "O que eles têm, que eu não tenho? Qual é o segredo de tamanha confiança?" De acordo com o relato, conseguiram consertar o navio e chegaram são e salvos no destino. O homem, porém, não descansou, enquanto não descobriu o segredo daquelas pessoas que cantavam em alto mar, enquanto o navio era tomado pelas águas, na iminência de afundar-se, e morrerem todos sob a imensidão da profundeza do mar.

Veja. Qual era o segredo para aquelas pessoas desfrutarem de tanta paz, sob tamanha turbulência? Adivinhou! Era a certeza da salvação. Aquele homem descobriu o segredo, passou a ter certeza da salvação e se tornou um dos maiores servos de Deus da história. E mais: agora seu trabalho missionário frutificou! Seu nome, de acordo com o autor do E. E. Internacional, Dr. James Kenedy, é John Wesley, o membro da igreja anglicana, que fundou a Igreja Metodista, juntamente com seu irmão, Charles Wesley. Percebeu a importância de ser salvo e ter certeza desta salvação?

Como obter a certeza da salvação

Começo por contar a você que esta nomenclatura "como", estritamente não existe. Mas, nas entrelinhas, podemos enxergá-la na Escritura pois, realmente, trata-se de um processo[56]; mas é um processo sobrenatural. Nesse sentido, o "como" existe, sim, porém está *Nas Mãos de Deus*. Mas isso, não é um desestímulo à busca por obter a resposta a uma vida de pavor e medo, insegurança e pânico, especialmente em tempos difíceis, de perigos e medos. Porém, não é preciso ter que passar por experiências de perigos e medos para despertar o interesse pela salvação, pois a morte ronda cada indivíduo, todos os dias, o tempo todo. Por isso é de extrema relevância a pergunta: "Você tem certeza de que, se morresse hoje, iria para o céu? Iria desfrutar das moradas celestiais, das quais falou o Mestre, ao consolar os discípulos, entristecidos com sua volta para o Pai? Ele disse:

> *Não se turbe o vosso coração; credes em Deus, crede também em mim. Na casa de meu Pai há muitas moradas. Se assim não fora, eu vo-lo teria dito. Pois vou preparar-vos lugar. E, quando eu for e vos preparar lugar, voltarei e vos receberei para mim mesmo, para que, onde eu estou, estejais vós também.* (João 14.1-3)

A pergunta: Você tem certeza? se torna ainda mais relevante, porque nos remete a esta grande promessa. Mas também se soma à importância do comentário de um dos discípulos, que dizia não saber o caminho para alcançar a promessa, ao que lhe respondeu Jesus: *Eu sou o caminho, e a verdade, e a vida; ninguém vem ao Pai senão por mim* (João 14.6).

É também muito importante que você peça a Deus para que essa pergunta nunca saia de seu pensamento, até que Deus lhe dê a resposta. Devo lhe

56 Na verdade, a salvação, em si, não é um processo, mas, um ato instantâneo do Espírito Santo. Porém, se considerarmos que a salvação obedece a três fatos operados pelo Espírito Santo, a saber: novo nascimento, arrependimento e fé (nesta ordem) é um processo; entendendo, entretanto, que os três podem ocorrer simultaneamente; ou em um espaço de tempo extremamente curto.

garantir, com base na Escritura, que há esperança para você, se Deus continuar alimentando o seu pensamento e não deixar esta pergunta calar-se. Por outro lado, se Satanás dissipar seus pensamentos para outros, opostos à questão da segurança da salvação, triste sorte você terá, porque significa a ausência de misericórdia de Deus para com você. Então clame, clame com veemência, clame com urgência, clame todos os dias, o dia inteiro: "Senhor, quero, de todas as minhas forças, de todo o meu coração, saber se vou para o céu". Mas quero adverti-lo, como um bom amigo, que Satanás não desistirá. Ele vai tentar dissuadi-lo desses pensamentos, por meio de uma de suas armas mais potentes e eficazes — a *presunção*. Ele não medirá esforços para convencê-lo de que você é uma pessoa boa e, na balança de sua vida, os méritos pesam muito mais que os deméritos, ou seja, sua existência consiste em considerável carga de boas obras e, disso Deus não pode esquecer, pois ele é bom demais para mandar uma pessoa como você para o inferno. Por favor, peça a Deus para não deixá-lo cair nesta armadilha, pois certamente você, se continuar com esses pensamentos e se convencer de seus merecimentos, será lançado no lago de fogo para sempre, porém, sem o perceber! Quando se der conta, você já estará caindo no inferno. Então terá saudades dos tempos de angústias pelos quais passou, dos quais tanto se lamentou! Portanto, rogo a você: não cesse de perguntar sobre a certeza da vida eterna — sobre a certeza de sua salvação.

Preste bem atenção, pois vou lhe dizer o que você precisa saber a fim de aumentar a possibilidade de obter, definitivamente, a certeza de que vai para o céu. Eu digo "aumentar a possibilidade" pois, como iniciei este ponto dizendo que o "como" reside no campo do sobrenatural; é Deus quem faz tudo, da iniciativa, antes da fundação do mundo (Efésios 1.4), até a concretização, o dia de sua conversão, quando você obtiver para sempre a certeza da vida eterna, como o Senhor já afirmou com extrema clareza:

> *As minhas ovelhas ouvem a minha voz; eu as conheço, e elas me seguem. Eu lhes dou a vida eterna; jamais perecerão, e ninguém as arrebatará da minha mão. Aquilo que meu Pai me deu é maior do que tudo; e da mão do Pai ninguém pode arrebatar. Eu e o Pai somos um.* (João 10.27-30)

Então, o que você precisa fazer? Muitas coisas.[57] Uma delas, é alimentar, como já disse e agora reafirmo, o pensamento acerca da pergunta: "Tenho

57 Isso, aparentemente, é uma contradição, porque para ser salvo não é preciso fazer nada, porque Jesus já fez tudo. É somente, para a compreensão, do ponto de vista humano. Por outro lado, qualquer atitude que alguém evidencia na direção de obter a certeza da salvação, já significa que a graça é que o está conduzindo nessa busca. Nesse sentido, a graça funciona como se fosse um GPS, sem ela você jamais chegará ao ponto de ter certeza de que quando morrer vai para o céu.

certeza da minha salvação?" Como você vai alimentar esse pensamento? Primeiro, por meio da oração, pedindo ajuda para sempre lembrar-se da pergunta, até que obtenha a resposta divina. Em segundo lugar, leia a sua Bíblia, especialmente, os textos mais claros acerca da salvação[58], sempre com o pensamento: desejo saber se posso ir para o céu. Simultaneamente, procure uma igreja séria, onde os termos da salvação são explicados biblicamente. A título de denúncia, quero dizer-lhe: evite certas igrejas, nas quais a ênfase não é a salvação da alma, para reativar o relacionamento correto com Deus por meio de uma vida separada deste mundo e finalmente, a vida eterna; mas, suas ênfases (dessas igrejas) estão na prosperidade material, como saúde e prosperidade financeira. Isso está na contramão do que nos ensinou o Senhor Jesus Cristo, quando disse: *Pois que aproveitará o homem se ganhar o mundo inteiro e perder a sua alma? Ou que dará o homem em troca da sua alma?* (Mateus 16.26); e: ... *As raposas têm seus covis, e as aves do céu, ninhos; mas o Filho do Homem não tem onde reclinar a cabeça* (Lucas 9.58). Procure uma igreja que prega apenas o Evangelho, pois está dito que ... *a fé vem pela pregação, e a pregação, pela palavra de Cristo* (Romanos 10.17). De novo, sempre conservando a pergunta acerca da certeza da salvação.

Agindo assim, você vai descobrir cinco coisas imprescindíveis no alcance da salvação. A primeira é que *o céu é uma dádiva, um dom*. O céu pertence a Deus, que o dá a quem ele quiser, como está escrito: ... *Farei passar toda a minha bondade diante de ti e te proclamarei o nome do Senhor; terei misericórdia de quem eu tiver misericórdia e me compadecerei de quem eu me compadecer* (Êxodo 33.19); palavras ditas a Moisés no monte Sinai e explicadas por Paulo, referindo-se ao plano eterno de Deus para a salvação dos pecadores: *Pois ele diz a Moisés: Terei misericórdia de quem me aprouver ter misericórdia e compadecer-me-ei de quem me aprouver ter compaixão* (Romanos 9.15)[59]; e: *Porque pela graça sois salvos, mediante a fé; e isto não vem de vós; é dom de Deus; não de obras, para que ninguém se glorie* (Efésios 2.8-9). Nesse sentido, a salvação não pode ser conseguida ou conquistada mediante esforços próprios ou por meio de boas obras. A salvação vem, unicamente, pela fé, que é obra da graça,

58 Recomenda-se a leitura do Evangelho de João, por ser uma biografia de Jesus, na qual João realça muito claramente acerca da pessoa, obra e missão do Senhor, com destaque especial a sete milagres, pelos quais, os leitores possam vir a crer e serem salvos. Cito o versículo: *Na verdade, fez Jesus diante dos discípulos muitos outros sinais que não estão escritos neste livro. Estes, porém, foram registrados para que creiais que Jesus é o Cristo, o Filho de Deus, e para que, crendo, tenhais vida em seu nome* (João 20.30-31).

59 *Respondeu-lhe: Farei passar toda a minha bondade diante de ti e te proclamarei o nome do Senhor; terei misericórdia de quem eu tiver misericórdia e me compadecerei de quem eu me compadecer* (Êxodo 33.19).

como diz: ... *sois salvos, mediante a fé; ... não de obras* (Efésios 2.8-9). Esses dois versículos dizem exata e claramente que o céu é uma dádiva de Deus para todo aquele a quem é dada a fé, totalmente pela graça. Se a salvação fosse meritória, não seria estendida universalmente, pois somente aqueles capazes de fazer por merecer, se salvariam. Ao contrário, Deus dá gratuitamente a salvação a todo aquele que quiser, pois os termos do convite são claros: *O Espírito e a noiva dizem: Vem! Aquele que ouve, diga: Vem! Aquele que tem sede venha, e quem quiser receba de graça a água da vida* (Apocalipse 22.17).

Qual é a razão, pela qual a salvação é unicamente, pela graça, gratuitamente, pela fé? São várias, mas vou descrever apenas duas: a primeira, é porque *somos pecadores*. A Bíblia não se cansa de afirmar que ... *todos pecaram e carecem da glória de Deus* (Romanos 3.23). A Bíblia explica clara e universalmente o significado do pecado que abrange todo ser humano que já pisou nesta terra, desde Adão. Em uma só frase é possível definir o conceito de pecado: *Toda injustiça é pecado...* (1 João 5.17). Outra parte diz que *Todo aquele que pratica o pecado também transgride a lei, porque o pecado é a transgressão da lei* (1 João 3.4). Neste sentido, pecado, como propõem os estudos teológicos acerca da *hamartiologia*[60], é errar o alvo, é transgressão, é iniquidade, é tudo o que se faz ou pensa que contraria a santidade de Deus. Por ser o pecado universal, a Bíblia afirma: *pois todos pecaram e carecem da glória de Deus* (Romanos 3.23). Além disso, o pecado faz parte do ser humano desde sempre, mesmo o embrião já é considerado como estando em pecado, de acordo com o rei Davi: *Eu nasci na iniquidade, e em pecado me concebeu minha mãe* (Salmos 51.5). Portanto, o homem não pode fazer nada que conte como méritos à sua chegada no céu, pois o pecado mancha, contamina tudo o que ele faz. Como nos diz o livro de Provérbios: ... *até a lavoura dos ímpios são pecado* (Provérbios 21.4 — ARC). Ou seja, tudo, enquanto não tocado pelo homem, conserva sua dignidade; ao tocá-lo, homem a destrói tão rapidamente, quanto foi o seu toque — na mesma velocidade! Pois o pecado condena, não somente à morte física e temporária, mas também à morte espiritual e eterna, perpetuada no que a Bíblia chama de "lago de fogo" (Apocalipse 21.8). Por isso, ninguém pode ser salvo por boas obras, pois elas estão manchadas pelos nossos pecados, como dizia Isaías: *Mas todos nós somos como o imundo, e todas as nossas justiças, como trapo da imundícia; todos nós murchamos como a folha, e as nossas iniquidades, como um vento, nos arrebatam* (Isaías 64.6). Neste caso, *imundo* é o fato do pecado; *trapo*

60 No estudo de Teologia Sistemática, é a doutrina do pecado, isto é, o que a Bíblia ensina acerca do pecado.

de imundícia, a consequência. E, trapo de imundícia, neste contexto, significa "os panos da menstruação", considerados naquela época o maior símbolo de sujeiras, que era expelido do corpo da mulher, pois até hoje, a menstruação é uma bênção para a mulher, pois a livra de males que poderia advir, não fosse mais esta maravilha de nosso Maravilhoso Criador, relacionada com a saúde e preservação da vida (providência divina). Assim são comparadas as nossas boas obras — não têm qualquer valor intrínseco, portanto, não nos podem salvar. Além disso, já foi determinado por Deus, desde a fundação do mundo, que a salvação seja somente uma operação da graça de Deus, que nos concede a fé, para com ela respondermos à oferta de salvação, como deixa bem claro, o apóstolo: *Porque pela graça sois salvos, mediante a fé; e isto não vem de vós; é dom de Deus; não de obras, para que ninguém se glorie* (Efésios 2.8-9).

Assim, quem quiser se libertar do medo da morte, do medo de passar fome e do medo de sair desta terra e deixar tudo, por amar demais tudo isso aqui, terá que se humilhar, colocar a boca no pó e receber a salvação gratuita, pois a oferta é somente pela graça, não pode ser conquistada por méritos próprios. Além disso, se pudesse ser comprada ou merecida, as obras teriam que ser perfeitas, nota 100, se fossem avaliadas com nota 99, não daria certo. E como não há quem produza obras perfeitas, permanece em definitivo, o "não" de Deus. Ainda é preciso explicar que, se fosse por obras, a glória seria de quem conseguisse completar a "prova"; lembrando que a chegada de um pecador no céu não se compara à de um atleta olímpico até o desamarrar do laço da fita. *Assim, pois, não depende de quem quer ou de quem corre, mas de usar Deus a sua misericórdia* (Romanos 9.16). O padrão é, pois, não exigência de esforço, nem trabalho para entrar no caminho do céu, pois a Escritura diz:

> *Que, pois, diremos ter alcançado Abraão, nosso pai segundo a carne? Porque, se Abraão foi justificado por obras, tem de que se gloriar, porém não diante de Deus. Pois que diz a Escritura? Abraão creu em Deus, e isso lhe foi imputado para justiça. Ora, ao que trabalha, o salário não é considerado como favor, e sim como dívida. Mas, ao que não trabalha, porém crê naquele que justifica o ímpio, a sua fé lhe é atribuída como justiça. E é assim também que Davi declara ser bem-aventurado o homem a quem Deus atribui justiça, independentemente de obras: Bem-aventurados aqueles cujas iniquidades são perdoadas, e cujos pecados são cobertos; bem-aventurado o homem a quem o Senhor jamais imputará pecado.* (Romanos 4.1-8)

Outra a razão, pela qual a salvação é unicamente pela graça é porque *Deus é justo*, e esse atributo se atrela a outro, a saber, o amor. Este último, agrada mais aos ouvidos impenitentes, não estão dispostos a aceitar a realidade de que inevitavelmente são pecadores e não podem salvar a si mesmos, nem a outrem. Porque se o aceitarem, terão que aceitar outra realidade, a justiça de Deus, e a consequência será: eles se sentirão mais perdidos do que nunca e irremediavelmente serão condenados a passar a eternidade inteira no lugar de tormentos eternos.

Mas este é, precisamente, o ponto. Já lhe ocorreu que quando alguém está perdido, só começa a procurar o caminho, quando se dá por conta de que está perdido? Então, por aceitar essa realidade, ele fica aberto a qualquer ajuda. É este o começo da salvação da alma, por ele aceitar a realidade da justiça de Deus. Ao se entregar para ser condenado, Deus lhe vem ao encontro e lhe propõe Cristo. A este também ele aceita, crê nele como o Salvador, o Senhor que morreu e ressuscitou para pagar a justiça de Deus em seu lugar. Então, crendo, recebe a vida eterna, a certeza da salvação, aí se esvaem todos os medos já referidos acima, tem-se a esperança e, como fruto da esperança, a paz, a segurança, então poderá dizer, como Paulo: *... para mim, o viver é Cristo, e o morrer é lucro* (Filipenses 1.21).

Agora é hora de exercer fé, a *fé salvadora.* Por que esta distinção? É porque existem algumas manifestações de fé que não equivalem à *fé salvadora*; manifestações essas, que não visam à salvação da alma, à certeza de que quando morrer irá para o céu. Por exemplo, há certa espécie de fé que consiste apenas de um assentimento intelectual acerca de Deus. Muito vagamente, as pessoas creem em um Deus compulsoriamente provedor, um deus-super-homem, que existe com a missão de socorrer, de curar, de suprir as necessidades, mas este personagem nada tem a ver com Deus. Parece mais com um servo! As pessoas em geral não pensam em salvação, vida eterna, ir para o céu; isso está muito no futuro, e o futuro a Deus pertence. Mas Jesus, certa feita fez uma analogia interessante. Segundo ele o nosso futuro é semelhante. Ele disse:

> *Pois qual de vós, pretendendo construir uma torre, não se assenta primeiro para calcular a despesa e verificar se tem os meios para a concluir? Para não suceder que, tendo lançado os alicerces e não a podendo acabar, todos os que a virem zombem dele, dizendo: Este homem começou a construir e não pôde acabar. Ou qual é o rei que, indo para combater outro rei, não se assenta primeiro para calcular se com dez mil homens poderá enfrentar o que vem contra ele com vinte mil? Caso contrário, estando o outro ainda longe, envia-lhe uma embaixada, pedindo condições de paz. Assim, pois, todo aquele que dentre vós não renuncia a tudo quanto tem não pode ser meu discípulo.* (Lucas 14.28-33)

Da mesma forma, aqueles que não pensam que um dia vão morrer e, morrendo, terão que prestar contas a Deus, não se preocupam em se preparar para esse dia. Eles mantêm uma espécie de fé meramente intelectual acerca de fatos históricos sobre Deus, mas não têm qualquer participação em Deus, não têm o verdadeiro conhecimento de Deus. Jesus afirmou: *E a vida eterna é esta: que te conheçam a ti, o único Deus verdadeiro, e a Jesus Cristo, a quem enviaste* (João 17.3). Mas, se estiverem preparados, poderão ser isentos, desfrutar de um futuro feliz, nas bem-aventuranças do Senhor! Como já foi mencionado, todos temos pecados, e pecados são dívidas (perdoa as nossas dívidas...), e como tais, deverão ser acertadas um dia. Entretanto, Deus, desde a eternidade, tomou providências para que muitos tivessem suas dívidas previamente acertadas; então enviou seu único Filho para pagar por nossos pecados e comprar com o seu sangue um lugar no céu, acerca do qual prometeu com certeza:

> *Não se turbe o vosso coração; credes em Deus, crede também em mim. Na casa de meu Pai há muitas moradas. Se assim não fora, eu vo-lo teria dito. Pois vou preparar-vos lugar. E, quando eu for e vos preparar lugar, voltarei e vos receberei para mim mesmo, para que, onde eu estou, estejais vós também.* (João 14.1-3)

Então, o que é *fé salvadora*? É aquela fé que é dada por Deus (Efésios 2.8), mediante a qual a pessoa percebe, primeiramente a maldade de seus pecados, entendendo que eles constituem em grande afronta a Deus e que, certamente, Deus vai tomar vingança contra suas ofensas e, já tomou providências para a sua condenação (Romanos 6.23; Apocalipse 21.8). A par destas verdades, ele reconhece seus pecados, se arrepende, reconhece-se condenado, porque até aqui ele só conta com esta informação acerca dos pecados. Por isso se desespera, perde a expectativa de ser aceito por Deus, porque agora ele está encarando frente a frente a justiça de Deus. Claro que este proceder já é resultado do trabalho do Espírito Santo. *E a vida eterna é esta: que te conheçam a ti, o único Deus verdadeiro, e a Jesus Cristo, a quem enviaste* (João 17.3). Mas o Espírito Santo continua trabalhando em sua vida com vistas à sua salvação. Ele já deu o primeiro passo, convenceu a pessoa acerca de seus pecados; então ele vai em frente e lhe mostra Jesus: *Pois também Cristo morreu, uma única vez, pelos pecados, o justo pelos injustos, para conduzir-vos a Deus; morto, sim, na carne, mas vivificado no espírito* (1 Pedro 3.18). Assim, seus olhos são abertos e, vendo Jesus com os olhos da fé, a pessoa crê e recebe o dom da vida eterna.

Simples assim! A partir dessa hora, você passa a desfrutar de segurança, a esperança é instalada em sua vida, então você acaba de vencer de uma vez por todas o medo da morte. Quanto ao medo de passar fome, é um exercício diário de maturidade na fé, segundo o qual você desenvolve a prática de confiar nas outras promessas de Deus. No tocante ao apego às coisas do mundo, também é um exercício de fé, no qual aos poucos você vai se desarraigando do mundo e, quanto mais você se aproxima das coisas eternas, mais você se afasta das coisas do mundo, como nos exorta o apóstolo: *não atentando nós nas coisas que se veem, mas nas que se não veem; porque as que se veem são temporais, e as que se não veem são eternas* (2 Coríntios 4.18). Dessa forma é que descobrimos o antídoto contra o sentimentalismo que envolve as nossas vidas acerca das coisas deste mundo, das coisas passageiras!

Notou que durante todo esse tempo que você esteve lendo este capítulo, você leu que o que o ser humano, em qualquer lugar, em qualquer país, mais busca é a paz? Só que a natureza humana, aliada a Satanás e ao mundo sempre o direciona para o lugar errado, isto é, para as coisas do mundo. Mas a paz só se encontra em Cristo, por meio de sua salvação. Um amigo meu, pastor há quase cinquenta anos, fiel pregador da Santa Palavra de Deus, aos oitenta anos contraiu o coronavírus e contou com muitas orações ao redor do país, onde ele era conhecido. Uma semana depois, ele "morreu"! Eu pergunto: Que mal fez Deus a este amado filho? Mal nenhum! Serviu ao Senhor, pregando fielmente, o Evangelho, aos oitenta anos foi chamado para receber a sua coroa de glória, prometida a todo pastor fiel, além da maior bem-aventurança que pode obter um ser humano: estar na presença de quem ele mais ama, Jesus Cristo! Conseguiu enxergar a importância da certeza da salvação para quem não tem esperança?[61]

Por isso, eu o exorto veementemente: amigo, resolva este terrível problema de sua vida. Busque entender o caminho da salvação, arrependa-se dos seus pecados, creia em Cristo como seu único e suficiente Salvador e terá a segurança de sua salvação. Não ser salvo ainda é o pivô de todos os outros problemas. Resolvido este, todos os outros ficam mais fáceis de lidar. Eu fui claro? Eu disse: mais fáceis de lidar. Porque você ouvirá a voz do Grande Pastor: *Estas coisas vos tenho dito para que tenhais paz em mim. No mundo, passais por aflições; mas tende bom ânimo; eu venci o mundo* (João 16.33).

61 A palavra *esperança* na Bíblia, não tem o mesmo sentido da nossa língua. Certo professor de filosofia até inventou um verbo para ela. Segundo ele, melhor que a palavra *esperança* é o verbo "esperançar". Mas isso, além de não carregar o mesmo significado da palavra grega ελπίζω, o referido professor insiste na interferência da filosofia humanista, existencial, segundo a qual, o homem é quem faz suas próprias escolhas. No jargão teológico isso significa méritos próprios, ou conquistar pelo esforço humano o que você espera. É isso que entendo desse neologismo do referido professor. A palavra grega, no contexto bíblico significa certeza do cumprimento da promessa, porque feita por um Deus fiel, imutável e poderoso.

Portanto, com a segurança de sua salvação, esvaem-se os medos aos quais nos referimos aqui, e você descansará nas fiéis promessas de nosso Deus. Desfrutará de esperança e paz perene, a despeito das sérias ameaças que nos rodeiam — isso será para você a certeza de que está sendo guiado pela providência divina. *Confia os teus cuidados ao Senhor, e ele te susterá; jamais permitirá que o justo seja abalado* (Salmos 55.22).

Do Senhor é a salvação, e sobre o teu povo,
***a tua bênção* (Salmos 3.8).**

17

Providência divina e Inteligência Espiritual

Sobre tudo o que se deve guardar, guarda o coração, porque dele procedem as fontes da. (Provérbios 4.23)

Como perceber que está sendo guiado pela providência divina? A providência divina faz parte dos "mistérios" de Deus na vida de seu povo. De acordo com Deuteronômio 29.29, ela não nos é revelada, mas nos segue ocultamente, e se manifesta em tempo oportuno, para completar o plano de Deus para cada crente, em qualquer lugar e em qualquer tempo. Com isso quero dizer que, da mesma forma como a providência guiava os crentes do Antigo Testamento, ela guia os crentes do Novo Testamento e, da mesma forma como os crentes do primeiro século eram guiados pela providência divina, os deste, e de todos os tempos também o são. A providência divina é a mão invisível de Deus *operando em nós, tanto o querer, como o realizar...* (Filipenses 2.13).

No entanto, é de extrema importância saber que está sendo guiado pela providência divina, ainda que inconscientemente; e é aqui que se encaixa a importância da inteligência espiritual. Pois é ela, precisamente, que dá suporte para o crente interagir (como beneficiário, não como beneficiador) da providência divina.

A grande importância da inteligência espiritual, consiste em se humilhar debaixo da poderosa mão de Deus e obter dele mesmo a sensibilidade suficiente para esperar, entender e aceitar os resultados dos diversos acontecimentos e experiências porque passamos durante a nossas vidas aqui. Nesse sentido, o que se requer de cada crente é que ele se humilhe sob a poderosa mão de Deus, diga-se: sob a providência divina. Pois ele mesmo disse: *Tomai sobre vós o meu jugo e aprendei de mim, porque sou manso e humilde de coração; e achareis descanso para a vossa alma* (Mateus 11.29). Mas a natureza humana é arrogante, petulante e orgulhosa; não quer se submeter aos cuidadoso de Deus de maneira alguma. Porém, encontramos na Escritura que um dos padrões de humildade é a submissão incondicional a Deus — é ter a confiança de estar nas mãos de Deus, principalmente, em meio ao sofrimento. Ocorre que a humildade não é uma virtude desejável do ponto de vista da natureza humana, pois o conceito de humildade sofreu alguns desvirtuamentos com relação ao do significado, em que as pessoas acreditam que ser humilde é o mesmo que ser pobre, anti-intelectual, falar errado e andar com roupas andrajosas. Nada há de errado em ser pobre, falar errado e usar roupas simples; entretanto, as pessoas, ainda que tenham essas características, podem ostentar algumas outras que revelam orgulho, muitas vezes até maior do que aquelas cuja ausência desses fatores é percebida.

Humildade, pois, não está atrelada à posição social, nem ao estilo de vida simples: é uma atitude. Portanto, devemos entender humildade a partir do nosso pensamento — sabemos que o pensamento precede a toda e qualquer ação e revela todo o nosso caráter, como diz o apóstolo: *Porque, se alguém julga ser alguma coisa, não sendo nada, a si mesmo se engana* (Gálatas 6.3). Salomão já dizia: *Porque, como imagina em sua alma, assim ele é; ele te diz: Come e bebe; mas o seu coração não está contigo* (Provérbios 23.7).

Por isso, também diz: *... e Deus escolheu as coisas humildes do mundo, e as desprezadas, e aquelas que não são, para reduzir a nada as que são* (1 Coríntios 1.28), ou seja, as pessoas que o mundo guiado pela arrogância despreza, porque verdadeiramente, *... Deus resiste aos soberbos, mas dá graça aos humildes* (Tiago 4.6).

O que significa “uma vida tranquila e mansa”?

Assim como Daniel Coleman propôs a Inteligência Emocional, para auxiliar no equilíbrio pessoal, principalmente nas relações empresariais, o ponto de partida, da *Inteligência Espiritual* é *... para que vivamos vida tranquila e mansa, com toda piedade e respeito* (1 Timóteo 2.2). Mas, desde a queda de nossos pais Adão e Eva, a vida tranquila e mansa tem sido um desafio constante, e o ser humano nem sempre a alcançou, mas sempre desejou encontrar a fórmula da boa qualidade de vida. Nesse sentido é que pensamos o conceito de Inteligência Espiritual capaz de nos mostrar as possibilidades da ciência de uma vida tranquila e mansa.

De acordo com Aristóteles, "tudo o que o homem faz visa a alcançar a felicidade".[62] Mas do ponto de vista da carência latente desde então, de um fator preponderante para esse alcance, o ser humano necessita mais do que desenvolver esse objetivo. É necessário um parâmetro mais eficaz. Não digo isso com a pretensão de contradizer a proposição aristotélica, mas de contribuir para que ela se torne realidade na vida dos modernos leitores de *Ética a Nicômaco*, de modo que consiga a consecução desse objetivo. A vida tranquila e mansa foi, é e sempre será o anseio de cada ser humano em todos os tempos, mas ele nunca se deu por satisfeito, a despeito do grande empenho e busca. Portanto, proponho como auxílio a essa máxima aristotélica, a *Inteligência Espiritual*, como meio, proporcionado pela providência divina, para que todos desfrutem da presença constante de Deus, pois é somente assim que a vida satisfaz.

Desde Moisés, Salomão e Paulo sempre se pensou em como poderia ser a *vida tranquila e mansa*. Mas até hoje, já se passaram séculos e não houve muito progresso. Chegamos aos tempos chamados de "pós-modernos"; presenciamos o avanço da ciência e tecnologia; os saberes se expandiram e se multiplicaram. Mas onde está a tal felicidade? A questão toda gira em torno de para onde nos conduz a ciência e a tecnologia, ou seja, para onde nos conduz a Inteligência Intelectual, a Inteligência Emocional e a Inteligência Moral, sem falar da Inteligência Artificial. Podemos dizer, sem qualquer tom de menosprezo, pois essas inteligências tem o seu cativo lugar no propósito de se viver uma *vida mansa e tranquila*, que elas (as inteligências) não sabem o caminho, nem mesmo está nelas o sabê-lo, pois na supervalorização dessas inteligências o homem esqueceu-se da fonte, desprezaram o saber espiritual. Relegaram-na a planos inferiores e indesejáveis, alegando laicidade.[63] Enveredaram-se pelos caminhos da razão, da emoção e da ética. Deixaram para trás os verdadeiros princípios. Tentaram construir a vida sem o verdadeiro alicerce. Desde então tem sido um constante *construir* (e como alguns filósofos gostam de afirmar) e *desconstruir*. Deixaram de considerar aquele princípio que diz: *Se o Senhor não edificar a casa, em vão trabalham os que a edificam* (Salmos 127.1).

62 ARISTÓTELES. *Ética a Nicômano*. (São Paulo/SP: M. Claret, 2001.)

63 O termo laicidade vem do grego *laïkós*, traduzido para o português como leigo. Teologicamente definido como o oposto de clérigo; ou seja, o membro da igreja que não possui formação teológica, que o autoriza a exercer o ministério pastoral; assim como o médico, o advogado, etc., precisa apresentar diploma para comprar a formação e estar autorizado exercer suas funções.

É preciso desenvolver uma inteligência superior, mais eficiente, mais eficaz. Uma inteligência que não escava apenas nas minas da razão e das emoções; mas também e, principalmente, na fonte divina, onde se encontra toda riqueza necessária à aplicação dos meios de vivência que são abundantemente legadas a nós pelo Criador do Universo. O Deus de Abraão nos deu ... *todas as coisas que conduzem à vida e à piedade, pelo conhecimento completo daquele que nos chamou para a sua própria glória e virtude* (2 Pedro 1.3) — a *vida tranquila e mansa*. Precisamos de uma inteligência que nos conduza ao discernimento e à boa utilização desses meios para alcançar o alvo da *vida tranquila e mansa.* É preciso a Inteligência Espiritual para compreender as mensagens da providência divina no dia a dia dos acontecimentos de nossa vida, tanto do ponto de vista interno quanto externo. É preciso a Inteligência Espiritual para se compreender as diversas circunstâncias econômicas, políticas, sociais do país onde você vive e, saber que essas circunstâncias estão sendo, por assim dizer, vigiadas pela providência divina. E, no final, Deus garante que tudo acabará bem.

Nessa altura é importante deixar claro que, ao mencionar diversas vezes o conceito "*vida tranquila e mansa*", não se trata apenas de um viver meramente terreno. Para mim, o parâmetro pelo qual se define o "*vida tranquila e mansa*" é aquele colocado pelo apóstolo Paulo, quando discutia com os coríntios acerca da realidade da ressurreição. Nessa ocasião ele afirmou que: *Se a nossa esperança em Cristo se limita apenas a esta vida, somos os mais infelizes de todos os homens* (1 Coríntios 15.19). Portanto, o intuito de se propor a *Inteligência Espiritual* como único meio de alcançar uma *vida tranquila e mansa*, abrange não somente o viver enquanto habitantes temporais da terra como ela é hoje, mas também o habitá-la como ela será no futuro escatológico, no qual haverá uma transformação da terra e de tudo o que nela há, para assim, tornar a vida ainda mais digna de ser vivida, tendo em vista que os obstáculos serão removidos.

É verdade que a humanidade tem se empenhado na busca da inteligência intelectual, por meio de constante investigação científico-filosófica a fim de alcançar os meios pelos quais tornem o anseio pelo viver condignamente ao alcance de todos. Embora seja de grande importância e necessária às experiências humanas, a inteligência intelectual, assim com a artificial e a moral, por si só não propiciam os resultados almejados nessa busca. Por isso, precisamos juntá-las a uma inteligência que constitua a base sólida sobre a qual seja possível construir experiências humanas rumo à concretização do tão desejado estilo de vida feliz.

Então qual seria o segredo da tão almejada qualidade da vida? O segredo é que não há segredo, não há mistérios, mas Graça! Graça deveria compor o verdadeiro anseio de cada ser humano que já pisou este solo, pois é na Graça que se encontra o suporte de toda a ciência da qualidade de vida — a *Inteligência Espiritual*, de acordo com o conceito de providência divina.

A *Inteligência Espiritual*, pois, não é encontrada em livros, tal como uma receita pronta e acabada, que precise apenas providenciar os ingredientes, juntá-los, levar ao forno e pronto. Não há um "como fazer" na *Inteligência Espiritual*. Há, sim, dependência de Deus, temor e tremor, como diziam Salomão, Paulo, Agostinho de Hipona e Sören Kierkegaard. De acordo com esses gigantes, é nisso que consiste o princípio, a base do viver manso e tranquilo.

Por que nomeio essa ciência de "Inteligência Espiritual"? Por que não dizer de um modo mais simples, a sabedoria, tão discutida no Antigo Testamento e explicada no Novo? A razão também é simples: sabedoria é um conceito muito distante. É como uma montanha, cujo pico é impossível de ser alcançado. Por isso os filósofos não queriam ser chamados de sábios (*sofos*); mas apenas queriam ser reconhecidos como "amantes" da sabedoria (*philos Sophia*). Eles não estavam dispostos a escalar o inescalável. Não queriam alcançar o pico da montanha.

Falo, portanto, de *Inteligência Espiritual*, não para ser um termo sofisticado, mas por ser um conceito ainda desconhecido e ao mesmo tempo necessário. Não porque a montanha se aplainou, mas porque provê os meios pelos quais se torna escalável. Mas alguém diria: "Isso é filosofia" — "Sim, por certo", digo eu. Mas paradoxalmente, uma filosofia revelada. Muito mais próxima de Agostinho e Tomás de Aquino do que de Platão e Aristóteles, de quem dizem terem ambos recebido, respectivamente, influência.

Embora a questão econômica, política e social possa interferir, em parte, na questão da vida tranquila e mansa, a Inteligência Espiritual desfruta de supremacia sobre elas, uma vez que é por meio dela que essas questões devem ser plenamente resolvidas de modo a convergir para o alcance de um viver significativo. Ou seja, a Inteligência Espiritual continua sendo o princípio segundo o qual torna viável a aplicação desses e de outros conceitos que permeia e interfere na questão da vida tranquila e mansa.

A providência divina em sua relação com a Inteligência Espiritual

É preciso considerar as outras inteligências como ponto de partida, pois considero que, embora não seja esboçada teologicamente, elas também têm origem no Criador. Por exemplo, aos que já possuem a inteligência espiritual, mesmo inconscientemente, sabem, creem e aceitam a origem providencial da inteligência artificial — a dos computadores ou inteligência cibernética; uma vez que favoreceu o avanço da tecnologia e, por conseguinte, veio a facilitar uma parcela da vida humana, no que diz respeito à comunicação. Também tornou acessíveis vários meios de subsistência humana em todas as áreas, inclusive como eficiente auxiliar de partes da inteligência espiritual, tendo em vista sempre o bom uso na propagação (muitas vezes inconsciente) das mensagens promotoras da inteligência espiritual. A Inteligência Artificial, se bem empregada, pode ser obra da providência de Deus.

Portanto, temos que reconhecer a existência de fortes laços das três principais inteligências — intelectual, emocional e moral com a Inteligência Espiritual. Porém devemos admitir que a inteligência espiritual é o alicerce de todas elas, embora não seja reconhecida e nem mesmo almejada. Claro que, assim como a inteligência espiritual, as inteligências intelectual, emocional, moral e, bem assim, os outros vários tipos de inteligência, são todas elas uma dádiva oriunda da providência divina. Mas é importante que todos saibam, de acordo com o teor da revelação de Deus aos homens, inicialmente, oral, passada de pai para filho, de geração em geração (tudo sob a direção do Espírito Santo, que a Bíblia chama de inspiração); depois, a partir de Moisés, escrita (porque Moisés foi o primeiro a receber a ordem para escrever a revelação de Deus), que Deus o comissionou dizendo: *Então, disse o Senhor a Moisés: Escreve isto para memória num livro...* (Êxodo 17.14), que a *inteligência espiritual* é, verdadeiramente, a base de toda inteligência. Por exemplo, o ser humano mais sábio de todos de sua época e considerado ainda nos dias de hoje afirmou categoricamente ser o temor do Senhor (isto é, a inteligência espiritual) o princípio (base, alicerce, ponto de partida) da sabedoria (inteligência espiritual).

O que estou querendo dizer é que os três tipos de sabedoria considerados aqui, serão melhor em sua eficácia no que diz respeito ao objetivo da perene felicidade, se forem plenamente alicerçadas na *inteligência espiritual.* Entendo com isso, por exemplo, que muitos indivíduos proeminentes, como filósofos, cientistas, poderiam ter sido muito mais eficientes se possuíssem a *inteligência espiritual* — salvo explicação da doutrina da Providência, segundo a qual todos os personagens e todos os acontecimentos na história, na atualidade e na escatologia, sem exceção, foram contemplados no plano eterno de Deus, portanto, controlados por ele. Do ponto de vista meramente humano, algumas descobertas, de acordo com a característica latente, ou melhor, inerente a todos os descrentes, poderiam ser muito melhores. Sem qualquer receio de prejulgamento, é muito provável que, a muitos indivíduos proeminentes no ramo da ciência, como da filosofia faltava "o princípio da sabedoria"! Para tal asseveração, se faz necessária a distinção entre sabedoria e inteligência intelectual. É incontestável que a inteligência intelectual estava presente em todos eles; mas, também é incontestável a ausência da Inteligência Espiritual. Eles foram dos poucos dentre os mortais que utilizaram adequadamente ou em maior grau o potencial do intelecto humano, ou seja, eles eram extremamente inteligentes.

Porém, ser inteligente, de acordo com o conceito de Inteligência Espiritual, não significa, necessariamente ter sabedoria. Certa vez eu estava aguardando uma consulta e, enquanto estava esperando para ser atendido, um homem considerado um exímio professor universitário, após ter ele se ausentado, alguém comentou: "Este é um grande professor universitário", e acrescentou: "Triste homem... ele acaba de se divorciar... está arrasado!" Então eu pensei no profeta Habacuque. Ele disse que Deus odeia o divórcio. Nesse sentido, portanto, não vale a pena ser um intelectual — alguém que faz bom uso do cérebro, pois, caso a iniciativa do divórcio tenha partido dele, incorreu em algo ao qual Deus odeia. Isso não é sabedoria. Sabedoria é se manter casado e, independentemente das circunstâncias, continuar casado (desde que o cônjuge consinta em continuar o casamento porque, de acordo com Paulo, em 1 Coríntios 7, ninguém deve manter um casamento à força, sem o consentimento do cônjuge. Também isso é falta de inteligência espiritual). Ao valorizar a inteligência emocional, o autor do livro de mesmo nome afirma ser esta inteligência superior à inteligência intelectual:

> Esse mapeamento propõe um desafio aos que defendem uma visão estreita da inteligência, afirmando que o QI é um dado genético que não se pode mudar com a experiência de vida, e que nosso destino é em grande parte determinado por essas aptidões. Esse argumento ignora a questão mais desafiante: o que podemos mudar para ajudar nossos filhos a se darem melhor na vida? Que fatores entram em jogo, por exemplo, quando pessoas de alto QI malogram e as de QI

> modesto se saem surpreendentemente bem.? Eu diria que a diferença muitas vezes está nas aptidões aqui chamadas de inteligência emocional, que incluem autocontrole, zelo e persistência, e a capacidade de nos motivar a nós mesmos.[64]

Mas estou aqui para dizer que reconheço, que proponho, de acordo com a afirmação das Escrituras e de acordo com as várias vivências historicamente comprovadas, uma inteligência bem mais eficaz na ciência do viver manso e tranquilo — uma inteligência capaz de governar todas as outras rumo à concretização de viver bem. Esta é a Inteligência Espiritual. Ela pode facilmente conduzir as emoções no rumo certo, colocando-a no lugar onde ela sempre deve estar. Ela também faz isso com as outras inteligências. A *Inteligência Espiritual* é a fonte da moderação, do equilíbrio; e ela é responsável por promover os bons relacionamentos, moderar as decisões e as escolhas. Ela é capaz, até mesmo de apaziguar as almas mais revoltosas e evitar uma guerra declarada e iminente.

Além disso, de que vale a inteligência moral, a busca por um viver ético, se não houver um suporte adequado? Portanto, para uma vida de firmeza ética, é necessária uma inteligência, que seja forte o suficiente para garantir a permanência na ética, não apenas como um episódio isolado e esporádico ou circunstancial, mas como um estilo de vida. A Inteligência Espiritual e, principalmente, a maneira, pela qual o povo de Deus se sustenta na providência divina, descansa ao saber que está sendo guiado por Deus, por meio da sua Providência. Portanto, sobre tudo o que se deve desejar, peça a Deus lhe dê a *Inteligência Espiritual.*

Por isso, a essência desta exortação acerca da Inteligência Espiritual é: *Aquietai-vos e sabei que eu sou Deus; sou exaltado entre as nações, sou exaltado na terra. O Senhor dos Exércitos está conosco; o Deus de Jacó é o nosso refúgio* (Salmos 46.10-11).

***... eu vim para que tenham vida e a tenham em abundância* (João 10.10).**

64 GOLEMAN, Daniel. *Inteligência emocional: A teoria revolucionária que redefine o que é ser inteligente.* (Rio de Janeiro/RJ: Objetiva, 1996): 3.

18

A providência divina é uma bênção!

Bem-aventurados os humildes de espírito, porque deles é o reino dos céus. Bem-aventurados os que choram, porque serão consolados. Bem-aventurados os mansos, porque herdarão a terra. Bem-aventurados os que têm fome e sede de justiça, porque serão fartos. Bem-aventurados os misericordiosos, porque alcançarão misericórdia. Bem-aventurados os limpos de coração, porque verão a Deus. Bem-aventurados os pacificadores, porque serão chamados filhos de Deus. Bem-aventurados os perseguidos por causa da justiça, porque deles é o reino dos céus. Bem-aventurados sois quando, por minha causa, vos injuriarem, e vos perseguirem, e, mentindo, disserem todo mal contra vós. Regozijai-vos e exultai, porque é grande o vosso galardão nos céus; pois assim perseguiram aos profetas que viveram antes de vós. (Mateus 5.3-12)

Desde o começo desse trabalho tenho procurado dizer que a providência divina é uma grande bênção. Ela tem sido uma enorme bênção na minha própria vida. Há mais de 18 anos eu pesquiso sobre isso — sou, por assim dizer, apaixonado pela doutrina bíblica da providência divina. Em nossa igreja temos uma programação, realizada por ocasião da comemoração do aniversário da igreja, chamada *Instituto de Inverno*, no qual estudamos por uma semana inteira determinado assunto. Um desses foi acerca da providência divina. Eu estava no começo de minhas pesquisas sobre o assunto, mas, mesmo assim, foi uma Conferência muito abençoada; pois, parece ter sido um tema extremamente novo, não somente para mim, mas também, para os ouvintes.

Desde então, a doutrina da providência divina, tem sido na minha vida, não um assunto teórico, distante da realidade; mas passou a ser a grande expectativa para uma vida mansa e tranquila diante de Deus e das pessoas que me cercam no dia a dia, pois a expectativa na providência divina afasta a preocupação o medo, a ansiedade e até mesmo o risco de ter uma depressão.

A doutrina da providência divina facilita a confiança em Deus

Ao compreender mais e mais sobre a providência divina, eu aprendi a confiar mais e mais em Deus. Os atributos de Deus afloraram em mim com muito mais clareza. O amor de Deus clareou muito mais, bem no fundo de minha alma. É maravilhoso saber e, mais do que isso, sentir como se as bondosas mãos de nosso Deus estivessem constantemente sobre mim, me segurando, como ele mesmo promete ao povo de Israel, com a mão direita a me ajudar, principalmente, em meio às provações e aos sofrimentos. O poder de Deus passa a ser real, passamos a senti-lo durante um longo período de comunhão com Deus.

Tranquiliza-nos confiar em um Deus que não muda. Cujo caráter é o mesmo para sempre. Assim, também percebo e desfrutou de sua fidelidade. Pela providência divina, sou contemplado diariamente por sua fidelidade. É uma frase que soa bem ao ouvido. É bonito dizer ou ouvir: Deus é fiel!

Pela compreensão e expectativa da providência divina, você sente com vigor a onipresença de Deus. Vou citar o Salmo 23: *O Senhor é o meu pastor...* você sente a presença de Deus. Que coisa maravilhosa é a providência divina! Você ouve melhor: *descansa no Senhor...* (Salmos 37). Por causa da providência divina, Deus está presente. Você sente que ele está ali. As coisas acontecem, ele está ali. Você tem sentimentos negativos, mas ele está ali. Você sente sua alma em perfeito repouso na sua presença!

A providência divina facilita a confiança nas promessas de Deus

Na providência divina ganhamos maior sensibilidade e certeza das promessas de Deus. Você lê as promessas — é Deus falando. É o imutável e fiel, porque quem fez as promessas é imutável e fiel. Elas estão presentes no seu dia a dia. Você confia nas promessas de Deus. Elas se tornam vivas em seu coração.

Na hora das tribulações, das tentações, a providência divina revela as promessas. Ela nos faz lembrar e a nossa alma tranquilamente as repete para nós. Ao ouvir o som inexprimível da nossa alma dizendo: "Assim nos diz o

Senhor — ele prometeu!" A nossa alma em calma nos acalma. A providência divina governa a nossa vida, fortalecendo a nossa confiança nas promessas de Deus e, isso ameniza o sofrimento do crente na hora da provação.

A providência divina facilita o relacionamento com os outros

A Palavra de Deus ordena o amor fraternal. Todos temos que amar uns aos outros. Pela natureza humana isso é impossível. Mas Deus, não apenas nos deu o mandamento, mas também nos equipou com a capacidade de conhecê-lo. Está dito que o amor de Deus foi derramado em nosso coração (Romanos 5.5). A providência divina tem facilitado o amor fraternal, por meio da comunhão na igreja, ao participarem juntos, os irmãos, nas tarefas da igreja, nas reuniões de confraternização, nos vários ministérios da igreja, na obra missionária e na liderança da igreja. Também, providencialmente, Deus nos dá sempre o privilégio da oração, da intercessão e, todos nos envolvemos na oração dirigida pelo Espírito Santo (Romanos 8.26-27). Nosso relacionamento uns os outros se dá também e, necessariamente, nas doutrinas da Escritura. Enfim, é como o apóstolo nos ensina quando da exortação à igreja em Éfeso acerca da conservação da unidade cristã. Ele, então fornece as bases dessa unidade: *... somente um corpo e um Espírito, como também fostes chamados numa só esperança da vossa vocação; há um só Senhor, uma só fé, um só batismo; um só Deus e Pai de todos, o qual é sobre todos, age por meio de todos e está em todos* (Efésios 4.4-6). Tudo isso são provisões da providência divina para facilitar o relacionamento entre irmãos, por meio da igreja.

A providência divina facilita a nossa esperança em Cristo, que não se limita a esta vida

Ser crente, por si só já traduz o status do nosso chamamento. O apóstolo Paulo, nos transmite essa mensagem, quando afirma: *Porque, na esperança, fomos salvos. Ora, esperança que se vê não é esperança; pois o que alguém vê, como o espera?* (Romanos 8.24). Uma das atividades da providência divina é alavancar a nossa esperança, por meio de certos acontecimentos no curso da nossa vida, que nos mostram e nos lembram de que Deus está presente, cumprindo seu propósito para cada um de seus amados filhos em Cristo Jesus. O Espírito Santo nos assiste em nossas orações, fazendo com que percebamos as ações da providência divina, para que nos sintamos seguros na esperança, ainda que não a possamos ver, pois, como disse Paulo: *Porque, na esperança, fomos salvos. Ora, esperança que se vê não é esperança; pois o que alguém vê, como o espera? Mas, se esperamos o que não vemos, com paciência o aguardamos* (Romanos 8.24-25).

A providência divina nos livra dos diversos males psicológicos

Há diversos males psicológicos: medo, ansiedade, preocupação, e agora está aparecendo outra por aí, que assusta: chama-se "pânico". Esta é terrível, parece pior que depressão! Quem está imune a esses males? Somente a graça de Deus pode nos prevenir. Porém, havendo Deus planejado, pela sua Providência, ele não somente nos livra, como nos ajuda a prevenir.

Mas é certo que na providência divina Deus já nos ajudou a prevenir: de acordo com o Dr. Jay Adams, em seu livro *Conselheiro Capaz*[65], boa parte dos casos de depressão é causada por autocomiseração, um pecado em que as pessoas pensam que só elas sofrem, somente elas têm problemas. Nesse caso, a prevenção consiste em se aceitar os problemas da vida, não como um obstáculo, mas como uma oportunidade para se fortalecer, pois, quando saímos de uma provação, saímos ainda mais fortes do que quando entramos. É nesse sentido, que o apóstolo afirma que ... *todas as coisas cooperam para o bem daqueles que amam a Deus, daqueles que são chamados segundo o seu propósito* (Romanos 8.28).

Além disso, há outros pecados que puxam a depressão e o pânico, como a própria ansiedade e a preocupação; porque ansiedade e preocupação em excesso, aliadas ao medo e ao pavor, produzem grande e insuportável tormento, como nos adverte o apóstolo João: *No amor não existe medo; antes, o perfeito amor lança fora o medo. Ora, o medo produz tormento; logo...* (1 João 4.18). Podemos classificar esses sentimentos como pecado, porque trata-se de transgressão de um mandamento. A Bíblia não se cansa de ordenar contra a ansiedade e o medo: *Não andeis ansiosos de coisa alguma; em tudo, porém, sejam conhecidas, diante de Deus, as vossas petições, pela oração e pela súplica, com ações de graças* (Filipenses 4.6).

Mas, se confiarmos que tudo o acontece conosco e com os outros está sendo vigiado pela providência divina. No caso dos filhos de Deus em Cristo

65 ADAMS, Jay E. *Conselheiro capaz*. (São José dos Campos/SP: Fiel, 1992.)

Jesus, tudo acabará bem, Deus será glorificado e, finalmente, a paz reinará absoluta em nós e no ambiente no qual estamos inseridos.

Se confiarmos que a nossa vida está *Nas* Mãos de Deus e obedecermos a seus mandamentos, é certo que a providência divina nos livrará de todos esses males psicológicos que imperam no mundo.

A providência divina traz livramentos extraordinários

No mês de maio de 2013 caiu uma chuva muito forte na cidade de Uberlândia, onde moro. Uma chuva de granizo com pedras tão grandes que furaram algumas telhas no telhado da igreja. Após esta chuva, com outras chuvas, a pessoa que fazia a limpeza da igreja disse estar descendo água pelo forro para a parede, a ponto de ter que tirar baldes de água. Passados cerca de uma semana sem chuvas, após verificar ter secado o telhado, chamei um jovem da igreja que estava em férias e lhe disse: "Vamos nós dois subir e fechar esses buracos que que a chuva de granizo fez no telhado da igreja?" Subimos lá e, realmente, havia uns 4 ou 5 buracos, os quais fechamos com pedaços da mesma telha, colados com silicone. Mas ao fechá-los, comentamos que esses pequenos buracos não eram suficientes para vazar água, a ponto de ter sido preciso tirar água de baldes do salão de cultos. "Deve ter algo de maior proporção aqui", concluímos. Então, saí a procurar e encontrei uma telha afastada que, por ser um recorte para ser encaixada na esquina, esqueceram-se de parafusar, Por ter sido a chuva muito forte, moveu esta telha por cerca de três dedos; por isso vazava a água, caindo no forro e deste, pela parede, para dentro do salão de cultos.

Em vez de puxar a telha para encaixá-la de volta no lugar, tendo visto do outro lado um entulho, fui apanhá-lo e, pisando exatamente na telha afastada, esta moveu-se e quebrou. Eu desabei, atravessando forro abaixo e caí sentado (não a cavalar, como pensava um dos médicos que cuidou de mim) no encosto do último banco da igreja. Mesmo assim, consegui descer para o assento do banco, e daí para o assoalho, fiquei deitado de barriga para cima, aguardando que o rapaz, que ainda estava lá em cima no telhado, descesse para me ajudar. Depois, pensando no caso, percebi logo um pequeno início da ação da providência divina, porque eu havia deixado as chaves da igreja disponíveis em algum lugar lá de onde nós subimos no telhado. A igreja estava fechada e nós tínhamos entrado pelo lado de fora. Se eu não tivesse deixado as chaves, seria muito mais difícil para o rapaz entrar e me socorrer.

Eu pensava, inicialmente, por estar perfeitamente consciente, que após alguns minutos eu sairia dali andando, por isso, quando o rapaz me perguntou: "Pastor, posso chamar a irmã Sônia", eu respondia: "Não, espere um pouco". Ele insistiu, então após alguns minutos eu lhe disse: "Chame". Ele a chamou e me perguntou: "Chamo os bombeiros?" Eu disse: "Espere". Depois eu disse: "Chame". O Corpo de Bombeiros chegou rapidamente. Sônia também chegou, no mesmo instante. Um dos soldados, enquanto os outros tomavam as providências para os primeiros socorros, ficou pasmo, olhando para cima, de onde eu caí (8 metros de altura) admirado pelo fato de eu estar vivo.

Os bombeiros me transportaram para o posto de saúde. Lá os profissionais da saúde de plantão tiraram várias radiografias; depois constatando que eu tinha convênio médico, me transportaram para hospital Santa Genoveva. Mas antes, os médicos do posto de saúde indicaram um médico do hospital Santa Clara, mas, tentando contato com ele, verificou-se que ele estava ocupado, não podia atender àquela emergência.

Enquanto aguardavam o translado, meu genro e minha filha ligaram para o Dr. João Franco, ortopedista do hospital Santa Genoveva. O Dr. João Franco prontamente reuniu uma junta médica de neurocirurgiões, composta por três médicos: Dr. Guilherme Caputo, Dr. Silvio e Dr. Samuel Caputo. Quando cheguei ao hospital todos já me aguardavam e já foram fazendo todos os exames. Era noite de terça-feira, dia 4 de junho de 2013. Pelos exames, os médicos constataram ser necessário implantar a vértebra L-1 da coluna, que havia quebrado; mas não puderam fazer a cirurgia naquele momento, porque tinha que ser trazida de Belo Horizonte. Solicitaram a prótese, que chegou um dia e meio depois, ou seja, na quinta-feira, dia 6 de junho de 2013, ao meio-dia. Às 13 horas, uma vez que os médicos só estavam aguardando a chegada da prótese, iniciou-se a cirurgia, que somente terminou às 19 horas, com sucesso total.

Feita a cirurgia, eu fui levado para a UTI para recuperação e procedimentos essenciais pós-cirúrgicos, onde permaneci por três dias. Lá na UTI as horas não passavam. Três dias lá pareceram uma eternidade; perdi totalmente a noção de tempo e de espaço. Somente ouvia pessoas gemendo, grande movimentação de enfermeiros e enfermeiras, comentários assustadores como: o paciente fulano se foi, etc. Eu não sei se era um médico ou um enfermeiro, passava várias vezes perto da minha maca e, sempre que passava dizia, em tom jocoso: "É, seu Juvenal, você é um homem de sorte"; e repetia isso sempre que passava perto. Como lá parecia um confinamento, além de eu não poder me movimentar, por isso eu não sabia quem me dizia aquelas palavras, mas até hoje ecoam em meus ouvidos: "Você é um homem de sorte!" Eu sofria muito ao ouvir aquelas palavras; para mim, não sei explicar, soavam um tanto negativas, como se fosse um agouro; mas acho que era devido à situação de sofrimentos em que eu me achava.

Ao terceiro dia fui transferido para o quarto. Não sabia onde estava. Só sabia que agora estava em outro lugar, tão estranho quanto o anterior, que depois fiquei sabendo que era a UTI. Era um quarto com duas camas, mas em uma delas eles tinham amontoado os móveis em cima, de modo que no meu pensamento eu estava em um depósito de coisas. Após algumas horas percebi que era outra cama, porque vieram umas enfermeiras e tiraram as coisas de cima daquela cama. Depois vi entrar uma pessoa e ser colocada ali. Era outro paciente, que me faria companhia. Fui ficando mais aliviado. Mais ou menos, após o almoço eu já podia puxar conversa com aquela pessoa, até dizer o que tinha acontecido comigo e dar um testemunho acerca da minha esperança em Cristo.

No final da tarde, aquele paciente recebeu alta e foi embora; mas após algumas horas chegava outro e na manhã seguinte recebia alta e ia embora; assim, sucessivamente. Sei que no período de oito dias em que permaneci naquele quarto, passaram por lá várias pessoas e, porque elas chegavam de manhã, e recebiam alta à tarde, ou chegavam à noite e recebiam alta de manhã, tive contato com cerca de oito pessoas, para as quais dei o testemunho da salvação que recebi do meu Senhor Jesus Cristo, de tal modo que, uma senhora que costumava vir à igreja, mas tinha se mudado para outro bairro, ficou sabendo do acidente, ligou para saber como eu estava, e fez um comentário interessante. Após eu lhe contar que estava me recuperando devagar e lhe ter dito: "Oh, irmã, eu estou melhorando bem, graças a Deus! Comecei pregando sentado, mas agora, já estou conseguindo pregar em pé", ao que ela me respondeu: "É mesmo, pastor. O senhor pregou deitado, depois pregou sentado, agora já tá pregando em pé e, daqui a duas semanas, o senhor vai pregar voando!" Eu perguntei: "Como assim?" Ela me disse: "Quando estava no hospital, o senhor não pregou?" Eu disse: "Sim". "Na igreja, o senhor pregou sentado, agora está pregando em pé e, quando o senhor for pra São Paulo, vai pregar voando!" Eu sorri, e disse: "Verdade!"

Em tudo isso, a providência divina, só estava começando, pois daí em diante ela me cercou de todos os lados. Inicialmente, Deus fez com que eu caísse sentado e não em pé — assim, teria morrido na hora, pois já existem casos em que as pessoas que caíram assim, as pernas subiram para o tronco e a morte foi imediata. Também, Deus me livrou de bater a cabeça, porque, nesse caso seria fatal, principalmente, devido à altura de oito metros. Além disso, Deus não deixou que eu caísse a cavalar, pois a tragédia seria ainda maior. Mas Deus guiou a queda, de modo que eu caí sentado e, devido ao impacto, quebrou a vértebra da coluna, na lombar 1, e danificou os nervos, adormecendo as duas penas, mais gravemente, do lado direito.

Após a cirurgia para reposição da vértebra, percebi que do peito para baixo estava tudo dormente, mas isso também foi providência divina, para que eu não sentisse a dor que normalmente se sente com esse tipo de cirurgia, me informou o médico depois. Segundo ele, os pacientes que são submetidos a esta cirurgia, não suportam a dor, sendo necessárias doses repetidas de morfina para aplacar a dor. No entanto, no meu caso, não foi preciso. Suponho ser por causa da parestesia (dormência) que, como já disse, ia do peito aos dedos do pé.

A saga da recuperação.

Fiquei 11 dias no hospital, incluindo 3 na UTI, para recuperação da cirurgia da coluna de implantação da prótese da vértebra. De acordo com o médico, por meio da ressonância magnética, ao quebrar, a vértebra dobrou a medula mas, novamente, Deus, na sua Providência, não permitiu que a furasse, pois, vazando a medula, eu ficaria paraplégico.

Mas houve uma intercorrência no dia anterior à cirurgia: as enfermeiras perceberam alguma anomalia no trato urinário, então chamaram o urologista. Ele fez o procedimento para esvaziar a bexiga, repleta de urina e muito sangue. Por este procedimento, constatou-se dois meses depois, que o impacto não afetou somente a coluna, mas também a uretra.

Cumprido o protocolo da recuperação da cirurgia, tive alta e fui levado para casa, ainda usando a sonda, colocada na véspera da cirurgia da coluna.

De volta ao urologista, a sonda foi removida e, solicitado exames, verificou-se uma infecção hospitalar. Agora a luta era debelar a bactéria que, de tão perigosa, tinha que ser tratada no hospital. Lá fui eu sendo novamente internado para tomar o antibiótico, pois era um procedimento feito somente em hospital.

Novamente, pela divina providência, tinha um amigo médico infectologista, que prontamente cuidou de mim. Este, tendo conhecimento do processo, sabia que o convênio tinha um sistema que envia um enfermeiro para aplicar o tratamento em casa e, percebendo ser perigoso a minha permanência no hospital, enviou-me para casa para continuar a administração do antibiótico, conseguindo, após 10 dias, eliminar a bactéria, com sucesso. Mas imediatamente à vitória contra a bactéria, surgiu outra intercorrência: a uretra afetada pelo impacto da queda, começou a entupir, e eu passei a ter dificuldades para urinar. Neste ínterim, a perna direita começou a inchar. Quando o inchaço já tinha chegado ao extremo, minha esposa percebeu e, rapidamente me levou ao pronto-socorro, e constatou-se ter sido acometido de trombose venal.

Era domingo e o médico que me atendeu, cuja especialidade era ortopedia, entretanto, percebeu e me encaminhou para o especialista em exames de trombose; só que na segunda-feira. Mesmo pelo convênio, raramente, na cidade se encontra vaga para qualquer especialidade médica no mesmo dia; mas, como disse, a providência divina me cercava por todos os lados — Deus já tinha preparado uma vaga. Eu fui e foi feito o exame para confirmar o que o médico do pronto-socorro já havia previsto. Agora, precisava de um médico angiologista, para iniciar o tratamento da trombose. Da mesma forma, era muito difícil de se conseguir uma consulta para o mesmo dia. Mais uma vez, estava tudo preparado pela providência de Deus: houve uma desistência e o médico me atendeu. Fui medicado naquele dia, segunda-feira. Na terça-feira, minha esposa encontrou uma colega, que lhe disse: "Monitore o Juvenal, pois há dois meses meu pai morreu de embolia pulmonar"; disse mais: "Meu irmão é médico, mas nem meu irmão, nem o médico que cuidava dele percebeu e ele veio a falecer". Ela também é da área da saúde, é dentista.

Minha esposa voltou para casa e passou a me monitorar, verificando sempre a minha respiração. Na quarta-feira, pela manhã, ela e o meu vizinho[66] me levaram, como nos dias anteriores, para tomar a injeção na barriga, para afinar o sangue. Mas chegando na farmácia, onde eu já havia tomado na segunda e na terça-feira, o gerente da farmácia, que era o único que aplicava a injeção, não se encontrava. Então, minha esposa disse ao Sr. Rubens: "Vamos para o hospital". Fomos. Parecia que a cidade inteira tinha ido àquele hospital naquela manhã — estava repleto! Mas, ali também eu estava cercado pela providência divina. Por isso, fui atendido em meia hora! E quem estava lá para me atender? Sim. Novamente, o meu amigo, Dr. Vinícius! Ele começou

66 Meu vizinho, Sr. Rubens Buiatti, um mês depois do acidente, quando eu já tinha saído do hospital, se aposentou. Um dia ele disse para sua esposa, dona Raquel: "Vou levar o senhor Juvenal para passear uma vez por semana. Aí ele veio me visitar, então eu lhe perguntei se, em vez de me levar para passear, se ele não me levaria na fisioterapia? Prontamente ele assentiu, e passou a me levar na fisioterapia três vezes por semana, me levaram ao médico, ao supermercado e até ao banco. Mais uma obra-prima da providência divina.

a me examinar; de repente olhou para mim, e disse: "Pastor, eu não vou dar moleza pro senhor, não". Vendo a minha perna direita tão inchada (a trombose foi nas duas pernas, mas somente a direita inchou), ele disse: "Esse negócio pode ter subido (para o pulmão); vou pedir uma tomografia especial". Devido eu ter tomado o café da manhã, tive que aguardar para ter quatro horas de jejum. Cerca de 13 horas foi feita a tomografia, cujo resultado só saiu mais ou menos às 19 horas.

A estas horas o Dr. Vinícius já não estava mais no hospital. Em seu lugar, veio o Dr. Sérgio. Eu não o conhecia, mas a substituição do Dr. Vinicius por ele foi, também providencial, pois era provavelmente tão dedicado quanto. Quando ele viu o resultado da tomografia, foi tomado de um senso de urgência extraordinário! O hospital naquele dia estava superlotado desde a manhã; de tal maneira, que à tardezinha, Sr. Rubens e minha filha, que acompanhavam pelo lado de fora do hospital[67], tiveram que ajudar várias pessoas, inclusive crianças que estavam desmaiando, de tanta gente que aguardava para ser atendida. Por isso, o médico disse à minha esposa: "Não vou deixá-lo aqui, pois está superlotado; trabalho em outro hospital e vou transferi-lo para lá". Imediatamente chamou ele mesmo a ambulância, ao perceber a morosidade das atendentes em fazer o telefonema. Isso porque ele já havia ligado para um amigo, na UTI do Hospital Santa Catarina, e o amigo lhe informou ter acabado de desocupar um leito na UTI. Ele pediu para o médico amigo dele, reservar esse leito e me transferiu para lá.

Bendita Providência! Além de ter sido muito bem atendido e assistido, foi lá que Deus tinha marcado encontro com um médico que se tornou extremamente significativo para o próximo evento ou intercorrência que ainda me aguardava.

Entrei na UTI na noite de quarta-feira — uma noite na UTI parecia uma eternidade! A noite inteira os médicos de plantão se revezavam constantemente, passando em frente da minha cama frequentemente.

Na manhã de quinta-feira, a Dra. Ângela, a quem eu via passar em frente à minha cama várias vezes, estando eu dormindo, ela passou e, desta vez, de novo providencialmente, observou e viu que minha barriga estava alta. Aproximou-se da minha cama e constatou que a fralda, que eu usava há alguns dias, desde que a uretra começou a entupir, estava seca. Ato contínuo, ela chamou os médicos para realizarem um exame de ultrassonografia, que

67 Eles acompanhavam pelo lado de fora; mas por uma janela, providencialmente posta exatamente no rumo de onde eu estava, no pronto-socorro do Hospital Madrecor, eles conversavam com Sônia, minha esposa, porque só permitiam um acompanhante.

constatou estar a bexiga repleta. Então foi chamado o urologista de plantão. Vieram os médicos, Dr. Marcelo Takeo e o Dr. Juliano. Eles tentaram passar a sonda mais fina, mas esta não penetrou; então, eles furaram a minha barriga, e colocaram a sonda. O nome do procedimento é cistostomia pelo qual e extraírem quase três litros de urina. A Dra. Ângela me disse depois, que se o procedimento não tivesse sido feito, os meus rins iriam saturar e eu morreria, Mas não era a ainda a hora em que eu ia ver o meu Senhor. Novamente ele decidiu manter-me vivo.

A cirurgia que não deu certo?

Lembra-se de que eu exclamei acima: "Bendita Providência!?" Por que, neste ponto exato eu exclamo: "Bendita, maravilhosa Providência"? É porque eu fui transferido de um hospital para o outro, porque lá, somente lá havia um médico japonês, ou melhor, nissei, que é o único, naquela época que sabia e conhecia um médico, por sinal, o único no mundo que faz transplante de uretra. Se não tivesse sido transferido para lá não teria sido atendido pelo único médico na cidade de Uberlândia, que naquela época sabia e conhecia esse médico que faz transplante de uretra.

Deus já sabia que somente este tipo de cirurgia resolve o problema de uretra entupida e me mandou para lá.

O médico, quando eu estava na metade do tratamento da trombose e da embolia, em conjunto com os outros médicos que cuidavam de mim — na parte da trombose, o angiologista; na parte da embolia, o pneumologista — ainda tentou uma cirurgia por videolaparoscopia, para reconstituição da uretra, mas sem sucesso, porque estava entupida e não havia luz suficiente para realizar a cirurgia por videolaparoscopia. Mas, ele já havia dito que se não fosse possível, iria me encaminhar para São Paulo, e foi o que aconteceu. Imediatamente após a tentativa de fazer a cirurgia, o Dr. Takeo telefonou para o médico, em São Paulo, e ele lhe disse para eu marcar uma consulta para qualquer quarta-feira do mês de dezembro. Era dia 22 de outubro de 2013. Mas, ele não disse que era o único dia da semana que o médico do ultrassom ia no consultório.

Marquei a consulta para o dia 12 de dezembro. Viajei de avião para lá, e fiz a consulta. Fui atendido por dois médicos, Dr. Leopoldo, o urologista, que faz transplante de uretra, e Dr. Amaury, que faz exames de ultrassonografia.

Constatada a necessidade de, realmente fazer o transplante de uretra em mim, o médico informou o seguinte: 1. A cirurgia é muito cara, incluindo os serviços médicos, o hospital, anestesia e outros procedimentos; 2. O meu convênio não cobria; 3. O SUS cobria, mas a fila naquele momento, era de mais de cem pessoas.

Então, ele pediu que eu voltasse para casa, e decidisse se ia fazer pelo SUS, ou particular. Voltei para casa com uma grande interrogação: "O que Deus vai fazer por mim?" Eu cheguei no aeroporto de Uberlândia, os funcionários da Gol me entregaram à minha família, que fora me buscar no aeroporto. Enquanto eu lhes explicava a situação e a expectativa, chorava e, perguntava no íntimo: "O que Deus fará?" O Dr. Amaury, no consultório, após fazer a ultrassom, me consolou, dizendo: "O Dr. Leopoldo já fez mais de cem transplantes, e tenho certeza de que será bem-sucedido, pois o senhor é uma pessoa boa". Ele quis dizer, calmo, e confiante — porque ele não me conhecia!

Apesar da dúvida sobre "o que" Deus iria fazer, eu sabia que Deus iria fazer — a dúvida sobre o que Deus iria fazer persistia; a esperança de que Deus iria fazer existia dentro de mim, só não sabia como, mas o Espírito Santo conservava a esperança em mim.

Chegando em casa, todos ao meu redor: esposa, filha, genro, começamos a pensar em um plano. Quando todos já estávamos ficando apreensivos e quase tomados pela ansiedade, me veio, de repente, uma sugestão em meu coração, então eu disse: "Pessoal, vamos parar de planejar, pois Deus já planejou". Todos paramos imediatamente, e eu fiquei ali quieto, orando no íntimo.

Aliás, este mesmo episódio de quase criar um clima de ansiedade, eu já tinha presenciado e ouvi de alguém um "basta". Foi quando de volta da primeira consulta, eu e minhas cunhadas que foram me levar planejávamos como pagar a cirurgia. O esposo de uma das cunhadas, que dirigia atentamente no trânsito caótico de São Paulo, de repente entrou na conversa, e disse: "Porque vocês estão fazendo planos, já não está nas mãos de Deus?" Nessa altura, todos nós nos silenciamos e não tocamos mais no assunto, como que praticando inconscientemente, o Salmo 46.10: *Aquietai-vos e sabei que eu sou Deus; sou exaltado entre as nações, sou exaltado na terra* (Salmos 46.10).

Daí em diante eu me pus a orar, agora consciente, a recitar o Salmo 46.10: *Aquietai-vos e sabei que eu sou Deus; sou exaltado entre as nações, sou exaltado na terra*, e a compartilhar com os irmãos na igreja. Mas ainda existia aquele senso de planejamento, próprio da natureza humana, sempre lembrada por Jesus, por exemplo, quando ele ensinava aos discípulos como confiar em Deus, quanto ao temor da escassez de víveres, ele chegou a afirmar com toda a clareza: *Portanto, não vos inquieteis com o dia de amanhã, pois o amanhã trará os seus cuidados; basta ao dia o seu próprio mal* (Mateus 6.34).

Mas, a cirurgia, (o transplante) precisava ser feito. Pelo SUS? O médico já havia dito que tinha 100 pessoas inscritas. Além disso, existem os processos burocráticos e a má vontade do governo em liberar verba para uma cirurgia tão "dispendiosa". Então, o que poderia ser feito? O médico, que estava acabando de conhecer, me disse: "Volte para casa e pense se quer fazer a cirurgia (transplante de uretra) pelo SUS. Se você se inscrever no SUS, eu não poderei fazer nada por você".[68]

Meu médico, Dr. Marcelo Takeo, que me encaminhou para o Dr. Leopoldo, em São Paulo, sugeriu que eu fosse conversar com o convênio, para ver se eles, já que não cobria o procedimento, pelo menos, ajudasse com o equivalente às cirurgias convencionais.[69] Mas após duas tentativas e, diante da negativa, meu amigo e colega da graduação em filosofia, Manoel Cipriano, com formação também em direito, me ajudou a elaborar um documento, relatando o problema, fazendo uma petição ao ministério público.

Como ainda não andava, Manoel me levou no ministério público. Demos entrada com a petição e ficamos aguardando. Isso se deu em uma quarta-feira. Na segunda-feira seguinte, para minha surpresa (pois, normalmente essas coisas são muito mais demoradas), já foi marcada a audiência entre mim, a advogada da Unimed e o promotor, Dr. Fernando Martins. Manoel tinha viajado, por isso, o sr. Rubens, meu vizinho, que gentilmente já me levava para todos os lugares aonde eu precisava ir, me levou também desta vez, para a audiência.

Chegando lá, antes que a advogada chegasse, o promotor, com muita cordialidade, já foi me consolando, ao dizer: "Pastor, na sua idade, você não pode esperar, fique tranquilo, que nós vamos resolver este problema". Chegando a advogada, também agiu com a mesma cordialidade e, tendo o promotor apresentado a petição, cujo teor era: que a Unimed custeasse a cirurgia, que seria feita em São Paulo, pelo menos, com o valor equivalente ao das cirurgias convencionais, o que a advogada, Dra. Vanessa, sem qualquer embargo, disse sim para tudo o Dr. Luiz Fernando pedia. Como ela não tinha acesso ao valor da

68 Eu não entendi, inicialmente o que ele queria dizer com "se você se inscrever no SUS, eu não poderei fazer nada por você". Somente quando ele enviou o orçamento, compreendi que ele queria me dar 50% de desconto.

69 Há duas cirurgias que podem ser realizadas para reconstituição de uretra, além do transplante, que era uma tecnologia nova, inventada por um brasileiro, o Dr. Leopoldo Ribeiro, o médico que faria a minha cirurgia. Em outubro de 2014, um ano e quatro meses após o acidente.

cirurgia, propôs ao promotor marcar outra audiência já para próxima sexta-feira. Nessa segunda audiência, a Dra. Vanessa trouxe o valor — R$5.411,00. Nessa altura, eu já estava de posse do orçamento enviado pelo médico, providencialmente, na noite de quinta-feira, que entreguei para o promotor, na audiência, sexta-feira. Ao olhar para o orçamento — R$32.500,00, o promotor se agitou no espírito, dizendo: "Mas, pastor, o que são cinco mil, diante de um orçamento de trinta e dois mil?" Enquanto ele andava de um lado para outro da sala pensando em como melhorar, aumentar a contribuição da Unimed, a advogada, que também olhava o orçamento, exclamou: "Doutor, aqui tem outra cirurgia que cobre!" A providência divina fez com que o médico colocasse no orçamento os códigos das cirurgias que seriam feitas concomitantemente com o transplante. Então o promotor perguntou: "Quanto?" A advogada respondeu: "Não sei". E o promotor, em ato contínuo, marcou outra audiência, para que ela trouxesse o valor da outra cirurgia, que seria adicionado ao primeiro valor, na próxima segunda-feira. Nessa última audiência ficou fechado o acordo, no qual, o convênio se comprometeu a ajudar com R$7.411,00 para a cirurgia, além de custear as demais despesas com transportes aéreos e em São Paulo, nas idas e vindas para completar o tratamento.

Deus estava na frente, provendo tudo o que era necessário, e assim o convênio cumpriu integralmente o acordo. Mas, e o restante? No final, quando tudo foi realizado em relação ao transplante, o valor devido entre médico e hospital, ficou em R$35.000,00. A providência divina ainda me faria muitas surpresas: embora não tenha pedido dinheiro a ninguém, Deus pôs no coração de meus amigos a disposição de me ajudar. Não sabia que tinha tantos amigos, estando residindo em Uberlândia, Minas Gerais, um tanto longe de todos. Nessas horas, os grandes amigos nos descobrem onde quer que estejamos.

Ao que parece Deus trabalhou da seguinte maneira: um amigo encontrava um amigo em comum, e lhe dizia: "O pastor Juvenal, de Uberlândia, teve um acidente, e vai ter de passar por uma cirurgia". Imediatamente, Deus tocava no coração daquele irmão, e ele dizia: "Vou ajudá-lo".

A partir daí eu, que não tinha condição financeira alguma para arcar com as despesas relacionadas com o transplante e, na época cheguei a cogitar a venda do carro, que havia adquirido por meio de financiamento, tendo pago apenas doze parcelas de um montante de quarenta e oito. Mas seria insignificante diante do orçamento referente ao transplante, para completar a ajuda do convênio. De acordo com o conselho de minha irmã, Isabel, eu não devia dispor do carro, pois iria precisar dele, pois não poderia andar a pé, nem pegar ônibus. Ela me aconselhou a confiar em Deus, pois ele era poderoso para suprir cada necessidade.

Em vista disso, a graça de Deus me dirigiu a seguir o conselho de minha irmã. Comecei a esperar absolutamente em Deus. Desse modo, a cada vez que acessava minha conta bancária, via que alguém havia feito um depósito. Foi assim até o dia da cirurgia. Pela sua Providência, Deus supriu todas as necessidades; no dia da cirurgia havia dinheiro suficiente para pagar médico, hospital e todas as outras despesas, incluindo passagens aéreas, táxi na grande São Paulo e medicamentos.

A cirurgia que deveria ser feita no mês de abril ou maio, época em que acabaria o tratamento da trombose, somente foi possível no mês de outubro. Isso se deu por conta da realização da Copa do Mundo. O transplante exigia um reagente importado e, devido à movimentação em torno da Copa, atrasou, e só chegou no mês de junho.

Chegado o reagente, a secretária do médico enviou-me um e-mail avisando da chegada, mas ainda eu tinha de esperar o aparecimento de um doador da uretra. Eu me assustei muito, inicialmente com essa informação, sabendo das dificuldades que há em relação às doações de órgãos; mas mesmo sem saber o que Deus estava para fazer, Deus me tranquilizou, e eu pude apenas esperar confiantemente no Senhor.

Em um mês, a secretária enviou-me outro e-mail dizendo: "Sr. Juvenal, já temos o doador, e a sua uretra está sendo trabalhada com o reagente". Isso aumentou a minha esperança! Depois da cirurgia, no dia em que o médico foi me dar alta, ele me disse que é a coisa mais difícil é conseguir um doador da uretra. Ele me falou de dois homens que também estavam na fila para o transplante, mas não havia chegado, nem ainda havia conseguido. Disse ainda que, as pessoas doam tudo, qualquer órgão, mas não gostam de doar a uretra; não querem; os parentes não deixam. Você percebe aí, ainda mais nitidamente, ação providencial de Deus? Como, nesse caso, o doador apareceu em apenas um mês? A resposta é simples: A providência divina!

No dia que foi me dar alta, o Dr. Leopoldo, sentou-se tranquilamente na poltrona que havia no apartamento no qual eu estava internado no Hospital das Clínicas, o famoso HC em São Paulo (a providência divina faz também alguns mimos e deu-me o conforto de um apartamento mobilado). Começou a conversar comigo, e me disse: "Juvenal, já fiz 200 transplantes; 190 deram certo; e o seu foi o melhor que já fiz!" Por que relato isso? Porque no dia da cirurgia, marcada para o meio-dia do dia 16 de outubro de 2014, em pé ao lado da minha cama, ele havia me dito: "Juvenal, talvez não seja possível fazer hoje esta cirurgia". "Por que, doutor?" Ele me disse: "Esses casos de acidentes, costuma criar um pus lá dentro, e este pus vira pedra e, muitas vezes é preciso fazer uma cirurgia para retirada da pedra. Por isso talvez não dê para fazer o transplante hoje". Após a cirurgia, ele me diz que o meu transplante foi o melhor que já fez!

O assassinato do meu médico?

Foi largamente anunciado na mídia que uma pessoa tinha tentado matar o médico que fez a cirurgia nele, após sofrer um acidente automobilístico. Ocorreu que o procedimento o deixou impotente sexualmente. Por isso, indo até o consultório do médico, realizou a tentativa de assassiná-lo. Depois de atirar três vezes, achando que o tinha matado, cometeu suicídio.

Uma irmã em Cristo, membro de nossa igreja, e muito amiga nossa, ligou desesperada: "Pastor, como é o nome do médico que vai fazer o transplante?" Eu respondi: "Leopoldo". Senti o suspiro dela no telefone: "Pensei que tinha sido o seu médico que sofreu tentativa de assassinato!" Detalhe: eu orava para o médico não morrer, pois naquele momento, só ele trabalhava com transplante de uretra, pois ele mesmo havia inventado esse procedimento. No dia seguinte à cirurgia, o Dr. Leopoldo foi me ver e, entre outras coisas, eu lhe disse: "Durante a espera pela cirurgia, eu orava para você não morrer". Quando falei isso o médico arregalou os olhos, e disse: "Você orou pra que eu não morresse, Juvenal?" E me perguntou: "Você ouviu de um paciente que tentou assassinar o médico que fez uma cirurgia nele?" "Sim, ouvi." "Pois é, eu também estava em sua mira. Ele havia me consultado para tirar uma segunda opinião, e lhe disse que podia fazer tranquilamente. Aí ele começou a me ameaçar; mas lhe disse que apenas tinha recomendado. E o aconselhei a procurar um profissional, porque ele estava com problemas. Aí, ele foi lá e deu três tiros no médico que fez sua cirurgia. Porém, o médico sobreviveu, mas ele, achando que havia matado o médico, suicidou-se."

Eu também orava para que no dia da minha cirurgia o médico estivesse bem descansado, porque ele trabalhava demais (das 7 às 23 horas). Então, a cirurgia estava marcada para meio-dia, como eu disse ele chegou no meu apartamento e começou a conversar comigo, dizendo: "Talvez não seja possível fazer o transplante hoje, você terá de voltar". Eu perguntei: "Terei que pagar tudo outra vez?" "Sim, menos o reagente." Mas Deus, ainda assim, me deu uma imensa tranquilidade! Então ele disse: "Deixe-me ir e me concentrar para sua cirurgia". Havia uma cirurgia antes da minha. Essa demorou muito e a minha, que seria ao mei- dia, só foi acontecer às 15 horas. Entendi que Deus respondeu mais uma de minhas orações, pois o médico pôde descansar até às quinze horas

Depois da cirurgia

"Doutor", eu lhe disse no dia do primeiro retorno após o transplante, "No céu, se eu encontrar com esse doador, vou lhe dar um forte abraço de gratidão. Ao que ele me respondeu: "Juvenal, eu não posso lhe dizer o nome, mas vou lhe dar algumas características: o homem que lhe doou a uretra, era um senhor mais ou menos de sua idade, saudável, morreu de ataque cardíaco"; e acrescentou: "não foi um bandido".

No segundo retorno era o dia de trocar a sonda, pela primeira vez, após a cirurgia. Nesse dia meu irmão mais velho me acompanhou. O médico me chamou, meu irmão entrou comigo na sala do consultório. Conversamos um pouco com o Dr. Leopoldo, depois ele me levou para a sala de procedimentos; meu irmão entrou também. O médico mandou que eu me deitasse na maca. Era um procedimento crucial, pois era considerado a "prova dos nove". O médico então, direto como sempre, disse: "Agora, Juvenal, se a sonda deslizar suavemente até o fim, é porque a cirurgia deu certo, se enganchar, é porque não deu". E meu irmão perguntou: "É como um conduíte, doutor?" "Sim, é", respondeu o médico enquanto preparava a sonda. Depois me disse: "Relaxe, Juvenal". Ao que lhe respondi, em tom de brincadeira, mas, ao mesmo tempo, em espírito de oração: "Relaxar é comigo mesmo, doutor".

Disse isso, não com o intuito de esnobar, mas por causa da experiência vivida desde a longa espera pela cirurgia e, no fato ocorrido no quarto, quando o médico chegou, uma hora antes da cirurgia e me disse que talvez a cirurgia não pudesse ser feita naquele dia, dado que, nos casos de acidentes como o meu, cria um pus no lugar, que só se descobre depois que abre. E esse pus se transforma em uma pedra, e é preciso uma cirurgia para remover a pedra. Nesse caso, eu teria que voltar em outro dia para o transplante. Creio que essa novidade poderia ter estremecido minha estrutura emocional, não fosse a graça providencial de Deus, que proporcionou, naquele momento, uma suave expectativa de que tudo iria bem. Eu passei a relaxar, com base nessa expectativa. Ao obter essa tranquilidade eu me pus a lembrar de versículos estratégicos sobre as grandes promessas de Deus, como os Salmos 23; 46.10; 138.8 e outros. A cirurgia, que era para acontecer às 12 horas atrasou porque havia uma outra pessoa antes de mim, cuja cirurgia também atrasou, e só fui levado ao centro cirúrgico às 15 horas. No caminho, perguntei o nome do maqueiro que viera para me levar ao centro cirúrgico: "Qual é o seu nome?" Ele disse: "Júlio César". Então passei a contar-lhe a história do imperador romano. Mas logo chegamos ao centro cirúrgico e a história foi interrompida.

Retomando o pedido do médico para que eu relaxasse a fim de que ele pudesse introduzir a sonda, vinte dias após o transplante, eu realmente relaxei, em oração. Então eu só o ouvi meu irmão comemorando, como se fosse um jogador de futebol comemorando um gol. Quanto a mim, continuei relaxado, agora, agradecendo!

Relato acerca das provisões de Deus

Antes do acidente houve algumas coisas marcantes em preparo e suporte para que os sofrimentos que viriam em decorrência do acidente fossem amenizados. Uma delas foi a banca do mestrado ter sido em fevereiro de 2013, embora não considere a mais importante, porém, em termos cronológicos, foi muito bom ter completado o curso, assim era uma coisa a menos para eu me preocupar, pelo que dou graças a Deus! Mas crucial mesmo foi eu ter tido um problema no ombro, por causa do qual precisei fazer uma ressonância magnética. Quando fui fazer a ressonância, o laboratório me informou que o convênio não cobria. Entrei em contato com o convênio, fui informado de que precisava fazer uma adaptação, cujo custo adicional era de trinta reais. Fiz a tal adaptação e, após um mês de carência, fiz a ressonância magnética.

Pensando depois como seria se não tivesse feito a adaptação, veio à minha mente a providência divina, como provisão para o socorro nos procedimentos que seriam realizados em decorrência do acidente. Considerando o seguinte: se eu não tivesse machucado o ombro, não teria precisado fazer uma ressonância, que demonstrou a necessidade de adaptação no convênio. Se não tivesse feito a adaptação, como seriam feitos tantos exames, inclusive o da ressonância? De qualquer maneira seria feita a adaptação, mas havia carência de um mês. Deus já tinha planejado o acidente e, com ele, tudo o que eu iria precisar para o tratamento e recuperação da saúde após.

Parte financeira

Além da provisão para a realização dos exames, providencialmente resolvido pela adaptação do convênio seis meses antes, tão logo, voltei para casa, após ficar onze dias no hospital — três na UTI e oito no quarto para recuperação da cirurgia da coluna, os amigos e parentes começaram a me ajudar financeiramente. Eu gosto de salientar, para efeito de demonstração da eficácia da providência divina, que não pedi, nem falei com qualquer pessoa acerca das necessidades financeiras, mesmo porque, não havia ainda. Dessa forma Deus suprimiu todas as condições para o tratamento inicial — precisei usar colete, cadeira de rodas, suporte de acento com encosto, bengala, remédios, etc.; além de boa alimentação. Uma família, semanalmente, vinha me visitar, trazendo gênero alimentícios variados. Não faltava nada!

Quando foi constatado que eu deveria ir para São Paulo para me submeter ao transplante da uretra, o orçamento inicial do médico ficou em R$32.500,00 (Trinta e dois mil e quinhentos reais). Quando voltei da primeira consulta, de São Paulo, nós pensávamos que seria 18.000,00 (Dezoito mil reais), mas quando chegou o orçamento, foi muito diferente! Graças a Deus a providência divina me levou a ajoelhar-me e orar assim: "Senhor, eu não tenho R$32.500,00, mas tu tens, entrego nas *Tuas Mãos"* (detalhe, eu ainda não conseguia me ajoelhar, mas me apoiei no sofá e, na força de Deus, ajoelhei-me, em um lugar no qual já tinha o costume de orar ajoelhado). Resumindo, conforme consta no apêndice: *Diário de uma vida nas m*ãos de Deus, mesmo sem pedir dinheiro, todos os dias eu ia consultar minha conta bancária pela internet e havia depósitos. Eram um mil, dois mil, três mil... Um dia, eu cheguei lá, um amigo tinha depositado seis mil de uma só vez! Chorei agradecido, por ver Deus trabalhando em meu favor. Conversando com minha irmã, que morava em São Paulo, eu disse a ela: "Vou ter que vender o carro para pagar a cirurgia!" Ele me disse: "Não. Você vai precisar do carro, pois, não poderá andar a pé, nem de ônibus", e acrescentou: "Deus proverá!"

Mais ou menos três meses depois ela me ligou: "Daqui está indo nove mil". Além disso, a providência divina fez que cirurgia, que seria em abril, saísse somente em setembro, por causa de algumas coisas que seriam necessárias para a cirurgia, como um reagente importado, que atrasou, devido à Copa do Mundo de 2014. Quando chegou o reagente, a secretária do médico me diz: "Agora, vamos esperar o doador". Providencialmente, o doador chegou em menos de um mês. A secretária disse: "Já temos o doador, agora, o doutor precisa de mais um mês para preparar a uretra que vai ser transplantada". Vencido esse mês, ela me disse: "Tudo pronto, Sr Juvenal, agora vamos aguardar surgir vaga no hospital". Ufa! Ela ligou e disse (uma semana antes): "O doutor disse que a cirurgia está marcada para 16 de outubro".

Foi muito difícil esperar, mas além de Deus ter me dado calma durante a espera, foi obra da sua Providência, porque foi tempo necessário para juntar o dinheiro para pagar o médico, o hospital, o anestesista, etc. No dia da cirurgia eu tinha o dinheiro completo para pagar tudo à vista. Foi assim, resumidamente, que a providência divina trabalhou a parte financeira. Nada faltou, louvado seja o Senhor, nosso Deus!

A recuperação

Agora, não quero cansar vocês com tantos detalhes das ações da providência divina em minha vida, então vou apenas mencionar que, depois que tive alta, voltei pra casa. Então Deus começou a trabalhar a minha recuperação. Usei cadeira de rodas, inicialmente; um mês depois consegui andar por meio de andador. Daí, aceitei o desafio de andar com uma bengala e, foi assim, por cerca uns dois ou três anos. Um dia, era mês de setembro de 2016, eu cheguei na faculdade sem a bengala. Foi um espanto geral: "Juvenal, cadê a bengala?" Eu só sabia responder: "Deus é bom! "

Os detalhes, você poderá ler no Apêndice, apontando a câmera do seu celular para o QR Code. No mais, muito obrigado por se interessar por este trabalho, Deus o abençoe!

https://cutt.ly/grNdq4dS

A providência divina é, realmente, uma grande bênção!

Finalmente, reitero que a providência divina é uma grande bênção! Pense no que é estar sendo dirigido dia após dia durante toda a nossa existência, e saber que tudo o que me diz respeito, no presente ou no futuro, Deus, por sua providência levará a bom termo tudo o que nos diz respeito (Salmos 138.8). Pense qual é o preço de confiar que todas as coisas que acontecem, Deus as transforma em coisas para o nosso bem! A providência divina é, verdadeiramente, uma grande bênção!

> ***Rendei graças ao Senhor, porque ele é bom; porque a sua misericórdia dura para sempre* (1 Crônicas 16.34).**

Bibliografia

ADAMS, Jay E. *Conselheiro capaz.* (São José dos Campos/SP: Fiel, 1992.)

ARISTÓTELES. *Ética a Nicômano.* (São Paulo/SP: M. Claret, 2001.)

BELCHER, Richard P. *Uma Jornada na Graça.* (São José dos Campos/SP: Fiel, 2002.)

BERKHOF, Louis. *A História das Doutrinas Cristãs.* (São Paulo/SP: PES, 1992.)

_________. *Teologia Sistemática.* (São Paulo/SP: Cultura Cristã, 2019.)

BILLINGTON, Dallas F. *Deus é Real.* (São Paulo/SP: Imprensa da Fé, 1978.)

DAGG, John L. *Manual de Teologia.* (São José dos Campos/SP: Fiel, 1989.)

EDWARDS, Jonathan. *A Vida de David Brainerd.* (São José dos Campos/SP: Fiel, 1993.)

ENGSTROM, Ted W. *Administração do Tempo.* (Miami/FL: Vida, 1975.)

Erickson, Milard J. *Introdução à Teologia Sistemática.* (São Paulo/SP: Vida Nova, 1992.)

FALCÃO, Samuel. *Escolhidos em Cristo.* Cambuci/SP: Cultura Cristã, 1997.)

FERNANDES, Cláudio, "O nascimento da Ciência Moderna", in: *História do mundo.* Disponível em: https://cutt.ly/prBhbpvp (acesso em 19/09/2025).

GEISLER, Norman e TUREK, Frank. *Não tenho fé suficiente para ser ateu.* (São Paulo/SP: Vida, 2006.)

GEORGE, Timothy. *Teologia dos Reformadores.* (São Paulo/SP: Vida Nova, 2017.)

GOLEMAN, Daniel. *Inteligência emocional: A teoria revolucionária que redefine o que é ser inteligente.* (Rio de Janeiro/RJ: Objetiva, 1996.)

GUILEY, Paul C. *O Plano das Épocas.* (São Paulo/SP: Atelier Smaida, 1984.)

GRAHAM, Billy. *Como nascer de novo.* (Curitiba/PR: Betânia, 2023.)

GRUDEM, Wayne A. *Teologia Sistemática.* (São Paulo/SP: Vida Nova, 1999.)

GUNDRY, Stanley. *Teologia Contemporânea.* (São Paulo/SP: Mundo Cristão, 1983.)

KENNEDY, D. James. *Por que creio.* 5ª ed. (Contagem/MG: Juerp, 1990.)

KIERKEGAARD, Søren. *O desespero humano.* (São Paulo/SP: UNESP, 2010.)

LUTERO, Martinho. *Nascido escravo*. 2ª ed. (São José dos Campos/SP: Fiel, 1984.)

MACARTHUR, John (org.). *Ouro de Tolo*. (São José dos Campos/SP: Fiel, 2006.)

MCMILLEN, S. I. *A provisão divina para sua saúde*. (São José dos Campos/SP: Fiel, 1988.)

NEWTON, Phil A. *Pastoreando a Igreja de Deus*. (São José dos Campos/SP: Fiel, 2007.)

OLSON, Roger E. *História das controvérsias na Teologia Cristã*. (São Paulo/SP: Vida, 2004.)

ORGANIZAÇÃO MUNDIAL DA SAÚDE, "Constituição", in: *World Health Organization*. Disponível em: https://cutt.ly/MrBzUAeT (acesso em 19/09/2025).

PACKER, J. I. *A Evangelização e a Soberania de Deus*. (São Paulo/SP: Cultura Cristã, 2002.)

PENTECOST, J. Dwight. *A sã doutrina*. (São Paulo/SP: Mundo Cristão, 1981.)

PINK, A. W. *Deus é Soberano*. (São José dos Campos/SP: Fiel, 1990.)

SCHAEFFER, Francis. *Como viveremos*. (São Paulo/SP: Cultura Cristã, 2003.)

________. *Verdadeira espiritualidade*. (São José dos Campos/SP: Fiel, 1993.)

SPROUL, R. C. *Razão para crer*. (São Paulo/SP: Mundo Cristão, 1986.)

SPURGION, Charles Hadon. *Livre-arbítrio – um escravo*. (São José dos Campos/SP: Fiel, 1994.)

SWINDOLL, Charles. *A busca do caráter*. (São Paulo/SP: Vida, 1991.)

IGREJA DO CANSAÇO

Desafios do cristianismo no mundo atual

Willibaldo Ruppenthal Neto

Em suas análises, o filósofo sul-coreano Byung-Chul Han apresenta uma leitura profunda e inovadora sobre o nosso tempo, constestando a validade das críticas de figuras como Marx, Freud, Nietzsche e Foucalt. Distante destes, Han propõe uma crítica ao excesso de liberdade, ao esfriamento do amor, e outros problemas que resultam em uma sociedade individualista, devota das redes sociais, e pornográfica. Este livro busca aplicar as ideias de Han à Igreja, a fim de percebermos os desafios da atualidade, assim como as influências deste tempo sobre o cristianismo. É um convite a repensarmos o que temos feito como Igreja, para não sermos formatados pela cultura atual, mas sermos uma contracultura.

"Nesta obra, o teólogo brasileiro Willibaldo Ruppenthal Neto estabelece um diálogo prolífico com Byung-Chul Han na interface entre fé cristã, Filosofia e Sociologia. Um livro sensível aos desafios do pastoreio contemporâneo."

Davi Lago

11 × 18 cm - 120 páginas
Disponível em e-book